[改訂新版]

英検1級
教本

1st GRADE STEP TEST STUDY BOOK

英検とは

　文部科学省後援　実用英語技能検定（通称：英検）は，1963年に第1回試験が実施されて以来43年，社会教育的な役割という発足当初からの目的と日本社会の国際化が進展するに伴い，英語の四技能「読む・聞く・話す・書く」を総合的に測定する全国規模の試験としてその社会的評価は高まり，現在では年間250万人が受験しております。

　2003年3月，文部科学省が発表した『英語の使える日本人』育成の行動計画の中では，中学卒業段階での英語力を英検3級程度，高校卒業段階で準2級から2級程度を目標とすると明言しており，指導する英語教師も準1級程度の英語力を要すると謳っております。

　このように英検の資格はいつの時代も日本人の英語力を測るスケールとして活用されており，大学入試や高校入試での優遇や英語科目の単位として認定する学校が年々増えております。

　また，海外においても英検資格が認知され始め，現在，アメリカの140余校の大学で留学要件として認められております。

　受験者の皆さんは自己の英語能力の評価基準として，また国際化時代を生きる"国際人"たり得る資格として，さらには生涯学習の目標として大いに英検にチャレンジしてください。

試験概要

(1) **実施機関**　試験を実施しているのは，(財)日本英語検定協会です。ホームページ http://www.eiken.or.jp/ では，試験に関する情報・優遇校一覧などを公開しています。

(2) **試験日程**　試験は年3回行われます（二次試験は3級以上）。
　　第1回検定：一次試験 — 6月／二次試験 — 7月
　　第2回検定：一次試験 — 10月／二次試験 — 11月
　　第3回検定：一次試験 — 1月／二次試験 — 2月

(3) **受験資格**　特に制限はありません。
　　※目や耳・肢体等が不自由な方には特別措置を講じますので，協会までお問合せください。

(4) **申込方法**
　①個人申込
　・特約書店申込（受付期間中に英検のポスターを掲示しています）…検定料を払い込み，「書店払込証書」と「願書」を協会へ郵送する。
　・インターネット申込…英検ホームページ（http://www.eiken.or.jp/）から申し込む。
　・コンビニエンスストアでの申込…ローソンの『Loppi』，ファミリーマートの『Fami ポート』，スリーエフの『e-TOWER』およびセブンイレブンの『マルチコピー』など，備え付けの情報端末機から直接申し込む（詳しくは英検のホームページをご覧ください）。
　・郵送申込…検定料分の「郵便為替」と「願書」を簡易書留で協会へ郵送する。
　・直接申込…検定料，写真など必要なものを持参して，直接協会で申し込む。
　☆郵送先　〒162-8055　東京都新宿区横寺町55番地　財団法人 日本英語検定協会
　②団体申込　「本会場受験」「準会場受験」「中学・高校特別準会場受験」があります。受験者は各団体の責任者の指示に従ってください。

(5) **一次試験免除について**　一次試験に合格しており，二次試験に不合格または棄権した人に対して，一次試験免除制度があります。申込手続きの際に申請してください。一次試験免除の猶予期間は一年間で，昨年の第1回検定一次試験合格者は本年第1回の二次試験まで有効です。ただし，検定料は一次試験を受ける場合と同様に必要です。

　国際語としての英語の重要性が高まる中で,実用英語技能検定試験(英検)の教育的・社会的意義は高く評価され,年間志願者数はほぼ250万人となっています。

　この『英検教本』シリーズは,英語検定制度の発足と同時に刊行され,英検合格のためのよき手引書となってまいりましたが,このたび平成16年度からの問題形式の変更に対応できるように改訂を加え,より充実した形で皆さまのお手元にお届けすることになりました。

　本書は,英検の審査基準にある「読む・書く・聞く・話す」の4領域に「語彙」を加えた1級程度の総合的な英語力を養うことを目標に編集されております。本書を十分に活用されて,合格の栄冠を勝ち取られるよう祈念いたします。

　併せて,本書の内容を収録した付属CDもご利用いただき,コミュニケーション能力にも一段と磨きをかけてください。

　終わりに,本書を刊行するにあたり,多大なご尽力をいただきました神田外語大学講師 師岡淳也先生(Vocabulary / Reading),同大学講師 臼井直人先生(Vocabulary),新潟青陵大学短期大学部助教授 隅田朗彦先生,同学部助教授 Ian Cull 先生(Writing / Speaking),青山学院高等部教諭 田辺博史先生,同高等部専任講師 Scott Carroll 先生,同高等部非常勤講師 David. M. Stuchbury 先生(Listening)に深く感謝の意を表します。

旺文社

もくじ Contents

まえがき
本書の利用法 ——————————————————— 4

Chapter ▸▸ 1 **Vocabulary** ——————————— 7

§1 英検1級の語彙問題（短文の語句空所補充問題）————— 8
§2 語彙力の向上
　1 紛らわしい語句 ———————————————— 14
　2 接頭辞・接尾辞・語根 ————————————— 24
　3 単語のグループ化 —————————————— 32
　4 単語の意外な意味 —————————————— 44
　5 必須句動詞 100 ——————————————— 46

Chapter ▸▸ 2 **Reading** ——————————————— 71

§1 英検1級の読解問題（長文の語句空所補充問題・長文の内容一致選択問題）
　——————————————————————————— 72
§2 読解力の向上
　1 目的に応じて読み方を変える ————————— 86
　2 文章の目的を理解する ———————————— 97
　3 メモをとる，文章にしるしを付ける —————— 108
　4 句読点の用法を理解する —————————— 118
　5 さまざまな英文を読む ———————————— 128

Chapter ▸▸ 3 **Writing** ——————————————— 137

§1 英検1級のライティング問題 ——————————— 138
§2 ライティング力の向上
　1 作文についての注意点 ———————————— 142
　2 エッセーの構造を学ぶ ———————————— 146
　3 主旨と Introduction ————————————— 150

4　主旨をサポートする段落 ────────── 154
　　5　本論のさまざまな構成方法 ──────── 160
　　6　結論 ──────────────────── 169
　　7　一貫性について ─────────────── 173
　　8　さまざまな話題に対応する ──────── 178

Chapter ▶▶ 4　Listening ──────────── 183

§1　英検1級のリスニング問題 ────────── 184
　　リスニング・トレーニングの方法 ─────── 221
§2　リスニング力の向上
　　1　音変化の理解 ───────────────── 227
　　2　内容の理解を深める ──────────── 234
　　3　さまざまな英文を聞く ────────── 245

Chapter ▶▶ 5　Speaking ──────────── 271

§1　英検1級の面接 ──────────────── 272
§2　スピーキング力の向上
　　1　スピーチの構成 ─────────────── 280
　　2　意見を述べる ──────────────── 284
　　3　意見をサポートする ─────────── 288
　　4　議論展開の方法 ─────────────── 294
　　5　質疑応答 ────────────────── 298
　　6　さまざまなトピックに対応する ────── 302
　　7　コミュニケーションの留意点 ─────── 307

●装丁：及川真咲デザイン事務所
●本文デザイン：(有) 熊アート
●編集協力：及川賢　里見力
　　　　　　(株) ファイル21

本書の利用法

　本書は，英検1級合格に必要な「読む・書く・聞く・話す」という4技能を徹底的に研究し，バランスのよい英語力が身につけられるように編集されています。本文は以下の5つのChapterから構成され，それぞれの§1では英検の出題形式や傾向を解説し，§2では豊富なトレーニング問題を通して，スキルアップが図れるようになっています。

Chapter ▶▶ 1　　Vocabulary

　ここでは「どのように語彙力を高めていけばよいのか」という疑問に対して，さまざまな対策を提案します。§1では，英検1級で出題される語彙問題（短文の語句空所補充問題）について，その形式や傾向を解説してあります。§2では，現在持っている語彙力を最大限に生かしつつ，語彙力を強化させるための方法をいくつか取り上げます。また，英検合格に必要な句動詞をまとめた「必須句動詞100」を収録してあるので，最大限活用してください。

Chapter ▶▶ 2　　Reading

　ここでは，英文をどのように読めば，理解しやすくなるかということを学びます。§1では，英検1級で出題される読解問題（長文の語句空所補充問題・長文の内容一致選択問題）について，その形式や傾向を解説してあります。§2では，一般的な英文の読解能力を伸ばすためのポイントを紹介します。豊富な英文をもとに，その構造をしっかり把握する能力を養成しましょう。また，トレーニング問題を通して，各ポイントの復習や確認に役立ててください。

Chapter ▸▸ 3   Writing

　ここでは，英検1級合格に必要なライティング・スキルを把握したうえで，理想的な答案が作成できる技術を学習します。§1では，英検1級で出題されるライティング問題について，その形式や傾向を解説してあります。§2では，英文エッセーの基本を学び，ライティング力を身につけるためのさまざまなポイントを取り上げます。トレーニング問題では，実際に手を動かしながら取り組んでみましょう。

Chapter ▸▸ 4   Listening

　ここでは，英検1級レベルの英文を聞き取れるようになることを目標にしています。§1では，英検1級で出題されるリスニング問題 (Dialog / Passage / Real-Life / Interview) について，その形式や傾向を解説してあります。§2では，リスニング力を伸ばすためのさまざまなスキルを学習します。付属CDを利用した，ディクテーションなどのさまざまなトレーニング問題を通して，英語そのままで理解できる力を体得しましょう。

Chapter ▸▸ 5   Speaking

　ここでは，英語による「効果的なスピーキング」を可能にするための方法について考えます。§1では，英検1級で行われる面接試験について，その形式や傾向を解説してあります。§2では，英語でスピーチをする力を身につけるためのコツを，手順を追って紹介しています。付属CDを利用して口頭で述べる練習を積み重ねれば，リラックスして試験に臨めるはずです。

　本文中の記述で，Training はトレーニング問題，Example は例文，Practice は予想問題を表しています。また，(2004-1) といった記述は，2004年度第1回で出題された過去問題を表しています。

付属CDについて

本書には，付属CDがあります。このCDには，本書に掲載されている学習事項の中から特に，Chapter 4 の Listening と Chapter 5 の Speaking を中心に収録してあります。本文の該当箇所には， CD(1)-2 のように示してありますが，(1)-2 という表示は CD の巻数とトラック番号を表しています。収録内容は以下のようになっています。

CD 第1巻

Chapter ▶▶ 4　Listening

このCDについて　1

§1 英検1級のリスニング問題　2〜10

§2 リスニング力の向上
1 音変化の理解　11〜19
2 内容の理解を深める　20〜25
3 さまざまな英文を聞く　26〜46

CD 第2巻

Chapter ▶▶ 5　Speaking

このCDについて　1

§1 英検1級の面接　2〜3

§2 スピーキング力の向上
2 意見を述べる　4〜5
3 意見をサポートする　6〜7
4 議論展開の方法　8〜9

5 質疑応答　10〜11
6 さまざまなトピックに対応する　12
7 コミュニケーションの留意点　13〜14

Vocabulary

- §1 英検1級の語彙問題 — 8
- §2 語彙力の向上 — 14

ここでは，主に効果的な語彙増強の方法について学習する。語彙力は，コミュニケーション4技能の基礎であり，英検のすべての問題を解答する際に役立つ。まず，§1で英検1級の語彙問題の形式と傾向に触れ，§2では効果的な語彙増強法をいくつかのポイントに分けて解説する。

§1 英検1級の語彙問題

問題の形式と傾向

　英検検1級の筆記試験（問題数は全部で42問，試験時間は100分）のうち，単語や句動詞の意味を問う語彙問題は，大問1で出題される。平成16年度第1回より出題形式が一部変更され，大問1はそれまでの30問から25問（配点は各1点）へと減少した。しかしながら，依然として全体の配点の2割以上を占めており，筆記試験を突破するためには，語彙問題の形式と傾向をしっかりと把握し，十分な対策を立てておきたい。

　大問1の出題形式自体は従来と変わらず，1～2文の問題文に空所があり，4つの選択肢から適切な語句を1つ選択して文を完成させる，空所補充形式をとる。大問1の指示文は以下の通りである。

> *To complete each item, choose the best word or phrase from among the four choices. Then, on your answer sheet, find the number of the question and mark your answer.*

　時間的制約もあるので，指示文は事前に頭に入れておき，実際の試験ではざっと目を通して，問題形式に変化がないかどうかを確かめる程度にとどめたい。

　原則として，英検1級に合格するためには，10,000～15,000語レベルの語彙力が要求されるので，日ごろからの語彙増強の積み重ねが大切になる。特に，ニュースやドキュメンタリー番組を視聴したり，新聞・雑誌を読む習慣をつけることをお勧めする。近年は，インターネットやケーブル・衛星テレビの普及などにより，これらのコンテンツに無料または安価でアクセスする機会が飛躍的に増加したので，積極的に活用するようにしたい。

　出題される単語の品詞としては，動詞・名詞・形容詞・副詞が挙げられる。ただし，選択肢の単語の品詞は統一されているので，解答の際に各選択肢の品詞を気にする必要はない。

Chapter ▶▶ 1

To complete each item, choose the best word or phrase from among the four choices.

(1) The wedding ceremony turned into a complete (   ) when the bride suddenly confessed that she was already married.
　　1 snare　　**2** coup　　**3** frazzle　　**4** fiasco　　(2004-1)

(2) Opponents blasted the presidential candidate's latest TV advertisement as (   ) dishonest. "There is not a shred of evidence to back up the claims he makes," said one senator."
　　1 incredulously　　　　**2** benevolently
　　3 defensibly　　　　　**4** blatantly　　(2004-2)

(3) Star striker Jason Cohen hopes to (   ) his father by leading his team to victory in this weekend's cup final. Cohen's father, George, scored the winning goal in the 1970 final.
　　1 emulate　　**2** enhance　　**3** endorse　　**4** exempt　　(2004-1)

(4) After months of being followed and stared at, the famous young singer longed for her former (   ).
　　1 anonymity　**2** notoriety　**3** divinity　**4** longevity　　(2004-2)

(5) "(   ) investment schemes are a growing problem," warned the speaker. "Thousands of ordinary people have been cheated out of their savings.
　　1 tangible　　**2** frigid　　**3** potent　　**4** fraudulent　　(2004-2)

(6) The presidential candidate said that it was time to halt the (   ) of society into the haves and the have-nots. "If elected, I will be a force for

unity," she claimed.
 1 validation **2** deliberation **3** fortification **4** polarization (2004-1)

(7) I hurt my knee playing football in university, and now it tends to ( ) in cold weather.
 1 wind down **2** act up **3** change over **4** play off (2004-1)

(8) "I appreciate how nice you're being to me all of a sudden," the father told his two sons, "but I know when I'm being ( ). Now, what is it you want."
 1 written off **2** buttered up **3** forked over **4** worked in (2004-2)

(9) With daylight running short and still no sign of the lost hikers, the search party ( ) to cover more territory.
 1 trailed off **2** brimmed over
 3 flared up **4** fanned out (2004-2)

(10) I know that Ben can ( ) articles very quickly, but I wish he'd pay more attention to detail. These are full of spelling mistakes.
 1 churn out **2** nibble away **3** skim off **4** grind up (2004-2)

(11) The company's ( ) sales performance was blamed on a stubborn refusal to change its outdated product line.
 1 vigilant **2** esoteric **3** copious **4** lackluster (2004-2)

(12) Guards at Ipswich Prison managed to ( ) an escape attempt last night. Prisoners tried to climb over the wall but were caught before they could get away.
 1 shackle **2** impound **3** extricate **4** thwart (2004-1)

Chapter ▶▶ 1

nswers

(1) 4　(2) 4　(3) 1　(4) 1　(5) 4　(6) 4　(7) 2
(8) 2　(9) 4　(10) 1　(11) 4　(12) 4

解説

(1)(2) まずは問題レベルを把握しよう

　大問1を難しくしているのは，各選択肢の語のレベルの高さである。**(1)** は正解である fiasco「大失敗」，**(2)** は incredulously「疑い深く」，benevolently「慈悲深く」，defensibly「防御的に」，blatantly「明らかに」という各選択肢の意味をすべて知っていれば，容易に答えられる問題なのだが，語彙レベルが高いので，そう簡単にはいかないであろう。

(3)(4) 選択肢を見る前に，解答に見当をつけよう

　これらの問題では，選択肢の語のスペリングが類似しているが，意味上の関連性は全くない。空所に入る語は，あくまでも各選択肢の意味をもとに考える必要がある。

　空所補充問題の解答の1つのポイントは，選択肢を見る前に解答に見当をつけることである。大問1では，各選択肢の微妙なニュアンスの違いまで問題になることはほとんどないので，選択肢のすべての語を知らなくても，正解することは十分に可能なのである。**(3)** では，ジェイソン・コーエンの父親が，同じサッカープレイヤーとして1970年大会の決勝戦（final）で決勝点を挙げたと記述されている。ここから空所には，父親と「張り合う」という意味の動詞が入ると予想できる。

　(4) は，問題文から彼女は追いかけ回されることに辟易していることがうかがえる。選択肢を見ると anonymity「匿名性」という語があるので，それを選択すればよい。このように空所補充問題には，いわゆる引っかけ問題がほとんどない。もちろん，選択肢の語をすべて知っていることが望ましいが，1語だけしか知らなくても，それが文中で適切な語であれば正解の可能性が高いので，迷わずそれを選択するようにしよう。

(5) (6) 文脈を手掛かりにして，語の意味を推測しよう

(5) では，文脈から空所に入る語が cheated「だまされる」の類義語であることが容易に推測できる。文脈から語の意味を推測することは，読解能力の重要な要素である。語彙問題でも，適宜それを実践するようにしよう。また大問 1 では，単語を接頭辞・接尾辞・語根などの部分に分けて，意味を推測することが有効な場合も多い。例えば，**(5)** は fraudulent「詐欺の，不正の」の fraud- の部分が「詐欺」を意味することが分かれば，正解できたも同然である。

(6) は，各選択肢の語から名詞化する接尾辞である -tion を取り除くと，それぞれ valid「妥当な」，delibera(te)「熟考する」，fort「砦」，polar「対，極」となる。文脈から空所には unity の反意語が入ると推測できるので，polarization「対局，分裂」が正解となる。

(7) (8) (9) (10) 句動詞はそれぞれの語に分けて意味を推測しよう

平成 16 年度第 1 回からの出題形式の改定で特筆すべき点は，従来の「熟語・慣用表現の問題」が「句動詞の問題」に限定されるようになったことである。このように出題範囲が限定されたことで試験の準備がしやすくなった。

句動詞に関する問題は，ほかの設問に比べて 1 つ 1 つの単語の難易度はそれほど高くないが，問題は act up が「調子が悪い」，butter up ～ が「～におべっかを使う」という意味を持つ句動詞であることを知っているかどうかである。§2-5 の句動詞リストを活用したり，辞書を片手に映画やニュースを見る習慣をつけるなどして，普段から句動詞の語彙を増やすようにしよう。

(9) は **(7)** や **(8)** よりも語句の難易度が高い。句動詞に関する問題を解答する際のポイントは，構成する各語のイメージから句動詞の意味を推測することである。この問題の選択肢も「足跡 (trail) ＋外れる (off)」，「縁 (brim) ＋超える (over)」，「炎 (flare) ＋上がる (up)」，「扇 (fan) ＋外に出る (out)」とそれぞれイメージできれば to cover more territory の前の空所に入る句動詞として適切なのは fan out「扇状に広がる」であると判断できるだろう。

ただし，**(10)** では正解の churn out ～「（質の悪い物）を量産する」の意味を，churn「激しくかき回す」と out から推測することは困難であろう。このような推測の仕方には限界があることも認識しておく必要がある。

(11) (12) 根気強く学習しよう

(11), (12) の問題は，それぞれ lackluster「芳しくない」，thwart「(計画などを) 未然に阻止する」という意味を知らなければ，正解することは困難であろう。結局のところ，語彙とは，日々の不断の努力によって少しずつ増やしていくものなのである。単語や句動詞の意味を忘れては覚え直す根気強さを持つことが，語彙力増強の唯一にして最善の道なのである。

全訳

(1) 花嫁が突然自分はすでに結婚していると告白したため，結婚式は一転大失敗になった。

(2) 対抗者たちは大統領候補の最新のテレビ広告を，見えすいた不誠実なものだとして厳しく非難した。ある上院議員は「彼の主張を裏付ける証拠のかけらもない」と言った。

(3) スター選手のストライカーであるジェイソン・コーエンは彼のチームを率いて今週末の決勝戦に勝利することで，父と張り合いたいと願っている。コーエンの父であるジョージは 1970 年の決勝戦で勝利を決定するゴールを決めている。

(4) 何か月もあとをつけられ，じろじろ見られていたので，その有名な若い歌手は以前の無名なころがよかったと思った。

(5) 「詐欺的投資計画が大きな問題となっている」と講演者は警告した。何千人もの一般の人が貯蓄からお金をだまし取られている。

(6) その大統領候補は，今こそ持てる者と持たざる者への社会の分極化を止めるときだ，と述べた。彼女は「もし私が選ばれたら，(両者の) 統一を進める力になります」と言った。

(7) 私は大学のときフットボール中に膝をけがした。今では寒くなると痛む。

(8) 「お前たちがいま突然親切にしてくれていることはよく分かったよ。しかし，ご機嫌を取ってもらっていることぐらい分かるよ。さて，何が望みだ？」と父は 2 人の息子に言った。

(9) 日が傾いてきて，遭難したハイカーの手がかりは依然何もなかったので，捜索隊はより広い範囲に広がっていった。

(10) 「ベンが記事を速くたくさん書けることは知っているよ。でも，もう少し細かいところに気を配ってくれたらなあ。つづり字の間違いがいっぱいだよ」

(11) その会社の販売実績に活気がないのは，がんこにもその古い生産ラインを変えようとしないことに原因があるとされた。

(12) イプスウィッチ刑務所の警備員たちは昨日の脱走計画をなんとか阻止した。囚人たちは壁を登ろうとしたが，逃亡する前に捕まった。

§2 語彙力の向上

1 紛らわしい語句

　つづりや発音の似た単語は，語彙を学習する上で大きな障害となりうる。例えば，英語を母語としていても disinterested「公平な」と uninterested「無関心の」を混同している人は少なくない。逆に言えば，間違えやすい単語を意識的に区別して覚えることで，効果的に語彙を増強することができるのである。

　同様のことは，カタカナ語についても言える。野球好きの英語学習者でも，野球の話題を英語で語すのが得意でない人は多い。これは「ナイター（night game）」に代表されるように，野球用語の多くがカタカナ語だからである。

　ここでは，語彙学習の障害となるポイントをいくつか挙げて解説していく。以下のリストはすべてを網羅しているわけではないが，誤りやすいポイントを常に意識することで，効率的に語彙学習ができるだろう。

1 スペリングの似た単語

- **amiable** 形 (人が)愛想のよい，気立てのよい
  amicable 形 (態度や行為が)友好的な
- **prescribe** 動 処方する
  proscribe 動 法で禁止する，追放する
- **muster** 動 (勇気・気力などを)奮い起こす
  master 動 習得する，支配する
- **callous** 形 無感覚の，無慈悲の，(皮膚が)硬くなった
  callus 名 たこ，まめ
- **ascent** 名 上昇　　　　**assent** 名 動 同意(する)
- **adjure** 動 命令する，懇願する　**abjure** 動 撤回する，破棄する
- **pry** 動 詮索する　　　**ploy** 名 罠，策略
  ply 動 定期往復する，(質問などを)しつこくする
- **boil** 動 沸かす，ゆでる　**broil** 動 照り焼きにする
- **eminent** 形 著名な，高名な

Chapter ▶▶ 1

Vocabulary

- imminent 形 (危険などが)差し迫った
- ■ overdo 動 やりすぎる,使いすぎる　overdue 形 期限の過ぎた
- ■ probe 名動 厳密な調査,厳密に調査する
- prove 動 証明する
- ■ crotch 名 股　　　　　　crutch 名 松葉杖,支え
- clutch 名 手中,(車の)クラッチ,危機
- ■ marital 形 結婚の,夫婦の　　martial 形 戦争の,軍隊の
- ■ alteration 名 変更,修正　　altercation 名 激論,論争
- ■ elicit 動 引き出す　　　　　illicit 形 不法な,不正の
- ■ defer 他 延ばす,延期する　defer to 自 従う,譲る
- ■ profit 名動 利益(をあげる)
- profiteer 名動 暴利をむさぼる(人)
- ■ urban 形 都会の　　　　　　urbane 形 都会風の,洗練された
- ■ clench 動 (歯を)食いしばる,(手などを)硬く握りしめる
- clinch 動 (議論などに)決着をつける,(釘などを)打ち曲げる
- ■ sledge 名 そり　　　　　　sludge 名 泥,ぬかるみ
- ■ broken 形 壊れた　　　　　broke 形 一文無しの
- ■ gross 形 総計の,下品な
- gloss 名動 光沢(を塗る),うわべの飾り(をつける)
- ■ grate 動 おろし金でおろす,気分を害する(例) grater「おろし金」
- grade 名動 格付け(する),成績(をつける)
- ■ deem 動 〜だと思う,見なす　doom 名 悲運,凶運
- ■ vest 名 (服の)ベスト,チョッキ
- vested 形 既得の(例) I have a vested interest in 〜「〜に既得権益がある」
- ■ adverse 形 不利益な,逆の　averse 形 (〜を)嫌った
- ■ proprietor 名 所有者,地主　propriety 名 適切さ,礼儀作法
- ■ flow 名動 流れ(る),噴出(する)
- flaw 名動 欠陥,欠点,ひび(を入れる)
- floe 名 氷原,浮氷
- ■ forgo 動 (〜なしで)済ませる,やめる
- forego 動 (〜に)先行する
- forge 動 (鉄などを)鍛える,(関係などを)築く

- **electric** 形 電動の，電気の（例 electric guitar「エレキギター」, electric current「電流」）
- **electrical** 形 電気に関する（例 electrical appliance「電化製品」）
- **extended** 形 拡大された，拡張された
- **extensive** 形 広範囲にわたる
- **collaborate** 動 協力する
- **corroborate** 動 裏付ける，補強する
- **comment** 名動 コメント（する）　**commentary** 名 論評，解説
- **persecute** 動 迫害する　**prosecute** 動 告訴する
- **appraise** 動 評価する，鑑定する
- **apprise** 動 （通例 be apprised で）知らされる
- **censor** 動 検閲する　**censure** 動 非難する，叱責する
- **inhabit** 動 （〜に）住む，居住する **inhibit** 動 抑制する，抑える
- **epidemic** 名形 伝染病，伝染する **endemic** 形 地方特有の，風土性の
- **prostrate** 形 意気消沈した，ひれ伏した
- **prostate** 形 前立腺（例 prostate cancer「前立腺ガン」）
- **veracious** 形 誠実な，真実の
- **voracious** 形 どん欲な，がつがつ食べる
- **parameter** 名 変数，限度　**perimeter** 名 周囲，周辺
- **exorcise** 動 （悪い記憶などを）取り除く，おはらいをする
- **exercise** 名動 運動（する），練習（する），（権利などを）行使する
- **discreet** 形 分別のある，慎重な **discrete** 形 ばらばらの，別々の
- **judicial** 形 司法の，裁判の　**judicious** 形 思慮分別のある
- **lackey** 名 おべっか使い　**lucky** 形 幸運な
- **meteor** 名 流星　**meter** 名 メーター
- **congenial** 形 愛想のよい，相性のよい
- **congenital** 形 先天的な
- **mystical** 形 秘教の，神秘（主義）的な
- **mysterious** 形 不可解な，不思議な，神秘的な
- **moral** 形 道徳的な　**morale** 名 士気
- **ration** 名動 配給（する）　**rationale** 名 根拠，正当性
- **rational** 形 理性的な，合理的な
- **demur** 名動 異議（を唱える），反対（する）

Chapter ▶▶ 1

Vocabulary

　　demure　　形 控えめな，おとなしい
- **anecdote**　名 逸話　　　　**antidote**　名 解毒剤
- **sticker**　　　名 シール，粘り強い人
　　stickler (for ~)　名 (~に)うるさい人
- **unwonted**　形 普通でない　　**unwanted**　形 望まれない
- **depraved**　形 悪化した，堕落した
　　deprived　形 (生活環境や経済状況などが)恵まれない
- **diseased**　形 病気の　　　　**deceased**　形 死去した
- **crumple**　名 動 しわくちゃ(にする)
　　crumble　動 粉々にする，ぼろぼろにする

2　混同しやすい単語

- **allusion**　名 (間接的な)言及　　**illusion**　名 幻覚
　　delusion　名 思い違い，妄想
- **cardiac**　形 心臓(病)の　　**cordial**　形 心のこもった
　　cardinal　形 主要な
- **exacerbate**　動 (状況や問題を)悪化させる
　　exasperate　動 (人を)怒らせる，憤慨させる
- **amoral**　形 道徳とは無関係の
　　immoral　形 非道徳的な，道徳に反する
- **homely**　形 平凡な，(容姿が)並の，家庭的な
　　homey　形 居心地のよい，わが家のような
- **inflammable**　形 燃えやすい　**inflammatory**　形 扇動的な,炎症の
　　nonflammable　形 不燃性の
- **official**　形 公式な，正式の　**officious**　形 おせっかいな,横柄な
- **respectable**　形 体裁のよい，立派な
　　respectful　形 (他人に)敬意を表する，礼儀正しい
　　respective　形 各々の，それぞれの
- **literal**　形 文字通りの　　**literary**　形 文学的な
　　literate　形 読み書きのできる
- **exclusionary**　形 (規則などが)排他的な
　　exclusive　形 独占的な，排他的な，(場所や資格が)限定された

17

- ■ **regrettable** 形(物事が)遺憾な,後悔すべき
  - **regretful** 形(人が)後悔している
- ■ **pause** 名動休止(する),中断(する)
  - **pose** 名動ポーズ(をとる),(質問など)を投げかける
  - **poise** 名動平静(を保つ),釣り合い(をとる),(身体を)構える
- ■ **imaginary** 形想像上の,架空の　**imaginative** 形想像力に富む
  - **imaginable** 形想像できる
- ■ **sensible** 形分別のある　　**sensory** 形感覚の
  - **sensual** 形官能的な
- ■ **curb** 動抑制する　　**curve** 動曲げる,曲がる
- ■ **affluent** 形裕福な　　**effluent** 名形流出物,流出(する)
- ■ **forcible** 形強制的な,力ずくの
  - **forceful** 形(人の)押しの強い,(議論などが)説得力のある
- ■ **careless** 形注意散漫な,不注意な
  - **carefree** 形心配事のない,のん気な
- ■ **physician** 名内科医,医者　**physicist** 名物理学者
- ■ **emigration** 名(外への)移住　**immigration** 名(外からの)移住
  - **migration** 名(しばしば一時的な)移住(例 migrant workers「移住[出稼ぎ]労働者」)
- ■ **uninterested** 形無関心な
  - **disinterested** 形公正な,客観的な
- ■ **intelligible** 形理解できる　**intelligent** 形聡明な,知的な
- ■ **distinct** 形明確な,異なる　**distinctive** 形特徴のある,独特の
  - **distinguished** 形著名な,卓越した
- ■ **assure** 動保証する,安心させる　**ensure** 動確実にする
  - **insure** 動保険をかける
- ■ **credible** 形信頼できる,信憑性のある
  - **creditable** 形見事な,称賛に値する
  - **credulous** 形(人を)信じやすい
- ■ **risky** 形危険な　　**risque** 形(話が)きわどい
- ■ **momentary** 形つかの間の　**momentous** 形重大な,歴史的な
- ■ **expand** 動拡張する,拡大する　**expend** 動消費する,使い切る
- ■ **perceptive** 形(洞察力が)鋭い　**perceptible** 形知覚できる

3 同音異義語

発音が同じ単語は，会話の障害となることが多いが，スペリングが類似していることも多いので，読解の際も注意が必要である。

- [kɔːrd]
  cord 名 コード，ひも　　　**chord** 名 一弦，琴線
- [djuː]
  dew 名 露，しずく
  due 名形 会費，当然支払われるべき(もの)
- [hóʊli]
  holey 形 穴の多い　　　**holy** 形 神聖な
  wholly 副 完全に
- [stéɪʃənèri]
  stationary 形 静止した　　　**stationery** 名 文房具
- [néɪvəl]
  naval 形 海軍の　　　**navel** 名 へそ
- [preɪ]
  pray 動 祈る
  prey 名動 食い物(にする)，餌食(にする)
- [beɪl]
  bail 名動 保釈(する)，保釈金　**bale** 名動 梱包(する)
- [raʊt]
  rout 名 敗北，退散，暴動
  route 名 道筋 ([ruːt] と発音されることもある)
- [broʊtʃ]
  broach 動 話題に出す
  brooch 名 ブローチ ([bruːtʃ] と発音されることもある)
- [piːk]
  peak 名 頂点，最高潮
  peek 名動 のぞき見，ちらっとのぞく
  pique 名動 立腹(させる)，不機嫌(にさせる)

■ [ʃɪər]
　sheer　形 動 全くの，垂直の
　shear　動 （羊毛などを）刈る，奪い取る
■ [tru:p]
　troop　名 動 軍隊，集団，群がる
　troupe　名 動 （俳優やサーカスの）一座，巡業する

4　カタカナ語

■ アルバイト　　　　　　　part-time job（arbeit はドイツ語。ちなみに，英語で arbiter は「裁定者」という意味）
■ アンケート　　　　　　　questionnaire
■ ゴーサイン　　　　　　　green light / go-ahead
■ コンセント　　　　　　　outlet（consent「同意する」）
■ スタイル　　　　　　　　figure（「体型」の意味で）
■ シャープペンシル　　　　mechanical pencil
■ マジックペン　　　　　　(magic) marker
■ シール　　　　　　　　　sticker
■ シルバーシート　　　　　priority seating
■ （雑誌の）バックナンバー　back issues (of magazines)
■ サイダー　　　　　　　　soda（cider「リンゴジュース［酒］」）
■ マナー　　　　　　　　　manners（単数扱いだが，複数形になることに注意）
■ バイキング料理　　　　　buffet
■ ピエロ　　　　　　　　　clown（class clown「クラスのひょうきん者」）
■ 郵便ポスト　　　　　　　mailbox
■ メーカー　　　　　　　　manufacturer
■ ワンルームアパートメント　studio apartment（one bed room apartment「寝室付きの部屋」）
■ ドライフルーツ　　　　　dried fruit
■ アイスティー　　　　　　iced tea（ice cream「アイスクリーム」）
■ エネルギッシュ　　　　　energetic（energish はドイツ語）

Chapter ▶▶ 1

Vocabulary

[車関連の用語]
- ボンネット　　　　　**hood**(米)**/ bonnet**(英)
- ウィンカー　　　　　**blinker**
- トランク　　　　　　**trunk**(米)**/ boot**(英)
- ナンバープレート　　**license plate**(米)**/ number plate**(英)
- ハンドル　　　　　　**(steering) wheel**
- ハンドブレーキ　　　**emergency brake**(米)**/hand brake**(英)
- アクセル　　　　　　**gas pedal**(米)**/ accelerator**(英)
- クラクション　　　　**horn**
- バックミラー　　　　**rearview mirror**
- フロントガラス　　　**windshield**(米)**/ wind-screen**(英)

Training

次の **(1)** から **(12)** までの（　　　）の中から適切な語句を１つずつ選びなさい。

(1) We are all looking forward to the lecture by the (eminent / imminent) scholar.

(2) You ruined his life. Don't try to (gloss / gross) over things by saying that you were only trying to help.

(3) To respect the privacy of the people involved in the scandal, the reporter asked only a few (discreet / discrete) questions.

(4) At first glance a fallacious argument may often appear to be valid and convincing and only close inspection can reveal (flows / flaws / floes) in its logic.

(5) We'd like to offer you our (exclusionary / exclusive) service package which includes a life-time warranty, free shipping, and much more.

(6) This book certainly struck a (cord / chord) with me. I'm sure it will with you too.

(7) You should click on the junk mail box to (assure / ensure) that important e-mail messages are not mistakenly deleted.

(8) Germany and Pakistan have enjoyed an (amiable / amicable) relationship since the 1950s.

(9) If you are not careful, you are likely to fall (pray / prey) to the false and misleading claims made in advertising.

(10) As one of the most (affluent / effluent) nations in the world, Japan should do its fair share to eradicate world poverty.

(11) Small children can be described as being (amoral / immoral) rather than (amoral / immoral) when they do wrong.

(12) Everyone is encouraged to (exercise / exorcise) his or her right to vote.

Answers

(1) eminent (2) gloss (3) discreet (4) flaws
(5) exclusive (6) chord (7) ensure (8) amicable
(9) prey (10) affluent (11) amoral / immoral
(12) exercise

解説

(1) eminent scholar「著名な学者」。imminent の用法は次の例文を参照。Although the flood waters were rising, the town was in no imminent danger. (1997-2)
(2) gloss over ～「～を曲解する，こじつける」
(3) discreet questions「思慮深い質問」
(4) flaw「欠点，欠陥」参考：logical flow「(文章などの) 論理的な流れ[展開]」
(5) exclusive service package「独占サービス」
(6) strike a chord with ～「～の共感を得る」
(7) ensure「～を確かなものにする，確実にする」
(8) amicable relationship「友好的な関係」
(9) fall prey to ～「～の餌食になる，犠牲になる」
(10) affluent nations「(経済的に) 豊かな国」
(11) amoral「道徳に無関係の」，immoral「不道徳な」
(12) exercise *one's* right「権利を行使する」

2 接頭辞・接尾辞・語根

　§1でも述べたように，語彙を増やすための王道は無いが，効率的な語彙の覚え方というものは存在する。知らない単語をやみくもに覚えようとしても，すぐに忘れてしまう可能性が高いので，効果的な語彙学習方法を身につけるようにしよう。

　効果的な語彙学習方法の1つは，単語を接頭辞（prefix），接尾辞（suffix），語根（root）などの部分に分けて，その語源的意味を理解することである。例えば dehydration という単語を知らなくても，de- が「脱（off）」を意味する接頭辞，hydro が「水」を意味する語根，そして -tion が名詞化する接尾辞であることが分かれば，dehydration「脱水症状」のおおよその意味をつかむことができる。このように，普段から接頭辞・語根・接尾辞に注目しておくと，未知の単語に出会ったときも，意味が推測しやすくなるのである。

　また，接頭辞・語根・接尾辞の知識があると，単語のイメージが浮かびやすくなり，さらに微妙なニュアンスまでも理解しやすくなる。例えば nym「名」という語根を知っていれば，pseudonym「偽名」，antonym「反意語」，synonym「類義語」など多くの単語の意味がすんなりと理解できるようになる。また，pedestrian「歩行者」，expedite「促進する」，podium「演壇」といった一見無関係に思える単語も ped / pod「足」という語根を知っていれば，関連づけて覚えることができるであろう。

　以下に代表的な接頭辞・接尾辞・語根を列挙しておく。リストは網羅的ではないので，リストにある単語を丸暗記して満足するのではなく，単語の意味を部分から推測することの有用性を認識し，日ごろからそれらに目を向ける習慣をつけるようにしてもらいたい。

Chapter ▶▶ 1

1 語
dic / dict / dit　例　benediction「祝福，祝祷」，contradict「矛盾する」，verdict「判決」，interdict「禁止する」，edict「布告，勅令」

2 誓
jur　例　jurisdiction「司法権」，jury「陪審」，abjure「撤回する，破棄する（ab「否」+ jur「誓」）」

3 導
duc / duce / duct　例　abduct「誘拐する（ab「外へ」+ duct「導く」）」，seduce「誘惑する」，deduce「演繹する（結論を導き出す）」，aqueduct「送水管（aqua「水」+ duct「導く」）」

4 切
cis　例　circumcise「割礼をする」，incision「切開（in「中を」+ cis「切る」）」，exorcise「（悪い記憶などを）取り除く，おはらいをする」

5 栽培
culture　ラテン語の cultra「耕作」が語源。
例　apiculture「養蜂」，sericulture「養蚕」

6 生／創
gen / gene　例　genesis「起源，創始」，genetics「遺伝学」，ingenious「創造的な」，progeny「子孫，結果（生み出されるもの）」，genealogy「系図」，congenial「先天性の」，eugenics「優生学（eu「よい」+ gen「生」+ ics「学」）」，hydrogen「水素」

7 名
nom / nym / noun　例　acronym「頭字語」，antonym「反意語（ant「反対」+ nym「名前」）」，anonymous「匿名の（a- は否定の接頭辞）」，nomenclature「命名法」，misnomer「誤記」

8 記
scribe / script　例　transcribe「転写する」，inscribe「刻む」，circumscribe「制限する，取り囲む（circu「周」+ scribe「記」）」，scribble「走り書きをする」，the Scripture「聖書」

9 保
tain / ten
例 abstain「慎む（ab「離」+ tain「保」）」, detain「拘留する」, retain「保持する」, tenacious「辛抱強い」, sustenance「栄養物，生活の糧」, tenure「保有；在職期間」

10 引
tract
例 contract「収縮する」, detract「減じる」, protract「長引かせる」, retract「撤回する」, subtraction「引き算」

11 曲，転
vert / vers
例 avert「避ける」, conversion「転換，改心」, diversion「気晴らし」, pervert「変質者」, versatile「多芸の，用途の広い」

12 見
spect / spec
例 specter「幽霊，亡霊」, perspective「視点」, retrospect「回顧（retro「後」+ spect「見」」, conspicuous「目立つ」, specious「見せかけだけの」

13 平和
pact / peace
例 pacify「なだめる，平和な状態にする」, appease「静める」, pacifism「平和主義」

14 人
anthro / andro
例 anthropology「人類学」, misanthropy「人嫌い」philanthropy「博愛主義（phil「愛」）」, android「人造人間」

15 信
cred
例 incredible「信じられない」, credo「信条」, credentials「信用を証明するもの，資格」, credulous「信じやすい」

16 感情
pat / pas
例 sympathy「共感」, empathy「感情移入」, apathy「無関心」, antipathy「反感」, sociopath「社会病理者」

17 両，双
amph / amb
例 amphibian「両生類」, ambiguous「あいまいな（2つ以上の意味に解釈できる）」, ambivalent「相反する感情を持つ」

Chapter ▶▶ 1

18 責
culp
例 exculpate「無罪にする」, culprit「容疑者, 責められる者」

19 真実
ver
例 verify「事実かどうかを確かめる」, veracious「誠実な, 正確な」, aver「真実であると断言する, 主張する」

20 誤, 難
dys
例 dyslexia「難読症」, dysfunction「機能不全」, dystrophy「栄養不良」

21 集, 群
gregat
例 congregate「集まる」, segregate「隔離する（se「離」＋ gregat「群」）, egregious「並外れの（ex / e「群からはみ出るほどの」）」, gregarious「群生する, 社交的な」

22 殺
cide
例 homicide「人殺し（hom「人」＋cide「殺」）」, pesticide「殺虫剤」, genocide「虐殺」

23 闘
belli
例 belligerence「交戦」, rebellion「反乱」, bellicose「好戦的な」

24 愛
am
例 enamored「魅惑される」, amiable「気だてのよい」, amorous「好色の」, enmity「憎悪, 敵対（en- は否定を表す接頭辞）」

25 言
log / loc / loqu
例 elocution「話し方, 演説法」, colloquial「口語の」, philology「言語学, 文献学（phil「愛」＋log「語」）」, eulogy「弔辞」, loquacious「おしゃべりな」

26 警告, 忠告
mon
例 admonish「警告する」, remonstrate「異議を唱える」, summon「召喚する」

27 形
morph
例 amorphous「無形の」, metamorphosis「(生物の) 変態, 大変貌 (meta-「変化」を意味する接頭辞)」

28 母
mater / mat
例 matriarchy「母権制」, matrimony「結婚生活」, maternal「母性の (例：maternal instinct「母性本能」)」, alma mater「母校」

29 父
pater / patr
例 patriarchy「父権制, 男性上位社会」, patronize「(店などを) ひいきにする, (人を) 後援する」, compatriot「同胞, 同国人」

30 呼吸
spir
例 conspiracy「陰謀, 共謀 (con「共」+ spir「息」)」, perspire「発汗する」, expire「息を吐き出す, 息をひきとる」, respirator「人工呼吸器」

31 重
grav / griev
例 gravity「重力」, aggravate「悪化する」, aggrieve「苦しめる」

32 心
card / cord
例 cardiac「心臓 (病) の」, encourage「励ます」, concordance「調和, 一致」, discordance「不調和」

33 眠
dorm
例 dormant「活動休止中の」(例：dormant volcano「休火山」), dormitory「寄宿舎, 寮」

34 閉
cla / clo / clu
例 closet「押し入れ」, reclusive「隠遁の」, disclose「打ち明ける, 暴露する」, preclude「不可能にする」

35 教
dac / doc
例 doctrine「教条」, docile「素直な, 従順な」, didactic「教えたがりの, 教条的な」

Chapter ▶▶ 1

36 投
ject / jet
例　interject「言葉を挟む」, deject「落胆させる」, ejection「放出」, trajectory「軌道, 弾道」

37 共
syn
例　synonym「同義語」, synthesis「総合, 統合」

38 燃
flam / flag
例　inflammable「燃えやすい」, conflagration「大火」

39 適, 術
apt / ept
例　adept「熟達した」, inept「不器用な, 不向きの」, aptitude「適性」(例：General Aptitude Test Battery [GATB]「一般職業適性検査」)

40 飾
orn
例　adorn「飾り立てる」, ornament「装飾物」, ornate「(過剰に) 飾り立てた, 修辞的な」

41 食
vor / vour
例　carnivorous「肉食性の」, herbivorous「草食性の」, devour「むさぼり食う」, savor「ゆっくり味わう」

42 ほとんど
pen
例　peninsula「ほとんど島＝半島」

43 すべて
omni
例　omnipotent「全能の」, omnipresent「遍在する」, omniscient「全知の」, omnibus「選集, 包括的な」

44 記憶
mne
例　amnesty「恩赦」, amnesia「健忘症」, mnemonic「記憶に残る, 記憶を助ける」(例：mnemonic device「記憶装置」)

45 他
al / ali / alter
例　alternative「代替となる」, alias「別名」, alien「外国の」

46 時
chron
例　chronology「年代, 年表」, chronic「慢性の」, synchronize「同時に起こる」

47 神
theo
例　atheist「無神論者（a「否」+ the(o)「神」+ -ist「人」を表す接尾辞）」, theology「神学」, theocracy「神権政治」

48 壊
fra / frac / frag
例　fracture「骨折」, fragile「壊れやすい, はかない」, fragment「破片, 断片」

49 試, 調
prob
例　probation「審査期間, 保護観察, 執行猶予」, probe「厳密に調べる」, reprobate「強く非難する」

50 専門家
ist
例　orthodontist「歯科矯正医」, gynecologist「婦人科医」, ophthalmologist「眼科医」

Training

次の (1)から (15) までの単語の意味として最も適切なものを下から1つずつ選びなさい。

(1) verisimilitude　　(2) magniloquent　　(3) intractable
(4) anthropomorphic　(5) jettison　　　　(6) aggregate
(7) perspicacious　　(8) carcinogenic　　(9) omnivorous
(10) claustrophobia　(11) homonym　　　　(12) altruistic
(13) aquaculture　　 (14) matricide　　　(15) neologism

1 a new word, expression, or new usage
2 able to understand quickly
3 treating a god or animal, etc. as though they had human form or personality
4 cultivation of plants or breeding of fish in water
5 an extreme fear of being in closed or narrow spaces
6 having the tendency to cause cancer

7 caring about others more than one cares about oneself
8 seeming to be true or real
9 throw out of a moving ship or plane
10 not easy to deal with
11 a word which is spelled and pronounced like another which has a different meaning
12 the crime of killing one's mother
13 eating both animal and vegetable substances
14 using high-sounding extravagant language
15 the total number or amount made up of smaller amounts

nswers

(1) 8　(2) 14　(3) 10　(4) 3　(5) 9　(6) 15
(7) 2　(8) 6　(9) 13　(10) 5　(11) 11　(12) 7
(13) 4　(14) 12　(15) 1

解説

(1)「本当らしいこと，真実味」→ver［真］+similar［類似］+tude［名詞の接尾辞］**(2)**「大言壮語の，大げさな」→mag［大］+loq［言］+ent［形容詞の接尾辞］**(3)**「手に負えない」→in［否］+tract［引］+able［可能を表す形容詞の接尾辞］**(4)**「擬人的な，人間に似た」→anthro［人］+morph［形］**(5)**「投げ捨てる」→jet［投］**(6)**「集合体，集積」→gregat［集，群］**(7)**「明敏な，洞察力のある」→per［完全］+spic［見］+ous［形容詞の接尾辞］**(8)**「発ガン性の」→carcin［ガン］+gen［生］**(9)**「雑食性の」→omni［全］+vor［食］+ous［形容詞の接尾辞］**(10)**「閉所恐怖症」→clau(dere)［閉］+phobia［恐怖］**(11)**「同音異義語」→homo［同］+nym［名］**(12)**「利他的な」→al / alter［他］**(13)**「水産養殖」→aqua［水］+culture［栽培］**(14)**「母親殺し」→matri［母］+cide［殺］**(15)**「新語」→neo［新］+log［語］+ism［名詞の接尾辞］

3 単語のグループ化

　英検1級を受験するレベルの人でも insect / bug / worm の意味の違いを説明できないことが多い。これは3つの単語とも「虫」という日本語で記憶して，微妙な意味の違いまで理解していないからである。しかし，実際のコミュニケーションで適切な単語を使うためには，単語の丸暗記で満足せずに，類義語のニュアンスの違いをつかんでおく必要がある。冒頭の例に戻ると insect は「昆虫」，bug は「小さい虫」，そして worm は「羽や足を持たない虫」をそれぞれ意味する。各語の意味の違いを知っていれば，earthworm を「ミミズ」と呼び，虫かごを insect cage と呼ぶことにも合点がいくだろう。

　使える語彙を増強する効果的な方法の1つは，基本語とその類義語をグループ化して覚えることである。その際には，グループ内の各語の意味の違いまで踏み込んで理解するようにしよう。例えば laugh と chuckle はともに「笑う」という意味であるが，前者は「声に出して笑う」，後者は「含み笑いをする，くすくす笑う」という意味である。両者を区別していないと That wasn't a laugh; that was a chuckle.「笑ったんじゃなくて，くすっとしただけだ」という文を正しく理解できない。英語運用能力を身につけるには，日本語訳を覚えるだけでは不十分だということを肝に銘じておこう。また，基本語とその類義語をグループ化すると，効率的に数多くの単語を記憶できるという利点もある。例えば flabbergasted「驚いてものが言えない」のような難しい語も，surprised や astonished などなじみのある単語と関連づけると覚えやすくなるだろう。

　単語をグループ化する際は，類義語だけでなく反意語も含めるようにすると，より効果的である。例えば tender「(肉が)柔らかい」という形容詞を tender—tough「(肉が)柔らかい—固い」のペアで覚え，この文脈では soft—hard を使えないことを知っておけば，実際に使える語彙を効率的に増強することができるのである。

　ここでは，基本語とその類義語をグループ化し，各語のニュアンスの違いを概説していく。さらに「上がる・下がる」や「押す・引く」のように，同意語・反意語グループを並べて配列した箇所もあるので，その場合は基本語・類義語・反意語をまとめて覚えるようにしよう。

1 「笑う」smile / laugh / grin / chuckle / sneer / smirk

- **smile** 笑顔を見せる。
  - 例 **Smile so that we will make a good first impression.**「笑顔で第一印象をよくしなくては」
- **laugh** 声を出して笑う。
- **grin** （歯が見えるほど）口を開いて笑う。
  - 例 **He grinned like a boy.**「彼は少年のように笑った」
- **chuckle** 静かに笑う，くすくす笑う。しばしば「抑制した笑い」を意味する。
  - 例 **Jane chuckled to herself as she watched the movie.**「ジェーンは映画を見て1人でくすくす笑った」
- **sneer** 冷笑する，鼻でせせら笑う。
- **smirk** （否定的に）にやっとする，にたにたする。
  - 例 **Wipe that smirk off your face!**「にやにやしているんじゃない！」

2 「疲れる」tired / fatigued / exhausted / jaded / frazzled

- **tired** 「疲れる」という意味の最も一般的な語。
- **fatigued** 疲労困憊した（**tired** よりも強い意味合いを持つ）。
- **exhausted** 疲れ切った，精魂尽き果てた。「これ以上何もできない」ことを含意する。
- **jaded** 精気・情熱を失った，疲れ切った。しばしば「倦怠感」を含意する。
  - 例 **We must do something to inspire jaded employees.**「疲れた従業員を鼓舞するために，何らかの策を講じなくてはならない」
- **frazzled** 肉体的にも精神的にも疲れ果てる。一時的な疲労ではなく，助けが必要なほど深刻な状態を指す。
  - 例 **offer support for frazzled parents**「疲れ切った親たちを支援する」

3 「減らす」 decrease / reduce / diminish / curtail / abate

- **decrease** 「減らす」という意味の最も一般的な語。しばしば「徐々に減らす」という意味合いを持つ。
- **reduce** 人為的に減らす。
  - 例 The United States should substantially reduce its foreign policy commitments.「合衆国は外交政策上の関与を大幅に減らすべきである」
- **diminish** 意図的に減らす，取り除く。「取り除く行為・過程やその結果」を強調する。
  - 例 Exercise helps diminish back pain.「運動は背中の痛みを軽減する」
- **curtail** 削減する。cut away some part というニュアンスがある。
  - 例 The power of Presidency should be significantly curtailed.「大統領府の権限を大幅に削減すべきである」
- **abate** 過渡な量・程度を減らす，やわらげる。「適性レベルにまで減らす」というニュアンスがある。
  - 例 abate a tax「減税する」

4 「盗む」 steal / rob / snitch / swipe / shoplift / pocket

- **steal** 「盗む」という意味の基本語。「こっそり盗む」という意味合いがある。
- **rob** 強奪する。
  - 例 rob a bank「銀行強盗をする」
- **snitch** ひったくる，かすめ取る（盗む行為のすばやさに焦点が当てられる）。また，しばしば「高価でないものを盗む」ことを含意する。
- **swipe** かっぱらう，持ち逃げする（インフォーマルな語）。
  - 例 The blow-up figures of the cartoon character were swiped from a local burger shop.「地元のハンバーガーショップから，アニメキャラクターの風船人形が盗まれた」
- **shoplift** 万引きをする。
- **pocket** 着服する。pick *one's* pocket「スリをする」と混同しやすいので注意。

5 「料金」 price / fare / charge / fee / toll / bill / tuition / rate

- **price**　「料金」という意味の最も一般的な語。特に「（商品・製品の）売値，価格」を意味する。
  - 例 **price tag**「値札」
- **fare**　「交通料金，運賃」という意味。
  - 例 **taxi fare**「タクシー料金」
- **charge**　サービスに対して支払われる料金。
  - 例 **delivery charge**「運送料」
- **fee**　専門的なサービスに支払われる報酬。
  - 例 **lawyer's fee**「弁護士への謝礼」
- **toll**　道路などの通行料。
  - 例 **tollbooth**「料金所」
- **bill**　サービス料金（の請求書）。
  - 例 **pay utility bills**「光熱費を払う」
- **tuition (fees)**　授業料。
- **rate**　定率で課金される料金。
  - 例 **group rates**「グループ［割引］料金」，**parking rates**「駐車料金」

6 「1人」 alone / on *one's* own / lonely / solitary / single

- **alone**　ほかに誰もいない。
  - 例 **I get the feeling that we are not alone.**「（ここにいるのは）私たちだけではない気がする」
- **on *one's* own**　1人で，誰の助けも借りずに。
  - 例 **She is on her own at 16.**「彼女は16歳なのに自立している」
- **lonely**　1人で寂しい。
  - 例 **If you are feeling lonely, feel free to call me.**「寂しかったら，電話して」
- **solitary**　1人きりの，ほかに誰もいない。しばしば「自分の意思で1人でいる」ことを意味する。
  - 例 **solitary animal**「（群れをなさずに）単独で行動する動物」
    Collecting stamps is not necessarily a solitary hobby.「切手収集は必ず

しも個人で楽しむ趣味ではない」
- ■ **single** 独身の，恋人のいない。

7 「上がる」rise / ascend / soar / skyrocket

- ■ **rise** 「上がる」という意味の最も一般的な語（⇔**fall**）。
- ■ **ascend** 登る，上昇する。「段階を追って上がる」という含意がある（⇔**descend**）。
  - 例 The figures are arranged in ascending order.「数字は昇降順（小さい方から大きい方へ向かう順番⇔**descending order**）に並べられている」
- ■ **soar** 急上昇する，急激に上がる。しばしば「努力しないで（意図せずして）上がる」というニュアンスで使われる。
  - 例 Oil prices are soaring.「原油価格が高騰している」
- ■ **skyrocket** 急激に上がる。異常かつ制御できないペースで上がることを含意する。
  - 例 Prices skyrocketed.「物価が急激に上がった」

8 「下がる」fall / descend / drop / plunge / plummet

- ■ **fall** 「下がる」という意味の最も一般的な語。
- ■ **descend** 下降する（⇔**ascend**）。
- ■ **drop** （一気に）下がる。しばしば思いがけなく下がることを意味する。
  - 例 Temperatures could drop to 5 degrees C below zero tonight.「今夜は気温がセ氏マイナス5度まで下がるかもしれない」
- ■ **plunge** 水の中に落ちる，急激に下がる。
  - 例 Japan's trade surplus plunged by 55% last year.「日本の貿易黒字は昨年55％減少した」
- ■ **plummet** 堅い語で，「真っ逆さまに下がる，急降下する」。**plummet**は名詞では「おもり」を意味する。

9 「驚く」 surprised / astonished / astounded / flabbergasted / stunned

- ■ **surprised** 「驚く」という意味の最も一般的な語。
- ■ **astonished** ひどく驚く。普通では考えられないことが起きて驚くというニュアンスがある。
- ■ **astounded** 驚愕する，仰天する。**astonished** よりも驚きの度合いが強く「ひどくショックを受ける」という意味合いで使われる。
- ■ **flabbergasted** 驚いて［あきれて］ものが言えない。
- ■ **stunned** 茫然自失となる。

　例 I was totally surprised, even stunned, by what he said.「彼の言った事にひどく驚かされ，茫然自失気味となった」

10 「泣く」 cry / weep / sob / wail / whine

- ■ **cry** 「泣く」という意味の最も一般的な語。
- ■ **weep** 涙を流して泣く。涙を流すことに意味の重点がある。
  　例 weep with joy「うれし涙を流す」
  　　 weeping willow「しだれ柳」
- ■ **sob** すすり泣く。泣き声や嗚咽に焦点が当てられる。
  　例 sob story「涙や同情を誘う話」
- ■ **wail** 泣き叫ぶ，号泣する。
- ■ **whine** 哀れっぽく泣く，泣き言を言う。
  　例 Stop whining.「泣き言を言うな」

11 「直す，修理する」 repair / mend / fix / restore

- ■ **repair** （専門的技術・時間を要する故障や不具合を）直す（参考：repairman「修理工」，fixer「黒幕」「調停人」）。
- ■ **mend** 簡単に直せるものを修繕する。
- ■ **fix** 口語的表現で，**mend** と **repair** の両方の意味で使用される。
- ■ **restore** 元の状態に直す，復元する。

12 「主張する」 assert / argue / maintain / insist / advocate

- **assert** 断言する，強く主張する。しばしば根拠もなく言い張ることを意味する。
- **argue** 議論をする。根拠や裏付けのある主張をするという含意がある。
  - 例 Don't simply assert your point — argue it.「自分の判断を単に主張するだけでなく，論拠づけなさい」
- **maintain** （反対意見や疑問の声もある中で）一貫して強く主張する。
- **insist** 自分の主張に固執する。
  - 例 I said "no," but he insisted.「私は嫌だって言ったけど，彼は聞き入れてくれなかった」
- **advocate** 声高に主張する。公に主張するというニュアンスがある。

13 「問題」 problem / question / issue / conundrum

- **problem** 解決されるべき困難な問題。理数系の（試験）問題。
- **question** 解答されるべき事柄。文系の（試験）問題。
- **issue** （社会的）争点となっている問題。
  - 例 AIDS was a non-issue 20 years ago.「エイズは 20 年前，社会問題ではなかった（必ずしも **problem** が存在しなかったことを意味しない）」
- **conundrum** 解決・解答困難な問題。

14 「食べる」 eat / swallow / slurp / gobble / gorge / savor / feed

- **eat** 「食べる」という意味の最も一般的な語。
- **swallow** 噛まずに飲み込む。
- **slurp** （スープなどを）音をたてて食べる。通常，スープなどの流動物を目的語とする。
- **gobble** がつがつ食う。
- **gorge** 腹いっぱいに詰め込む。
- **savor** 味わって食べる。
- **feed** （動物が）えさを食べる。

15 「期待する，望む」 want / wish / hope / expect / desire

- **want** 特に，欠けているものをほしがる。want には名詞で「欠落，不足」という意味がある。
  - 例 **for want of a better word**「ほかに適当な言葉がないので」
- **wish** 非現実的なことを望む。
  - 例 **I wish I could sleep.**「眠れたらいいな」よりも「眠れないの」という訳のほうが適切。
- **hope** 実現可能なことを望む。実現するかどうか分からないことを望む場合にも使われる。
- **expect** 確実性が高いことを当然のこととして期待する。
  - 例 **I am expecting a baby.**「出産予定です（参考：**I am hoping for a baby.**「赤ちゃんがほしい」）」
- **desire** 切望する，強く望む。
  - 例 **desired qualifications**「望ましい資格（参考：**required qualifications**「要件」）」

16 「におい」 smell / scent / odor / fragrance

- **smell** 「におい」という意味の最も一般的な語。
  - 例 **the sense of smell**「嗅覚」
- **scent** 「（動物・植物などから発せられる）におい」
  - 例 **the scent of pine needles**「松葉のにおい」
- **odor** 特に強いにおい。しばしば「悪いにおい」を意味する。
  - 例 **bad odor**「悪臭」
- **fragrance** 花や香水などのよいにおい，微かな甘い香り。

17 「認める」 recognize / admit / acknowledge / appreciate

- **recognize** 存在や事実を認める。しばしば旧知のものを改めて認識することを意味する。
  - 例 **You have changed a lot. At first, I didn't recognize you.**「ずいぶん変わったな。最初，誰だか分からなかったよ」

- **admit**　嫌なことをしぶしぶ認める。
  - 例 **I must admit defeat.**「負けを認めざるをえない」
- **acknowledge**　認識する。しばしば隠し事を認めるという意味を持つ。
  - 例 **He acknowledged a secret marriage.**「極秘結婚したことを認めた」
- **appreciate**　価値を認める，正当に評価する。
  - 例 **I really appreciate the offer, but I must decline it.**「オファーはとてもありがたいのですが，お断りします（参考：**accept an offer**「オファーを実際に受け入れる」）」

18　「引く」pull / draw / drag / tug / yank

- **pull**　「引く」という意味の一般的な語。
- **draw**　引っ張る。スムーズに引っ張ることができることを含意する。
  - 例 **draw a curtain**「カーテンを引く」
- **drag**　引きずる。力ずくで引きずるという意味合いがある。
  - 例 **The police dragged the protestors out of the city council meeting.**「警察は市議会から抗議者を引きずり出した」
- **tug**　力を込めてぐっと引く。
  - 例 **tug of war**「綱引き」
- **yank**　すばやく力強く引っ張る。
  - 例 **Yank the rope as hard as you can!**「ロープを思い切り引っ張れ！」

19　「押す」push / press / shove / thrust

- **push**　「押す」という意味の最も一般的な語。押して動かすという意味合いがある。
- **press**　押しつける。壁など動かない物に圧力を加えることを意味する。
  - 例 **If you would like to leave a message for Susan, please press #1.**「（電話の応答メッセージ）スーザンにメッセージを残したい場合は1番を押してください」
- **shove**　強く乱暴に押す。
  - 例 **shove** *someone* **out of** *one's* **way**「人を押しのけて進む」
- **thrust**　すばやく強く押す，突く。一過性の行為を含意する。

Training 1

単語のニュアンスの違いに注意して，次の **(1)** から **(4)** までの（　　）の中から適切な語を1つずつ選びなさい。

(1) 下がる

The company's stock price (decreased / descended / fell / plummeted) to an all-time low in a matter of hours.

(2) 直す

It's going to be extremely difficult to (fix / mend / repair / restore) the painting to its original condition.

(3) におい

In the end he decided to see a doctor about his excessive body (fragrance / odor / scent / smell).

(4) 押す

She (pushed / pressed / shoved / thrust) her shoulder at the locked door in vain.

Answers

(1) **plummeted** 　　(2) **restore** 　　(3) **odor** 　　(4) **thrust**

解説

(1) ほかの選択肢も誤りではないが，**all-time low** などの表現から考えると「急降下」という意味の **plummet** が最も適切である。
(2) 「元の状態に直す」という意味の場合は **restore** が最も適切である。
(3) 文脈から「悪いにおい」を指すと判断できる。
(4) **thrust** は一過性の行為を指すことに注意。

Training 2

次の **(1)** から **(12)** までの単語の定義として最も適切なものを１つずつ選びなさい。

1. 笑う

(1) grin   **(2)** chuckle   **(3)** sneer   **(4)** snicker

   1 to snigger or laugh in a covert way
   2 to smile showing teeth in amazement or pain
   3 to smile or laugh in a scornful derisive way
   4 to laugh making surprised sounds of glee

2. 食べる

(5) slurp   **(6)** swallow   **(7)** gobble   **(8)** savor

   1 to take food or drink down your throat into your stomach
   2 to eat fast in a greedy way
   3 to enjoy the taste of flavor of something in an unhurried way
   4 to make a loud noise while drinking or eating

3. 泣く

(9) weep   **(10)** sob   **(11)** whimper   **(12)** wail

   1 to cry noisily, breathing in short breaths
   2 to make weak, unhappy crying noises
   3 to shed tears because you are sad
   4 to make loud, long, high-cries

Answers

(1) 2   (2) 4   (3) 3   (4) 1   (5) 4   (6) 1   (7) 2
(8) 3   (9) 3   (10) 1   (11) 2   (12) 4

Chapter ▸▸ 1

解説

前出のリストに含まれていない単語だけを簡単に説明しておく。

(4) snicker「(通常否定的に) ほくそ笑む，忍び笑う」
(11) whimper「めそめそする，しくしく泣く，(犬が) くんくん鳴く」

4 単語の意外な意味

　誰でも知っている簡単な単語が，意外な意味を持っていることがある。例えば cool には「冷たい，涼しい」以外にも「かっこいい，すてきな」という意味がある。後者の意味を知らないと，以下の会話は理解できない。
　"It's a cool pool, isn't it?"「すてきなプールじゃない？」
　"Yeah, it's nice."「そうだね」
　また，pool も「プール」以外に「ビリヤード」や「共同出資［負担］をする」という意味を持つ多義語である。皮肉なことに，これらの基本単語はその平易さゆえに，かえって多義語であることに気づきにくいのである。
　ここでは，英検対策からは少し離れ，誰でも知っている単語が持つ意外な意味をいくつか紹介する。映画やテレビドラマを鑑賞したり，小説を読んだり，会話をする際に役立ててほしい。

- ■ **cake**　　　　動（通例 be caked で）（汚れなどが）こびりつく
- ■ **champion**　動 支持する，擁護する
- ■ **game**　　　形 やる気がある，意思がある
- ■ **fresh**　　　形 生意気な，なれなれしい
　　　　　　　　（例 Don't get fresh with me!「生意気な口をきくんじゃない」）
- ■ **straight**　　形 まじめな，率直な
- ■ **swell**　　　形 すばらしい
　　　　　　　　（例 I hope your weekend is swell!「よい週末を！」）
- ■ **wing**　　　　動（wing it で）即興で演じる，作る
- ■ **beat**　　　　名（警察の）巡回地域，（記者の）担当範囲
　　　　　　　　動（beat it で）逃げろ，立ち去れ
- ■ **coin**　　　　動 造語する
- ■ **shrink**　　　名 精神科医（headshrinker の略。正式には **psychiatrist** と言う）
- ■ **earmark**　　動（ほかの目的のために）取っておく

Chapter ▶▶ 1

- **gag**　　　　　動 口封じをする
- **trump**　　　　動 上回る，勝つ（参考：card「トランプ」）
- **police**　　　 動 取り締まる，管理監督する
- **folks**　　　　名 家族（特に，親）
　　　　　　　　　（例）Are you going to live with your folks in Tokyo?「東京では家族と一緒に住むことになるの？」
- **sport**　　　　動 着こなす，（服飾品を）見せびらかすように身につける
- **take**　　　　 名 見方，見解
　　　　　　　　　（例）What's your take on this issue?「この問題に君はどういう見解を持っているの？」
- **appropriate**　動 （予算を）充当する，（お金などを）着服する
- **shoot**　　　　動 写真撮影をする
　　　　　　　　　（例）I am here to shoot the band.「バンドを撮影しに来た」
- **moonlight**　　動 副業をする
- **water**　　　　他 （花などに）水をやる
　　　　　　　　　自 （口から）よだれが出る，（water down で）水で薄める，（表現などを）和らげる

［形容詞になると，意外な意味を持つ語］
- **juicy**　　　　形 （話などが）興味をそそる，きわどい
- **nosy**　　　　 形 詮索好きな，おっせかいの
- **fishy**　　　　形 怪しい，うさんくさい

5 必須句動詞 100

1 accord with ～
Borcelli, the grand old man of Italian social democracy, spoke of his own struggle to make theory **accord with** practice, in his private life as well as in the activities of his political life.

2 act up
The fax machine is always **acting up** just when I need it. Let's get it repaired!

3 atone for ～
By apologizing and then taking her out to dinner, the young husband was hoping to **atone for** failing to remember his wife's birthday.

4 bail out ～
The government is planning to use up to a million dollars to **bail out** the financially troubled Southside Hospital.

5 balk at ～
The Liberal Party was eager to form a coalition government but **balked at** including the Greens.

6 bank on ～
When it comes to making a convincing presentation to the shareholders, you can **bank on** Ms. Milne.

7 barge into ～
Seven police officers were stationed at the door to prevent the angry demonstrators from trying to **barge into** the faculty meeting.

8 be geared up
The retailers **were** all **geared up** for the Christmas season.

9 be imbued with ～
Monastic life had taught the monk that a spiritual practice must **be imbued with** commitment and sincerity.

Chapter ▶▶ 1

句動詞（phrasal verbs）の豊富な語彙は，英語で効果的にコミュニケーションをするために必要不可欠である。このリストに挙げてある句動詞は，例文の文脈の中で意味を覚え，実際に使えるようにしておきたい。

- **〜と一致する**
  イタリア社会民主主義の老大公ボルチェッリは，理論と実践を政治活動においても，また私生活においても一致させてきたその難しさについて語った。

- **（機械などが）異常に作動する**
  必要なときに限ってファックスの調子が悪くなるんだ。もう修理に出そうよ。

- **（罪・過ちなど）の償いをする**
  妻に謝ってディナーに連れ出すことで，若い夫は彼女の誕生日を忘れたことの償いをしようとしていた。

- **（苦境にある人・企業など）を救済する**
  経済的に行き詰まっているサウスサイド病院を救うために，政府は100万ドルを上限とした資金を導入する予定である。

- **〜に尻込みする**
  自由党は連立政権を作ることに積極的であったが，緑の党と組むことには尻込みをしていた。

- **〜を頼りにする，当てにする**
  株主らに説得力のあるプレゼンテーションを行うということになると，ミルネさんに頼るとよい。

- **〜に押し入る**
  教授会に押し入ろうとしている怒ったデモ隊を阻止するために，7名の警官がドアのところに配置された。

- **準備が整って**
  小売店は，みなクリスマス・シーズンに向けて，準備が整った。

- **（思想・感情など）が染み込んでいる，吹き込まれている**
  僧院での生活を通して，僧侶は精神鍛錬は専心と誠実とが吹き込まれたものでなければならないことを学んだ。

10 be wedded to ~
Picasso **was** never **wedded to** just one school of painting. He moved freely from one artistic style to another.

11 beef up ~
Talks by best-selling science fiction writers and popular film directors were planned as a way to **beef up** attendance at the Science Museum lecture series.

12 boil down to ~
For many vacationers, deciding on a hotel or an airline **boils down to** price.

13 botch up ~
Ruth **botched up** the wedding preparations by sending out the invitations without stamps.

14 bottle up ~
Finding someone he could trust completely allowed him to express the feelings that he had kept **bottled up** for years about being abandoned as a child.

15 brim over
The people of Boston were **brimming over** with joy in the days following the Red Sox World Series victory.

16 butter up ~
I know that when my son offers to help with the housework, he is just **buttering** me **up** to get something he wants. But, it works!

17 cancel out
John was shocked to hear that before the factory had unionized, each day of sick leave would **cancel out** one day of summer vacation.

18 capitalize on ~
Retailers of dry-cell batteries have been able to **capitalize on** the sudden rash of electric power outages throughout the province.

19 carve up ~
Following Alexander's death, the empire he had created was **carved up** by his feuding generals.

~に執着している
ピカソはある1つの表現方法に決してこだわることはなかった。自由奔放に次々と美術スタイルを変えていった。

（組織・法律など）を強化する，増強する
科学館の講演シリーズの聴衆を増やす方法として，売れ筋のサイエンスフィクション作家と人気のある映画監督の講演が計画された。

（問題・話などが）結局～ということになる
多くの旅行者にとってホテルや飛行機会社を決める要素は結局，価格ということになる。

~を台無しにする
ルースは招待状に切手を貼らずに出してしまい，結婚式の準備を台無しにしてしまった。

（感情など）を押し殺す
彼は心から信頼できる人に出会ったおかげで何年も押し殺してきた，自分は孤児であったということの思いを話すことができた。

あふれる
ボストン・レッド・ソックスがワールド・シリーズに勝利したあとの数日間，ボストンの人々は喜びに満ちあふれていた。

~におべっかを使う
家事を手伝うと息子が言ってくるときは，何か欲しいものがあっておべっかを使っているだけ。でも成功するのよね，これが。

相殺される
労働組合が結成される前は，病気欠勤日は，それぞれの日数分が夏休みに相殺されていたと聞いて，ジョンはショックを受けた。

~につけ込む，~を利用する
その地域が突然何度も停電に見舞われてしまったこともあって，電池を扱う小売店はそれに乗じて大いに儲けることができた。

（自分の都合のよいように土地・利益など）を分割する
アレクサンダー大王の死後，彼が築いた帝国は，いがみ合っていた彼の配下たちによって完全に分割されてしまった。

20 cash in on ~
It was common for recording companies to **cash in on** the success of the early blues musicians, who themselves remained poor.

21 chew over ~
"I really don't know if I want to go to Moscow at this time of year." "Well, why don't you **chew** it **over** for a few days and then give me your answer."

22 chip away at ~
The aggressive campaign being waged by the challenger is **chipping away at** the governor's initial lead in the polls.

23 clog up ~
An accumulation of cholesterol, can **clog up** an artery and cause what is commonly known as a heart attack.

24 conjure up ~
The stories the old man told **conjured up** romantic images of courageous settlers in a pristine land.

25 cook up ~
The young student **cooked up** an excuse for not having done her homework—and the teacher believed it!

26 cough up ~
In the end, he **coughed up** the money he owed me.

27 crack down on ~
The immigration bureau is starting to **crack down on** illegal immigrants.

28 crack up
When we saw his costume, we all **cracked up**.

29 defer to ~
I will **defer to** the decision of the board.

Chapter ▶▶ 1

.... **（特に否定的な意味で）〜でもうける**
　レコード会社が初期のブルース音楽家の成功で儲けるのはよくあることであったが，ミュージシャンの方はたいてい貧しいままだった。

.... **〜を熟考する**
　「1年のうちのこの時期にモスクワに行くのはどうかな，と思うよ」「まあ何日間かよく考えてから返事をくれたらいいよ」

.... **〜を徐々に削り取る〔減らす〕**
　対立候補による執拗な攻撃キャンペーンは，当初現職知事の優勢だった世論調査の数字を少しずつ蝕んでいった。

.... **（管など）を詰まらせる，（道路など）をふさぐ**
　コレステロールの沈着が動脈をふさぎ，一般にいう心臓麻痺を起こすことがある。

.... **（イメージ・記憶など）を思い起こす**
　その老人が語る話は，未開拓の地に根を下した勇敢な開拓者のロマンチックなイメージを思い起こさせた。

.... **（うそ・言い訳など）をでっち上げる**
　その若い学生は宿題をしなかった理由をでっちあげたのに，先生はそれを信じるのだからねぇ。

.... **（お金・情報など）をしぶしぶ出す**
　最後には，彼は私に借りていたお金をしぶしぶ出した。

.... **（不法行為など）を厳重に取締まる**
　入国管理局は不法入国者を厳重に取り締まり始めた。

.... **大笑いする**
　彼の衣装を見たとき，みな笑ってしまった。

.... **（意見・決定など）に従う**
　理事会の決定に従います。

30 | delve into ~

In making this report, we had to **delve into** the social and the ecological issues associated with the construction of the dam.

31 | dote on ~

He **dotes on** his children. He's always buying them little presents.

32 | drum up ~

The mayor created a committee to **drum up** support for the idea of hosting the Winter Olympics.

33 | encroach (up)on ~

The government failed, time after time, to keep settlers from **encroaching on** the territory of the Cherokee nation.

34 | fall through

According to industry sources, a deal valued at over $1.6 billion in which the Ames Group would have formed a partnership with Moon Communications has **fallen through**.

35 | fan out

Rather than staying together in a group, we **fanned out** across the forest in search of the wild Chanterelles mushroom.

36 | fend off ~

This President is not one to **fend off** a reporter's question with a sarcastic joke or by simply ignoring it. He treats each reporter with respect and provides answers that are appropriately detailed.

37 | ferret out ~

Medical researchers know that to **ferret out** the cause of a disease is the first step toward developing a cure.

38 | flare up

He seemed to have his emotions under control. So I was really surprised when he suddenly **flared up** like that.

Vocabulary

- **～を徹底的に調査する**
  このレポート作成にあたり，我々はダムの建設に関係する社会的，生態学的問題について徹底的に調査しなければならなかった。

- **～を溺愛する**
  彼は子どもたちを溺愛している。いつもちょっとしたプレゼントを買ってやっている。

- **（支持など）を獲得する**
  市長は，冬季オリンピックを誘致するというアイデアへの支持を得るための委員会を設置した。

- **（権利など）を侵害する**
  政府は開拓者がチェロキー種族の土地を侵害しないようにしたが何度も失敗した。

- **（計画などが）失敗に終わる**
  業界の情報筋によれば，エイムス・グループとムーン・コミュニケーションズの間で進んでいた16億ドルにものぼる提携案が失敗に終わったようだ。

- **散開する**
  森林の中をグループで行動するよりも，我々は分かれて野性のアンズ茸を探すことにした。

- **（攻撃・批判など）をかわす**
  この大領領は，レポーターの質問を皮肉まじりの冗談や無視をしてはぐらかしたりするような人ではない。レポーターに対して敬意を払い，適度に詳しく返答をする。

- **（秘密など）を探し出す**
  医学研究者は，まずその疾病の原因を探し出すことが治療法を確立する第一歩であることを知っている。

- **（怒り・騒ぎなどが）急に起こる，爆発する**
  彼は感情をコントロールできているように見えた。だからあんなふうに急に怒りだしたときには本当に驚いた。

39 | fork out ~

When asked about whether the company would continue to sponsor the annual Fourth of July barbecue, the section chief shook his head and said the new president wasn't willing to **fork out** money for such things.

40 | get tangled up in ~

As an accountant, I try to guide my clients through the process of filing tax returns, and if any one of them should **get tangled up in** government rules and regulations, then it is my fault.

41 | gloss over ~

The teachers wanted to give visiting parents a good impression of the kindergarten, so they did their best to **gloss over** all the problems.

42 | gobble up ~

Statistics show that many working people just have enough time to **gobble up** their lunch and get back to the job.

43 | grapple with ~

Through a series of number puzzles, students **grapple with** place value and attributes of numbers such as even/odd, factors, and multiples.

44 | hammer out ~

The representatives of both management and the trade union were up all night trying to **hammer out** a solution to the problem.

45 | harp on ~

The things that parents **harp on** when speaking to their children, such as getting homework done, turning off lights, going to bed on time, and not arguing with siblings, are exactly the sorts of things children have no interest in hearing about, especially over and over again.

46 | hit it off

Paul McCartney and John Lennon were lifelong friends in addition to being members of the Beatles, but the two were not planning on forming a history-making band when they first met and immediately **hit it off** as teenagers in 1956.

Chapter ▶▶ 1

.... **（しぶしぶお金など）を支払う**
これまで会社が主催してきたアメリカ独立記念日のバーベキュー大会を今年も行うか，という質問に課長は頭を横にふり，新しい社長はそういったことに費用を出すのに乗り気でないと言った。

.... **～に巻き込まれる**
会計士として私はクライアントの税務申告申請の処理の手助けをしているわけだが，もし1つでも政府の規則や規制に抵触するようなことがあったら，それは私の責任である。

.... **～を体裁よくごまかす**
幼稚園に来園する親たちによい印象を与えたかったので，先生はすべての問題を体裁よくごまかすことに全力を尽くした。

.... **～を食い尽くす**
統計によると，多くの労働者は食事を急いで食べて仕事にもどる程度しか昼休みの時間がない。

.... **（問題など）に取り組む**
数字を使った一連のパズルを通して生徒たちは，位取りや，偶数・奇数，因数，倍数などの数字に関する特徴を学んでいく。

.... **（結論・政策など）を徹底的に議論して出す**
経営陣と労働組合の代表は，一晩中眠らずに，徹底的に話し合ってその問題の解決方法をたたき出した。

.... **～をしつこく繰り返す**
親がくどくど子どもに言うのは，宿題をやったか，電灯を消したか，時間通りにベッドに入ったか，兄弟げんかをするな，ということだが，子どもたち自身はそういったことに興味もなく，特に何度も繰り返し聞きたくないものである。

.... **仲よくする**
ポール・マッカートニーとジョン・レノンはビートルズのメンバーであり，さらに生涯の友であった。10代の1956年に初めて出会ったときはすぐに意気投合したが，その時は歴史的なバンドを組むことになるとは思っていなかった。

47 hold water

What she says about chemical fertilizers being the best way to get good harvests just doesn't **hold water**. Look closely at what farmers who are using organic methods have accomplished.

48 horse around

The teacher shouted: "Hey, you kids, stop chasing each other!" And then explained: "It's one thing to **horse around** on the playground, but such antics here in the classroom will lead to something getting broken or someone getting hurt."

49 hush up ~

It seems that each new day brings news of another financial scandal in the political or business world, but one can only wonder how many other such cases occur but get **hushed up**.

50 jazz up ~

This room looks a bit boring. I think it needs something to **jazz** it **up**.

51 jumble up ~

Usually, everyone looks at the schedule of the athletic festival and marks which events their children will participate in, but this year's list of events is so **jumbled up** that it is impossible to use.

52 level with ~

Most doctors won't lie to you but, then again, most won't tell the entire truth. Now that I am ill, I want a doctor who will **level with** me about just how bad my condition is.

53 live up to ~

Now that the calligrapher has received the coveted Suzuki Award, she will be under a lot of pressure to produce work that **lives up to** what people expect of a true master.

54 mete out ~

Almost everyone in the sporting world has come out against the use of performance enhancing drugs. But a consensus has yet to be reached on what penalties should be **meted out** to athletes caught taking such drugs.

筋が通る
化学肥料がよい収穫を得るにはいちばんよい方法だということについて彼女が言っていることは筋が通らない。実際，有機肥料を利用している農家がどれだけ成功しているかよく見てみるとよい。

大騒ぎする
先生は「あなたたち，追いかけっこをするのはやめなさい」とどなった。そして「校庭で騒ぐのはいいけれど，教室でやると何かが壊れてしまったり誰かがけがをしてしまったりすることになるでしょう？」と説明した。

（事実など）を口止めする，もみ消す
毎日のように政財界における金銭スキャンダルがニュースで取り上げられているようだが，もみ消されて表に出ないものがどれくらいあるのか考えてしまう。

～を盛り上げる，活気づける
この部屋は少しつまらなく見える。何か活気づけるものが必要だと思う。

～をごちゃまぜにする
誰でもたいてい運動会のスケジュール表を見て自分の子どもが出る種目にしるしを付けるけれど，今年のイベント表は整理できておらずごちゃまぜになっていて使えたものではない。

（人）に率直に打ち明ける
医師のほとんどは患者にうそをつくことはないにしろ，すべてを開示するわけではない。こうやって自分が病に陥ると，私がどれだけ悪い状態なのか正直に打ち明けてくれる医師が欲しい。

（期待など）に沿う
書家として誰もが欲しがるあの鈴木賞を受賞した彼女には，真の大家としての人々の期待に沿った作品を作らねばならぬ大きなプレッシャーがかかるだろう。

（賞罰など）を割り当てる
スポーツ業界では能力を上げるドーピングについては反対の立場をとっている人がほとんどだ。しかしそういった薬物を使用しているところを押さえられた選手に対して，どのような罰則を与えるかについてはまだ意見の一致をみていない。

55 nibble away at ~

Although a lot of donations come in during our annual holiday charity drive, money spent on such things as publicity, transportation, and refreshments for volunteers **nibbles away at** the amount that actually goes to the needy.

56 own up (to ~)

My advice is that if you make a mistake at the cash register, quickly **own up** to it and nobody, not even the store manager, will get angry.

57 pander to ~

I never read the Daily Herald. It's short on hard news and the opinion section is weak. To sell papers, it **panders to** people's interest in scandals and gossip.

58 parcel out ~

Under the Homestead Act of 1893, the huge Dakota land tract was **parceled out** to would-be farmers, many of whom had just arrived in the United States from Europe and had absolutely no experience in agriculture.

59 pare down ~

Unless we hire more installation experts in the air conditioning department, we are just going to have to **pare down** the number of orders we accept, especially for those large-scale jobs at high rise office buildings.

60 pass off ~ as . . .

Those antique dealers on Seventh Street are not to be trusted. They restore old, cheaply made chairs, tables, and dressers and then **pass** them **off as** classical European antiques.

61 peter out

In today's Boston Marathon, Marta Grinnell held the lead until she entered the stadium, and then her energy began to **peter out**. I think she came in fourth or fifth.

62 play on ~

When creating advertising campaigns to promote toys and a host of other products, manufacturers are extremely adept at **playing on** the innate innocence of young children.

Vocabulary

.... **（財産など）を徐々に減らす**
　毎年クリスマスシーズンに行われる募金活動にはたくさんの寄付金が集まるが，実際のところ，広告費，運送費，またボランティアに用意される軽食の費用のために，募金を必要としている貧困者に行くべきお金が少し減ってしまう。

.... **（〜を）白状する，認める**
　レジでなにかミスを犯したら，すぐさま自分から認めれば，店長も誰も怒ることはないと忠告しておくよ。

.... **〜に迎合する**
　僕はデイリー・ヘラルド紙は読まない。硬派な記事は少ないし，社説もしっかりしていない。新聞を売るために，スキャンダルやゴシップ記事が好きな読者の興味に迎合している。

.... **（土地・時間など）を分配する**
　1893年に制定された「ホームステッド条例」によって，広大なダコタの地はこれから農業に従事しようとしている人々に分配された。その多くはヨーロッパから移民してきたばかりで，全く農業にたずさわったことのない人々であった。

.... **〜を削減する**
　エアコン部門にもっと設備設置者を雇わないと，注文数を本当に削減しなくてはならなくなる。特に超高層オフィスビルなどの大口の仕事はそうだ。

.... **〜を…だと偽る**
　7番街のアンティーク商たちは信用できない。古い安物の椅子やテーブル，ドレッサーを修繕して，クラシックなヨーロッパのアンティーク家具と偽って売るのだから。

.... **徐々になくなる**
　今日のボストン・マラソンでは，マルタ・グリンネルがトップを走っていたが，結局スタジアムに入ったところで力尽きてしまった。最終的には4位か5位になったと思うよ。

.... **〜につけこむ**
　玩具やほかの多くの（子ども向けの）商品を打ち出すための広告キャンペーンの際は，生まれ持った子どもの純粋さをくすぐるのにとてもたけている。

63 rattle off ~

The afternoon newscaster **rattles off** the stock prices so quickly that I almost always miss the three I need to know. When that happens, I check the business page in the newspaper.

64 resonate with ~

His words **resonated with** the electorate.

65 rub off on (to) ~

Frank Sinatra's love for performing on stage must have **rubbed off on** his daughter, Nancy, and his son, Frank, Jr., both of whom have had long careers as pop singers.

66 set down ~

Henry David Thoreau is famous for having **set down** his ideas about society in *Walden*, but many scholars believe that his short essay *Civil Disobedience* is more important.

67 shell out ~

His parents could not believe that he was willing to **shell out** half-a-month's salary for a ticket to the Super Bowl, but for Mark, going to the game was a dream come true.

68 shore up ~

After talking with our insurance agent, we've decided to **shore up** our homeowner's coverage by spending close to a third more on a new policy.

69 sign over ~

Whether or not Gunpei Yokoi actually **signed over** the patent rights for *Gameboy* to Nintendo, I don't know. I do know that he never became wealthy from the profits the company received from his fantastically popular invention.

70 siphon off ~

Apparently the woman had been **siphoning off** money from the accounts of the synagogue where she worked for years.

Chapter ▶▶ 1

Vocabulary

・・・・・・・**～をすらすらと言う**
　午後のニュースキャスターはあまりにもすらすらとその日の株価を読み上げてしまうので，知りたい3社の数字をほぼいつも聞きもらしてしまう。そうなると新聞の経済欄を調べることになる。

・・・・・・・**（計画・考えなどが）～の共感を得る**
　彼の言葉は有権者の共感を得た。

・・・・・・・**（性質・気分などが）～に乗り移る**
　フランク・シナトラのステージ公演への情熱は，その子どもたちにも引き継がれたのかもしれない。娘のナンシーも息子のフランク・ジュニアもポピュラー音楽の歌手として長年活動してきた。

・・・・・・・**～を書く**
　ヘンリー・デビッド・ソローが『ウォールデン』で社会に関する彼の思いを書いたのは有名な話だが，多くの学者は，彼の短いエッセー『市民的不服従』のほうが重要だととらえている。

・・・・・・・**（お金）を全額支払う**
　彼の両親は息子のマークが月給の半分ほどの大金を喜んでスーパーボールへのチケットに払うなんて信じられなかったが，マーク本人にとっては試合に行くことは夢が実現したようなものだった。

・・・・・・・**～を強化［補強］する**
　保険会社の人と話した結果，住宅保有者保険を少し上げて，今までの保険料より3分の1ほど高い新しい保険に入ることにした。

・・・・・・・**（財産・権利など）を譲渡する**
　横井軍平が「ゲームボーイ」の特許権を任天堂に譲り渡したかどうかは分からない。しかし彼のとんでもない人気を博した発明から会社が得た巨万の富によって，彼が裕福になったことはないことは知っている。

・・・・・・・**（利益など）を吸い上げる，流用する**
　その女性が長年勤めていたユダヤ教会の資金を口座から流用していたのは明らかである。

71 snatch up ~

The crowd of holiday shoppers **snatched up** every one off the fifty packages of fresh fillet of salmon as soon as they had been put on display in the market.

72 spill over into ~

The fighting is beginning to **spill over into** different areas.

73 spin off ~

By **spinning off** the Eaglewear camping products company, Topline is creating two distinct companies that can now focus exclusively on maximizing opportunities in their distinct markets and should lead to stronger growth for both companies.

74 spruce up

My aunt and uncle were so **spruced up** for the wedding reception, I hardly recognized them. The funny thing was, they said the same thing about me!

75 stake out ~

For the two weeks leading up to the temple visit by the French President, the Japanese police had **staked out** the entire neighborhood.

76 stamp out ~

Until the Chinese government officially recognized the threat and began to cooperate with the World Health Organization, international efforts to **stamp out** the threat of bird influenza were doomed to failure.

77 stave off ~

In order to **stave off** damage to our house during the typhoon, we covered the windows and glass doors with boards.

78 strike up ~

I never find it difficult to **strike up** a conversation with the person sitting next to me on an airliner. On the longer trips, people seem to be especially friendly.

Chapter ▶▶ 1

・・・・・・**～をひったくる，強奪する**
買い物客でにぎわうクリスマスシーズンのマーケットで，店が用意した 50 パッケージものサケの切り身は店頭に並ぶとすぐに全部売れてしまった。

・・・・・・**（問題などが）～に影響を与える**
争いは，ほかの地域にも影響を与え始めた。

・・・・・・**（会社など）を分離独立させる**
キャンプ用品を扱うイーグルウェア社を分離独立させることで，トップライン社は異なった 2 社を作ることになり，各社はもっぱらそれぞれの確たる市場で機会の最大限化に集中し，両社とも大いに発展するようになるだろう。

・・・・・・**身なりを整える，めかしこむ**
結婚披露宴での叔父と叔母はとてもおめかししていたので，初めは誰だか分からなかった。でもふたりが私についても同じこと言っていたのがおかしかった。

・・・・・・**～を見張る，張り込みする**
フランスの大統領が寺院を訪れるということで，その 2 週間前から日本の警察が寺院の周囲一帯の張り込みをしていた。

・・・・・・**（病気・犯罪など）を撲滅する**
中国政府が正式に鳥インフルエンザの脅威について認め，世界保健機構と協力し始めるまで，鳥インフルエンザを撲滅する国際社会の努力は失敗すると宣告されていた。

・・・・・・**（悪事など）を避ける**
台風による家屋への被害を避けるために，窓とガラスの扉に板を打ち付けた。

・・・・・・**（会話・つき合いなど）を始める**
飛行機に搭乗中に，隣の席の人と話すのを決して苦とは思わない。飛行時間が長いと人は特に親しみやすくなるようだ。

79 summon up ~

He found it hard to **summon up** the courage to tell her that he didn't want to see her anymore.

80 tailor ~ to . . .

Before he became a TV star, the announcer had worked before hundreds of different audiences. He became an expert at **tailoring** his style **to** the particular needs of each event.

81 tamper with ~

Standing in front of the machine that allowed the patient to continue breathing, the doctor warned the interns not to **tamper with** its controls.

82 tap into ~

There were two reasons for Lasorda's success with the Dodgers. One, he was a brilliant baseball tactician, and two, he could **tap into** the emotions of his players, thereby knowing when to praise, when to scold, and when to leave them alone.

83 tide over ~

The woman who owned the store could see that the farmers were suffering, so she let each family purchase goods on credit to **tide** them **over** at least until the autumn harvest.

84 topple over

The pile of bricks **toppled over**

85 trade in ~

A small Seattle computer company is planning to initiate a system whereby a used computer can be **traded in** for a discount on the purchase of a new computer.

86 trail off

An actor is taught not to throw away the last sentence of a script by letting his voice **trail off** just because he is at the end of the script.

Chapter ▶▶ 1

.... **（勇気・力など）を奮い起こす**
　　彼は，彼女にもう会いたくないと告げる勇気を奮い起こすことが難しいと感じた。

.... **〜を…に適合させる**
　　テレビで有名になるまで，そのアナウンサーは何百ものいろいろな視聴者の前に立つ経験を積んできた。おかげで，各番組特有のニーズに合ったスタイルに合わせるのにたけるようになった。

.... **〜をいじる**
　　患者が呼吸を続けられるようにしている機械の前に立って，医師はインターンたちに機械をいじらないように注意した。

.... **〜を活用する**
　　ドジャーズのラソーダ監督が成功した理由は2つあった。まず彼は優れた野球の戦術家であったこと，第二は選手の気持ちをくみとるのにたけていて，いつほめたらよいか，どんなときにしかればよいか，そしてどんなときに黙っていればよいかを知っていた。

.... **〜に困難を切り抜けさせる**
　　店のオーナーであるその女性は農家の人々が苦労しているのが分かっていたので，秋の収穫時まで，つけで物資を購入することを許してその苦しい時を切り抜けさせていた。

.... **倒れる**
　　積み重なっていたブロックが倒れた。

.... **〜を下取りに出す**
　　シアトルにある小さなコンピュータ会社は，新しくコンピュータを購入する際，中古機を下取りして値引きをするシステムを立ち上げようとしている。

.... **次第に弱くなる**
　　俳優は，せりふの最後の文を，台本のおしまいだからといって声をしりつぼみにして言ってはいけないと教え込まれている。

87 trample on ~

The Neighborhood Protection Association spokesman said, "When it comes to development, we want our rights protected, so that when land developers come in, they can't **trample on** those rights."

88 usher in ~

The successful launching of the Soviet *Sputnik*, meaning "satellite", on October 4, 1957, **ushered in** an era of intense competition between the Soviet Union and the U.S. for leadership in aeronautical and space-related activities.

89 verge on ~

Concerts by heavy metal rock bands have been banned by the State Fair planning organization because, in the words of the press agent: "What these roughneck musicians do on stage **verges on** violence."

90 vouch for ~

Dr. Finley has been a member of the research team that I lead here at the Oregon Institute of Science for 12 years. Having had the opportunity to work closely with him on numerous research projects, I feel qualified to **vouch for** his professional and personal honesty.

91 wade through ~

While preparing to write what would become her Complete History of the Russian Revolution, Ann MacKenzie spent over two years **wading through** primary source materials, including thousands of diaries, speeches, newspaper articles, and accounts of meetings.

92 ward off ~

Many people are convinced that they can **ward off** colds by taking large doses of Vitamin C.

93 wash up

He hasn't had a hit record for years. I'm afraid he is all **washed up**.

Chapter ▶▶ 1

・・・・・・**（感情・権利など）を踏みにじる**
　自治会の広報は「開発が行なわれるときには，宅地開発業者がやって来ても，我々の地域の権利が踏みにじられないように，その権利が守られなければならない」と言った。

・・・・・・**～の先駆けとなる，到来を告げる**
　1957年10月4日に"衛星"という意味のスプートニクの打ち上げをソ連が成功させてからというもの，航空学や宇宙関連の分野においてソ連とアメリカの熾烈を極める覇権争いの時代が到来した。

・・・・・・**～の状態に近づく，～同然である**
　州祭実行委員会はヘビーメタルのロックバンドの演奏を禁止した。なぜなら，報道担当者の言葉を借りれば「乱暴者のミュージシャンらがステージの上で行うのは暴力同然」だからである。

・・・・・・**～を保証する，請け合う**
　フィンレイ博士は，私が12年間長を務めるオレゴン科学研究所の研究チームの一員である。多くの研究プロジェクトで一緒に親しく働いた経験から，彼の専門家としての，そして個人としての実直さは保証できる。

・・・・・・**～を苦労して進める，切り抜ける**
　「ロシア革命全史」となる書を執筆する準備の間，アン・マッケンジーは2年以上の歳月をかけて何千もの日記，スピーチ，新聞記事，会議録までの一次的資料を読み込んだ。

・・・・・・**（危険・攻撃など）をかわす，回避する**
　多くの人が，ビタミンCを大量に摂取すると風邪の予防になると信じている。

・・・・・・**（通例受身形で人などが）だめになる**
　彼は何年もヒットレコードを出していない。残念ながらもうだめなようだ。

94 water down ~

Environmentalists claim that although the original report of the National Research Group blamed humans for global warming, the new **watered down** version for publication merely calls for more research into the problem.

95 weigh up ~

Despite being underage, many high school students smoke. Students should be presented with scientific information about tobacco and allowed to **weigh up** the facts for themselves.

96 whip up ~

Her father told her that as a young man, in the days before microwave ovens, he would return to his small apartment after work and **whip up** delicious meals using vegetables he had bought from local farmers.

97 wind down

It had been a hectic week for Jonas, visiting each department of the company to lead discussions on how to improve safety. At last, the campaign was completed and he was able to spend a quiet weekend **winding down**.

98 work up ~

All the players on the basketball team agreed that tonight, with the crowd **worked up** into a loud frenzy of support, winning came easy.

99 write ~ off as . . .

After Richard Nixon lost bids to become president in 1960 and governor of California in 1962, political pundits **wrote** him **off as** a future candidate for public office. However, in 1968, Nixon was elected President of the United States.

100 zero in on ~

Look, this is the magazine that Ellen was telling us about, the one that **zeros in on** women in business.

Chapter ▶▶ 1

Vocabulary

……（表現など）を和らげる

　環境保護活動家たちによれば，全米リサーチ・グループが出した元の報告書では地球の温暖化は人間に原因があるとされていたのに，新しく出版された報告書ではさらなる学術調査が必要だ，というふうに無難なものに変更されてしまっているという。

……（計画など）を比較検討する

　未成年にもかかわらず，多くの高校生がタバコを吸っている。生徒たちにはタバコについてもっと科学的情報を提示し，その危険性を自分たちで比較検討させるべきである。

……（食事など）を手早く作る

　彼女の父が言うには，電子レンジが普及する前の若いころは，職場からせまいアパートに帰って地元の農家から買った野菜を使って手早くおいしい食事をよく作っていたそうだ。

……（緊張などが）緩む，（緊張などの後で）くつろぐ

　ジョナスにとっては今週は多忙をきわめた1週間だった。というのも会社の全部署を回って，安全性向上に向けたディスカッションを主導しなければならなかったからだ。ようやくこの仕事が終了し，週末は静かにくつろぐことができた。

……～を興奮させる

　バスケットボールチームの選手全員が，今夜楽に勝てたのは，熱狂的なまでに興奮した応援のおかげだと思っていた。

……～を…だと見限る，みなす

　リチャード・ニクソンが1960年の大統領選，1962年のカリフォルニア州知事選に落ちたあと，政治評論家らは彼はもう政界には出られないだろうと見限っていた。しかし，1968年にはアメリカ大統領に選出されたのである。

……～に注意を集中する

　ねぇ，これがエレンが話していたビジネス界の女性に焦点を当てた雑誌よ。

Chapter ▶▶ 2
Reading

- §1 英検1級の読解問題 ―― 72
- §2 読解力の向上 ―― 86

ここでは，英文を読む際のコツを学習する。特に§2では，各ポイント解説の後にトレーニング問題を収録してあるので，英検対策としてはもちろんのこと，ポイントの確認や復習の手段としても活用できる。ここで解説したポイントを日ごろから念頭に置いて英文に接し，読解能力を伸ばすための手助けとしてほしい。

§1 英検1級の読解問題

1 問題の形式

　英検1級の筆記試験のうち，読解問題は大問2と3で出題される。配点で言えば，筆記試験のほぼ4分の1を読解問題が占めており，一次試験を突破するためには読解能力が非常に重要になる。大問2では語句空所補充問題が2題（設問は3問×2＝6問で各1点），大問3では，内容一致選択問題が3題（設問は3問＋3問＋4問＝10問で各2点）出題される。大問3の問題文は，大問2よりも長めになっている。大問1と同様に，以下の指示文は毎回同じなので事前に頭に入れておき，本番では内容に変更がないかを確認する程度にしよう。特に<u>読解問題は時間との勝負なので</u>，事前にできることはすべて準備し，試験時間を有効に使えるようにしたい。

> 大問2

Read each passage and choose the best word or phrase from among the four choices for each blank.　Then, on your answer sheet, find the number of the question and mark your answer.

> 大問3

Read each passage and choose the best answer from among the four choices for each question.　Then, on your answer sheet, find the number of the question and mark your answer.

2 長文の語句空所補充問題の傾向

　大問2の空所補充問題は，3〜4段落と短めであり，大問1と比べると単語のレベルも平易である。従って，語彙問題というよりも，英文の理解力を試す読解問題と考えてよいであろう。とりわけ，大問2では，接続語や否定語，そしてつなぎの言葉に注意を払い，文章の展開を読んだり，文脈から空所に入る語の意味を類推する能力が重要になる。

例題

Read the passage and choose the best word or phrase from among the four choices for each blank.

The 51st State?

Puerto Rico has been a commonwealth of the United States since 1952. However, islanders are sharply divided by their ideas and hopes for the future. Some desire to see Puerto Rico become the 51st state of the Union, others advocate independence, and still others wish to maintain the status quo. Currently, the political party that espouses (1   ) enjoys a popular edge over the party that champions statehood, while around five percent of the populace favors full independence.

The island's commonwealth status accords its inhabitants U.S. citizenship, but Puerto Ricans do not participate in presidential elections nor do they pay federal income taxes. The U.S. government does, however, manage the island's foreign affairs, provide for its defense, and pay for public assistance. Many Puerto Ricans feel an intense loyalty to the United States. Jose Vargas-Vidot served in the U.S. Navy and attributes the island's relative prosperity to its commonwealth status. "If Puerto Rico ever became independent, I'd move to the U.S. This place would be bust in a minute—no more social security, no more checks every month."

(2   ), a sense of nationalism runs high for many Puerto Ricans. Islanders take tremendous pride when one of their own achieves international recognition. In 2001, for example, a Puerto Rican won the Miss Universe title for the fourth time. The next day, professional boxer Felix "Tito" Trinidad won a world middleweight boxing championship. Each victory brought jubilation in the streets and flag-waving—of the Puerto Rican flag, that is—outside offices and homes.

In a San Juan bar, Jacobo Morales sings traditional songs with his friends and ponders the island's future over a bottle of rum. "What I feel is Puerto Rican first and Puerto Rican always—but what about the welfare checks? Inside, all Puerto Ricans feel very nationalistic about their island, even if they don't vote that way." One government official regards such proclamations of patriotism with (　**3**　). "That's why we close the bars on election day," he says. "Otherwise, the whole country would vote for independence."

---

(1) **1** preservation of the commonwealth
　　　2 closer ties with the United States
　　　3 less reliance on American aid
　　　4 absorption into the mainland

(2) **1** For this very reason　　　**2** Even so
　　　3 Furthermore　　　　　　　**4** In other words

(3) **1** a degree of cynicism　　　**2** a certain sympathy
　　　3 a hint of optimism　　　　**4** a sense of pride

(2004-2)

Answers
　　(1) 1　(2) 2　(3) 1

解説

　個々の設問の解説に入る前に，選択肢の語句にざっと目を通してほしい。語彙問題と比べると平易な語句が使われており，英検1級の受験者であれば，すべて知っている単語ではないだろうか。このことからも，大問2は語彙能力を問う問題ではなく，文章理解に重点を置いた読解問題であることが改めてわかる。

　この英文は，プエルトリコ国民の米国に対する意識を①独立派，②現状維持派，③親米派の3つに分けて説明した情報提供目的の文章である。問題文を読む際には，まずタイトルと冒頭の1行に注目するようにしよう。タイトルと冒頭行は，文章の主題を要約していることが多いからである。2つを併せて読むと，問題文

は，プエルトリコと米国の関係をテーマにしていることがわかる。特に，タイトルには **The 51st State?**「第51州？」と疑問符が付いていることから，プエルトリコ国民は米国に親近感を持ちながらも，米国の1州と見なされることには異論があることが読み取れる。

　次に，空所補充問題の解答のコツをいくつか説明することにする。まず，すべての設問に当てはまることは，選択肢を見る前に空所の前後を読み，挿入される語句の意味を推測することである。大問2では，設問に紛らわしい選択肢が含まれることはほとんどないので，空所に入る語のおおよその意味が推測できれば，正解できるのである。この点を頭に入れた上で，各設問を見てみよう。**(1)** は第1段落を注意深く読み，プエルトリコ国民の世論が①独立派，②現状維持派，③親米派の3つに分かれていることが理解できれば，**1**「自治領の地位を維持」が正解であることがわかる。**(2)** も同様に，空所の前後に注意を払って文章の流れを把握することが肝要である。空所の前では，米国への「強い忠誠心（**intense loyalty**）」を抱いているプエルトリコ国民が多いことが述べられている。それに対して，空所を含む次文では，国民の多くが強い「愛国心（**nationalism**）」を抱いているという，一見矛盾する記述が続く。この文章の転換をつなぐには，逆接の接続語が挿入されると考えるのが自然である。そのような予測を立てて選択肢を見ると，逆接の接続語は **2** の **Even so** しかないので，これが正解となる。解答への基本的なアプローチ自体は **(3)** も変わらない。空所の直前の引用文をヒントにして，政府関係者の態度を適切に理解できているかどうかが問われていることが分かる。政府関係者が「プエルトリコ国民は愛国心が強いが，実際の投票行動は愛国心の高さを反映しない」と，心情と行動の乖離を皮肉っぽく指摘していることから，正解は **1** となる。

全訳　51番目の州？

　プエルトリコは1952年以来アメリカ合衆国の自治領である。しかし，その島の住民は将来の考えと希望という点ではっきりと分かれている。プエルトリコがアメリカの51番目の州になって欲しいと考える者もいれば，独立を提唱する者もいて，さらには，現状維持を望む者もいる。現在，自治領であり続けることを支持している政党が，州になることを支持している政党より人々の支持で優位に立っている。一方，民衆の約5%が完全独立を支持している。

　その島が自治領であるということで，住人にはアメリカの市民権が与えられているが，プエルトリコ人は大統領選挙に参加しないし，連邦の所得税も払わない。しかし，アメリカ政府はプエルトリコの外交を運営したり，防衛を行ったり，公的支援のための支出を行ったりしている。プエルトリコ人の多くはアメリカに対して強い忠誠心を感じている。ホセ・ヴァルガス・ヴィドットはアメリカ海軍で働いたが，プエルトリコのある程度の繁栄はそれが自治領であるからだと考えている。「もしもプエルトリコが独立などしたら，私はアメリカに移住する。独立をしたら，ここはあっという間に破綻してしまうだろう。社会保障はなくなるし，毎月の収入もなくなるだろう」

　とはいうものの，プエルトルコ人の多くは民族的意識が強い。島の住民はプエルトリコの誰かが世界的に認められると，大いに誇りを持つ。例えば，2001年にプエルトリコ人がミスユニバースで4度目の優勝に輝いた。次の日，プロボクサーのフェリックス・「チトー」・トリニダードがボクシングミドル級の世界チャンピオンになった。どちらの勝利でも，通りでは歓喜が沸き上がり，会社や家の外では旗が振られた。それはすなわち，プエルトリコの旗であった。

　サンファンのあるバーではジェイコブ・モラレスが友だちと伝統的な歌を歌い，プエルトリコの将来についてラム酒を飲みながら考えている。「俺が思うのはまずはプエルトリコのこと，そしていつでもプエルトリコのことだ。しかし，生活保護手当の小切手はどうなる？プエルトリコ人は，心の中では，自分たちの島のことになるととても民族主義的になる。もっとも，選挙ではそんな具合には投要しないが」ある政府関係者はそんな愛国宣言をちょっとした皮肉を持って眺めている。彼は「だから選挙の日はバーを閉めるんだ。そうしないと，国全体が独立の方向に投票しちゃうからね」と言っている。

3 長文の内容一致選択問題の傾向

　ここで出題される問題文は 4〜9 段落程度と長く，また設問も紛らわしい選択肢が含まれていることが多い。試験時間はさほど長くないので，1 級に合格するためには，迅速に英文を読む能力が重要になる。特に，最後の 3 番目の問題文が最も長いので，時間に余裕をもって臨むようにしよう。

　「迅速に英文を読む能力が重要になる」と書いたが，<u>文章を迅速に読むことと大ざっぱに読むことは異なる</u>。内容一致選択問題では，ある程度のペースで読みつつも，文章の流れや重要なポイントはきちんと押さえながら，読み進んでいくことが要求されている。つまり，ここでは，文章の大意や流れをつかむために速読する能力と必要な箇所を精読する能力の両方が試されているのである。文章の読み方はさまざまだが，内容一致選択問題を解く際には，本文中に解答の根拠を探し出すことを目的に読んでいくことが大切である。なぜなら，ボキャブラリーやリスニングの問題とは異なり，長文の内容一致問題は，答えの根拠がすべて文中に存在するからである。したがって，文章の展開やキーワードを押さえながら，主題を把握したり，重要な箇所をつかむことが重要になってくる。具体的には，人物関係（Who），テーマ（What），年代（When），場所（Where），理由（Why），手段・過程（How）の 5W1H を押さえながら読むようにしよう。ほかにも，設問の順番と問題文の流れが対応していることを意識しておくと，解答の根拠となる箇所を探しやすくなる。英検は限られた時間内で，正解を見つける必要があるので，このような解法のコツも積極的に実践してほしい。

　また，書き手は伝えたいことを，すべて文章の中で説明するとは限らない。多くの場合，著者は文章に含みを残し，読み手に含意された意味を読み取ってもらうことを期待する。逆に言えば，読み手は文章の表意的意味（explicit meaning）だけでなく，含意された意味（implicit meaning）も読み取って，積極的に「意味のすき間」を埋めていく作業が必要になる。もちろん意味を推測するといっても，自分勝手な解釈をするのではなく，根拠を文章中に見つけたり，常識に照らし合わせたりして，合理的な推測をすることが肝要である。

例題

Read the passage and choose the best answer from among the four choices for each question.

Remembering Colonel Kuklinski—A Cold War Spy

When Colonel Ryszard Kuklinski briefly visited Poland from his adopted home in the United States last fall, people were surprised to see him, and gave him warm smiles and handshakes. He felt comfortable in the country he loved, but from which he and his family had escaped in 1981, and where for two decades Poles have been arguing about his legacy: Was he a patriot? Was he a traitor? In betraying Soviet secrets and those of its allies in the Warsaw Pact, did he betray Poland, a pact member? Or did he serve it?

But while Poles have been wrestling with that question ever since Kuklinski was sentenced to death for treason in absentia in the mid-1980s, there has been no doubt among American officials about what Kuklinski did, or why. In announcing his death recently, George J. Tenet, the CIA director, said: "This passionate and courageous man helped keep the Cold War from becoming hot."

CIA internal files, recently released, detail the clandestine operation —codenamed Gull—that began when Kuklinski first contacted the American Army in Bonn in 1972. In Jan. 1973, only five months after his first meetings with the Americans, one CIA briefing paper described him as "the best-placed source" available to the United States government in the Soviet Bloc "in terms of collection of priority information." One of the first highly classified Soviet documents he turned over, the briefing paper said, had offered details of a Soviet air defense system to which there had been no previous direct access. Kuklinski's access, the memo continued, afforded "excellent insight into the plans, actions and capabilities of the Soviet-led Warsaw Pact countries, including our best existing potential for early warning of Pact hostile action" against the West.

That was the key to what Kuklinski provided during his secret mission: critical details and insights about Soviet and Warsaw Pact weapons systems and strategies that enabled the West to understand each step Moscow and its allies would have to take to launch an unprovoked attack in Europe. Shortly after the Gull operation began, the chief of the CIA's Soviet Division wrote with some prescience that if Kuklinski was able to escape detection, the case could be "of historic significance."

Kuklinski's most dramatic act may have been to alert the CIA about the readiness of Soviet troops to invade Poland in December 1980, which led then President Jimmy Carter to issue private and public warnings to Moscow. No invasion occurred. The CIA records are also filled with other vital material, which is less well known. In 1978, for example, he provided a 363-page Russian document that detailed the tactical and technical specifications of Soviet weaponry to be introduced into the Warsaw Pact through 1985. The CIA wrote to Kuklinski at the time that the thick report was "the single most important document that you have provided." In 1981, Kuklinski provided details of Moscow's formation of a new operational strategy to develop fast-moving air and land forces that could break through front lines and penetrate far into NATO territory.

Over nine years of secret cooperation, Kuklinski made 63 clandestine exchanges with the CIA inside Poland, roughly seven a year. By July 1981, he had turned over 40,265 pages of highly classified Soviet documentary intelligence, one memo said. It is worth remembering that each of those pages was the result of a single click of his camera, which he held in tense and trembling hands, knowing that at any moment he could be caught by surprise, and arrested.

Kuklinski has always said that he acted out of hatred for what the Soviets had done to Poland. Long before other Poles, he recognized that his country was extremely vulnerable as a member of the Warsaw Pact; he grasped that Soviet war plans were offensive, not defensive, and that if the Soviets launched an attack, the West would respond with nuclear weapons, but not on Soviet soil; most would hit Poland. Kuklinski decided that his country was "on the wrong side," as he put it.

His honorable approach endeared him to the agents with whom he worked. He was not a trained intelligence officer, after all. When American officers first drove to meet him secretly in a Warsaw cemetery, they were surprised to find Kuklinski standing there in full Polish Army uniform, waving to get their attention. Although he was working with them, it didn't occur to him that someday he would be labeled and sentenced to death, albeit in his absence, as an American spy; he always felt that he had acted on behalf of Poland, doing whatever it took to keep the specter of war between the Warsaw Pact nations and the West at bay. "I have boundless faith in the rightness of what I am doing," he wrote in the summer of 1981. "Nobody and nothing could possibly change my mind or lead me off the chosen path."

---

(1) Colonel Ryszard Kuklinski "helped keep the Cold War from becoming hot." Which of the following best summarizes how this was achieved?

  1 The CIA was tricked by Kuklinski, who supplied false "priority information" to the United States that would mislead them about Soviet defense capabilities.

  2 Kuklinski provided the CIA with classified documents that helped the Americans to improve their understanding of Soviet weapons and possible attack strategies.

  3 Kuklinski led a clandestine operation in which he persuaded officers in the Soviet Air Force not to reveal details of Soviet air-defense weapons.

  4 High-ranking Soviets used Kuklinski as a channel through which, privately, communications with the CIA were kept open.

(2) According to the CIA, the "single most important document" provided by Kuklinski

  1 helped warn the U.S. of Soviet plans to deploy arms to countries in the Warsaw Pact.

  2 led to President Carter telling the Soviets not to invade Polish territory.

  3 contained intelligence that helped the CIA's Soviet agents avoid being discovered.

4 meant that NATO was in a better position to defend itself against mobile Soviet forces.

(3) Kuklinski was convinced that
　1 if other Poles realized the consequences of a nuclear attack, they would rise up against the Soviets and leave the Warsaw Pact.
　2 any failure on his part to return the classified material he stole would result in his arrest.
　3 even if the Soviets attacked the West, his efforts would spare Poland from an American-led nuclear attack.
　4 the Soviets were intent on attacking the West and that Poland would suffer more than any of their allies involved in the conflict.

(4) How did Kuklinski think of himself?
　1 As an American spy who knew that Poles thought he was a traitor.
　2 As an intelligence officer who knew what he was doing was wrong, but had no choice.
　3 As a Polish patriot who tried to save his country from war and destruction.
　4 As a Soviet loyalist, but one who felt war could and should be avoided.

(2004-1)

Answers

(1) 2　(2) 1　(3) 4　(4) 3

解説

　まず，文章全体と各段落の主題を簡単に紹介しよう。タイトルから文章の主題は，冷戦期の最も重要なスパイの1人と言われているポーランドのリシャルド・ククリンスキー大佐についてであることがわかる。読者のほとんどはククリンスキーのことをよく知らないだろうが，前提知識がなくても解答の妨げにはならないので，焦ることはない。タイトルからは，ククリンスキーに対する哀悼文とも考えられるが，冒頭の段落を見ると，ククリンスキーの活動の評価を巡る論争（彼は裏切り者か？　それとも愛国者か？）をまとめた情報提供目的の文章であることが分かる。

　次に，各設問の解説をしていこう。**(1)**，**(2)** は設問で引用がなされているので，その引用箇所を本文中に探し出すことが，解答の第一歩である。**(1)** の引用文 helped keep the Cold War from becoming hot は第2段落末の，ジョージ・テネット CIA 長官の証言の一部である。その前後を注意深く読めば，解答の根拠を見つけることができるはずである。選択肢を見ると，**2** 以外にはククリンスキーが米国に貢献したことを示す記述はない。よって，**2** が正解である。**(2)** の引用文は第5段落の半ばにある。引用箇所の前後から，**(2)** で問われている the single most important document は，363ページに及ぶソ連の兵器の戦術・技術上の仕様を詳細に記録した文書であることがわかる。したがって，正解は **1** である。

　最初の2問で第5段落まで進んだので，残りの設問はそれ以降の段落にあると予測を立てることができる。前述したように，このような予測が問題文を迅速かつ丁寧に読むためのコツである。**(3)** に含まれている convinced という語自体は，文中には見当たらないが，第7段落で has always said / recognized / decided など，convinced に似た意味を持つ語が用いられていることに注意したい。第7段落を注意深く読むと，ククリンスキーは，ソビエト連邦と西側諸国の間で戦争が勃発すれば，ポーランドが最も甚大な被害を受けると認識していた

こと，そしてその認識がククリンスキーをスパイ活動に走らせたことが分かる。したがって，正解は **4** である。

　(3) の解答の根拠は第 7 段落にあったので，最後の設問 **(4)** のヒントは最終段落にあると予測できる。実際，ククリンスキーの自己評価については，最終段落の he always felt 以下で記述されている。該当部分を読むと，ククリンスキーは米国を利するスパイ行為の正当性に全く疑いを持っていなかったことが分かる。そのことを頭に入れた上で選択肢を見ると，**3** 以外に適切な答えはないので，これが正解になる。

　以上見てきたように，長文の内容一致選択問題では，選択肢と文章の双方を注意深く読まないと，正解にたどり着くことは難しい。解答する際は何となく選択肢を選ぶのではなく，文章中にしっかりとした解答の根拠を見つけることを心がけよう。最後に解答のポイントをまとめておこう。

解答のポイント

1 設問を先に読む（何が質問されているのか見当をつけておく）。または文章にざっと目を通して，設問を読むようにする。

2 英文のタイトルやキーセンテンスを読んで，個々の段落と英文全体の大意をつかむ。

3 設問の解答を探すつもりで英文を読む。文章の順番と設問の並び順がある程度対応していることも解答のヒントになる。

全訳　冷戦時のスパイ―ククリンスキー大佐を忘れない

　昨秋，リシャルト・ククリンスキー大佐が永住の地として選んだアメリカからポーランドに短期間滞在をしたとき，人々は彼を見て驚き，微笑み，そして握手を求めた。彼は自分が愛した国で心地よい思いをしたが，彼とその家族は1981年にその国から逃げ出しており，その後20年にわたり，ポーランド人は彼の残していったものについて論じてきた。彼は愛国者か。裏切り者か。ソ連とワルシャワ条約同盟国の機密を漏らしたことで，彼は条約のメンバーであるポーランドを裏切ったのだろうか，それとも祖国に仕えたのだろうか。

　しかし，1980年代半ばにククリンスキーが不在のまま反逆罪で死刑判決を受けてからその点についてポーランド人が議論している一方，アメリカの官僚の中にはククリンスキーが何をしたのか，そしてなぜそうしたのかについて疑いを持つ者はいなかった。CIA長官のジョージ・J・テネットは，最近，ククリンスキーが亡くなったことを発表したときに，「この熱心で勇気ある男性は冷戦が熱くならないようにしておくのに手を貸してくれた」と語った。

　最近公開されたCIA内部資料は，ククリンスキーが1972年にボンで初めてアメリカ軍と接触してきたときに始まった極秘作戦（コードネームは「カモメ」）について詳しく述べている。ククリンスキーがアメリカ人と初めて会ったときからたった5か月後の1973年1月には，CIAのある説明報告書が彼のことをソ連側の同盟国の中で「優先度の高い情報の収集に関して」アメリカ政府が接触できる「最適の場所にいる情報源」と表現した。その報告書によると，彼がはじめに手渡したソ連側の極秘文書の1つには，それまで誰も直接入手することができなかったソ連の防空システムが詳細に記されていた。また，そのメモは続けて，ククリンスキーが情報を入手したことで，「ソ連主導のワルシャワ条約国の計画，行動，能力をよく見ることができ，ワルシャワ条約国の西側諸国への敵対行為に対する既存で最も有効な早期警戒なども可能になった」としている。

　それこそがククリンスキーが機密任務の間に提供したことの重要部分―ソ連とワルシャワ条約国の兵器システムと戦略に関する重要な詳細事項と洞察であった。それにより，西側は，モスクワとその同盟側がヨーロッパで正当な理由のない攻撃を行うためにとるひとつひとつの措置を理解することができた。カモメ作戦開始直後，CIAのソ連担当部長は，もしククリンスキーが探索から逃れることができたなら，これは「歴史的に重要な」事例となると，予見も含めて書いている。

　ククリンスキーの最もめざましい活動は，1980年12月にソ連軍がポーランドに侵攻する準備ができているとCIAに警告したことであっただろう。これにより当時のジミー・カ

ーター大統領はモスクワに対し，私的にも公的にも警告を発した。侵攻は起こらなかった。CIA の記録には他にもあまりよく知られてはいないが重要な話が数多く記されている。例えば，1978 年，彼は 1985 年までにワルシャワ条約に導入されるソ連の兵器の戦術上・技術上の仕様を詳しく載せた 363 ページに及ぶロシア語の文書を提供した。そのとき CIA はククリンスキーに対し，その厚い報告書は「これまでに提供してくれた中で最も重要にして 2 つとない文書」と手紙に書いた。1981 年，ククリンスキーは，素速い動きで前線を破って NATO 領域深くに突き進む空軍・陸軍を展開するというモスクワ側の新たな作戦戦略の編成の詳細を提供した。

　9 年間に渡る秘密協力の間にククリンスキーはポーランド国内で CIA と極秘のやりとりを 63 回行った。これはざっと 1 年に 7 回になる。1981 年 7 月までに彼は 40,265 ページのソ連の極秘文書情報を渡したと，あるメモに書かれている。記憶に値するのは，これらのひとつひとつのページはカメラで 1 回ずつ撮影したものだということである。撮影の間，いつ突然見つかって逮捕されたとしてもおかしくないため，手は緊張し，震えていた。

　ククリンスキーは，ソ連がポーランドにしたことへの憎しみから行動を起こしたといつも語っている。彼は自分の国がワルシャワ条約の一員として非常に弱い立場にあるということを他のポーランド人よりもずっと早く認識していた。彼はソ連の戦争計画が防衛ではなく攻撃であり，もしソ連が攻撃をしかけたら，西側は核兵器で応戦すること，そしてその場合ソ連の国土ではなく，多くはポーランドを攻撃することを理解していた。ククリンスキーの言葉を借りれば，彼の国は「間違った側についた」と彼は判断した。

　尊敬に値する彼のやり方で，彼はともに働いた当局側から慕われていた。何しろ彼は訓練を受けた情報部員ではなかった。アメリカ側が初めて彼に会いにワルシャワのある墓地に車でこっそり訪れたとき，ククリンスキーは全身ポーランド軍の制服に身を包んで立っており，彼らに気づくようにと手を振っていたので，アメリカ側は驚いた。ククリンスキーはアメリカに協力していたものの，いつの日か自分が，不在中ではあったが，アメリカのスパイというレッテルを貼られ，死刑を宣告されるとは思ってもいなかった。彼はいつも自分はポーランドのために行動し，ワルシャワ条約国と西側との戦争という悪夢を寄せ付けないために必要なあらゆる事を行っているのだと思っていた。「私は自分の行っていることが正しいものであると絶対の信念を持っている」と彼は 1981 年夏に書いている。「何人も，何事も私の心を変えたり，選んだ道から私を離すことなどできない」

§2　読解力の向上

1　目的に応じて読み方を変える

　英語学習者は，英語の4技能の中で，リーディングが最もやさしいと思い込みがちである。これは，ほかの3技能が否応なしに実力不足を痛感させられるのに対して，リーディングは何となく理解した気になりやすいからであろう。しかしながら，よい読み手になることは，よい聞き手や話し手になることと同じくらい難しいことである。リーディングでは，書き手の意図を文脈から推測したり，文章の特徴に合わせた読み方をすることが求められるからである。さらに，文章を適切に理解するためには，豊富な語彙力や背景知識も不可欠となる。以上のことを考えると，英語のリーディング能力を伸ばすための第1歩は「何となく英文を読めた気になること」と「適切に英文を読解すること」は別物であることを肝に銘じることであると言える。

　適切に英文を読むためには，(1) 目的を持って文章を読むこと，(2) 文章の目的を理解することの2つが大切となる。§2-1では前者を，§2-2では後者を取り上げることにする。よい読み手は，能動的に文章に関わることができる。つまり，読む目的やトピックの前提知識，時間的制約，文章の難易度などを考慮に入れた上で，読み方を変える技術と柔軟性を持っているのである。とりわけ，普段からまとまった量の英文を読む必要がある場合，必要に応じて読み方を変える能力が必須となる。

　目的に応じて読み方を変えることは，ほとんどの人が日常的に実践していることである。例えば，小説を趣味で読む（reading for pleasure）場合，論文を批評目的で読む（critical reading）場合，レポートの情報収集のために新聞を読む（reading for information）場合，そして英語学習のために本を読む（reading for learning English）場合とでは，それぞれ違う読み方をしているであろう。普段から何気なく実践している読解方法を，意識的かつ組織的に行うことで，飛躍的に読解能力を伸ばすことができるのである。

　例えば，レポートの情報収集のために英字週刊誌を読む場合，まず各号の目次や

記事の見出しを流し読みして，関連記事をできるだけ多く収集するとよい。次に，集めた文献の中から，特に重要な文献を選んで精読するようにすると，結果としてレポートのテーマに関する文献を効率的に多読することができる。さらに，レポートで引用するために記事を読み返す際には，必要な箇所を走り読みする能力が求められる。大切なことは，状況に応じた読み方をすることであり，やみくもに速読したり，精読することには全く意味がないのである。

　以下に4つの読み方を紹介するので，それぞれの特長を理解し，目的に応じて使い分けるようにしよう。

1 走り読み（scanning）

　「ざっと見る」または「飛ばし読みをする」という意味。走り読みの目的は，特定の情報を見つけるために文章を読むことにある。例えば，レポートで引用したいデータを探すために文章を読むときは，走り読みをするとよい。

　走り読みのコツは細かい箇所に拘泥せずに，必要な部分を重点的に読むことである。ただし，必要な箇所を読む際も，文章全体の流れを理解する必要がある。「木を見て森を見ない」読み方をしては，著者の意図や文章の大意を歪曲してとらえかねないからである。

　走り読みのもう1つのコツは，接続語やつなぎの言葉に注意して，文章の構成をつかむことである。例えば，first, second, third というつなぎの言葉は，話題の転換を示すので，読むべき箇所とそうでない箇所を判断する目安になるだろう。ほかにも，見出しや図表があれば，まず目を通しておくと本文中で読むべき部分を絞りやすくなる。いずれにしろ，走り読みをする際は，必要な情報をしっかりと頭に入れてから，文章を読み始めることが肝要である。

2 流し読み（skimming）

　skim は scum と同じ語源を持ち，元来はミルクなどの飲み物の表面に出来た上澄みをすくい取ることを意味した。この語源的意味が示す通り，流し読みの目的は，文章の大意を読み取ることにある。つまり，文章の中心的アイディアは精読し，それ以外はざっと読んでいくのが流し読みの特徴である。

　流し読みをする際は，特に最初と最後の段落を注意深く読むとよい。たいていの場合，最初と最後の段落は文章全体の要約となっているからである。また，段落の主題は冒頭の行で端的に示されていることが多いので，各段落の最初の行はじっくりと読

むようにしよう。段落の主題を示すトピックセンテンスは，必ずしも冒頭行にあるわけではないが，いずれにしろ各段落のトピックセンテンスを見つけることが，流し読みの1つのポイントとなる。このほかにも，a) タイトルや見出し，b) 図表，c) 下線・太字部分などは通常，著者が強調したい箇所なので，注意を払うようにしよう。最後に，走り読みと同様，接続語やつなぎの言葉に注目し，文章全体の流れを理解することも，効果的な流し読みのコツである。例えば，at first のあとには，but や however などの逆接の接続語が続き，重要なポイントが導入されることが多い。この場合，at first 以下はざっと読み，but や however 以降を精読すれば，効率的に文章の大意を把握することができる。

3 精読（intensive reading）

　複雑な内容や構成を持った文章を読む場合や，文章を批評することが求められている場合，たとえ読む速度が落ちても，細部にまで気を配りながら，じっくりと文章を読むべきである。また，流し読みをする際でも，重要な箇所は慎重に読まなければ，文章の要点を押さえることはできない。つまり，速読をする際も適宜，精読することが必要なのである。

　精読はしばしば逐語読み（line-by-line reading）と同一視されがちだが，両者は似て非なるものである。精読の目的は，一字一句丁寧に読むことにあるのではなく，文章の重要な点を把握し，覚えておくことにある。したがって，精読には，単なる逐語読みよりも，能動的な読み方が求められるのである。ただ漫然と読むのではなく，批判的に考えながら文章を読んでいくことを心がけよう。

4 多読（extensive reading）

　幅広く情報を得ることを目的とした読み方。レポートや企画書を書く際には，本，新聞雑誌，インターネットなどにあたり，大量の関連資料に短期間で目を通さなければならない。このような場合に要求されるのが多読の能力である。

　多読のポイントは，速読と精読を必要に応じて使い分けることにある。確かにできるだけ多くの文献に目を通すことは大切だが，重要な文献（少なくとも，その一部）はじっくりと精読しておくようにしよう。

Example

Putting Globalization in Perspective

[1] The media loves to both tout and decry globalization. Tom Friedman of *The New York Times* calls it "a flowering of both wealth and technological innovation the likes of which the world has never before seen," while David Korten, a well-known detractor, speaks of "market tyranny... extending its reach across the planet like a cancer." But whether pro or con, the hype about globalization is just that: hype. True, there has been a trend toward mergers, acquisitions, and increasing international trade. But international trade accounts for only 10% of America's national income. That percentage is unlikely to grow much higher.

[2] Global companies must contend with an economic principle known as the law of diminishing returns, which states that there is an upper limit to company size beyond which complexities, inefficiencies, and breakdowns begin to hamper profitability. In banking, for instance, while mergers and acquisitions often steal the headlines, Federal Reserve researchers found that after banks reach a fairly modest size (of about $100 million in assets), there is no cost advantage to further expansion. Some evidence even suggests diseconomies of scale for very large banks. Another study, sponsored by the Financial Markets Center, found that banks lending within a limited regional area were typically twice as profitable as those with nationwide portfolios. Despite the coverage of national and global mergers, the more active trend has been toward community banks, credit unions, and microloan funds.

[3] Similar forces are at work in the rapid worldwide growth of community-supported agriculture. Farmers once received 50 cents on the dollar for agricultural products sold to consumers; in today's corporate farming, only 9 cents of every consumer dollar goes to the farmer. Marketers, who have little to do with the product itself, get 67 cents. But when farmers are in closer contact with consumers, both benefit, for consumers are able to purchase fresher, higher-quality products at

reasonable prices, and farmers get a higher return on their products. If nothing else, the world is a big place, and a factor that chips away at the bottom line is that global companies have to distribute goods over larger areas. With the price of oil having quadrupled in the last four years, shipping costs are no small consideration.

4 Global producers often make efforts to produce specialized products to meet local tastes, but global companies compete at a disadvantage. Local operations, by being better equipped to communicate with retailers and consumers and provide timely delivery, are better suited to design and produce goods for local markets. Small companies are also able to take advantage of information technology to carry out such business functions as management, accounting, communications, and publishing, while the Internet enables small and even home-based businesses to compete against the major players.

5 These trends do not necessarily spell doom for globalization, for it is simply not feasible to produce all goods locally. Global trade will likely remain, as it is today, a minor part of most economies.

(2002-3)

解説

走り読みや流し読みの訓練をする場合は，時間制限を設けたり，辞書に頼らずに読むようにするとよい。さまざまな制約の中で読む練習を積み重ねることが，速読能力の向上に役立つのである。文中では **diseconomies of scale**「規模の不経済」や **the law of diminishing returns**「収益逓減の原則」などの経済用語も使用されているが，文章の展開自体は明解である。したがって，なじみのない専門用語があっても，文章大意の把握にはあまり支障をきたさないであろう。

前述のように，流し読みのコツは接続語やつなぎの言葉に留意して，文章の中心的アイディアを把握することである。例えば，第１段落のトピック理解には **But whether pro or con**「しかし，賛成派も反対派も」というつなぎの表現がヒントとなる。グローバル化への賛成論と反対論を紹介した後，**But . . .** 以降で両者に共通する傾向を指摘しているからである。ここから著者は，賛成論者と反対論者の双方が前提とする「グローバル化の傾向」自体に疑問を呈していることがうかがえる。

第2段落以降では，多国籍企業や世界規模の経済活動に対して「地方銀行，信用金庫，小規模融資基金（community banks, credit unions, and microloan funds)」，「地方密着型農業（community-supported agriculture）」，「地方の企業（local operations）」，「小さな会社や自宅でのビジネス（small and even home-based-businesses）」など，地域密着型の経済活動の利点を強調している。ただし，著者はグローバル化の反対論者では決してないということを，改めて強調しておきたい。第1段落にあるように，著者が反論しているのは，グローバル化を「誇張（hype)」する論調なのである。走り読みを飛ばし読みと混同すると，地域密着型の経済活動の利点を記述した段落から，著者をグローバル化の反対論者と誤解しかねない。走り読みをする際も，文章の中心的アイディアや全体の流れはきちんと押さえ，文脈の中で適切に細部を理解するようにしよう。

全訳　グローバル化の全体像

[1]　メディアはグローバル化を賞賛することも非難することも好きである。ニューヨークタイムズ紙のトム・フリードマンはこれを「富と技術革新が開花したものであり，それに類するものはこれまで例がない」と表現している。一方，辛口批評で有名なデービッド・コートンは，これを「市場の暴虐で，まるでガンのようにその範囲を地球全体にまで広げている」と言っている。しかし，その賛否にかかわらず，グローバル化を誇大に喧伝することはやはり喧伝でしかない。確かに，これまで合併や買収，国際貿易の拡大への傾向はあったが，国際貿易がアメリカの国民所得に占める割合は10%に過ぎないし，その数字がさらに大きくなる様子はない。

[2]　世界規模の企業は収益逓減の法則として知られる経済上の原則と戦わなければならない。この法則は，企業の規模には上限があり，その限界を超えると，複雑さや非効率さ，機能停止などが利益を阻害するようになるというものである。例えば，銀行業界では，合併や買収が新聞紙上をにぎわしている一方で，連邦準備制度理事会の調査によると，銀行の規模がささやかながら一定の大きさ（資産約1億ドル）に達すると，それ以上拡大してもコストの面で有利にはならないことがわかった。中には，巨大銀行に対しては，規模の不経済を示唆するデータまである。金融市場センターが後援する別の研究によると，限られた地域の中で貸し付けを行っている銀行の方が，全国レベルで事業を行っている銀行よりも一般に2倍の収益性があることがわかった。国や世界規模での合併が報道されているにもかかわらず，活発な傾向は，地方銀行，信用金庫，小規模融資基金などに向かっている。

3　地域密着型農業の世界規模での急速な成長にも同じような力が働いている。以前，農業経営者は，消費者に販売される農業生産物の価格１ドルにつき 50 セントを受け取っていた。企業経営農業の現代では，消費者が払う金額１ドルにつきたった９セントしか農業経営者のものにならない。生産物そのものとはほとんど関係がない販売業者が 67 セントを受け取っている。しかし，生産者が消費者とより近いところにいれば，両者にとって利益となる。消費者はより新鮮で質の高いものを手頃な価格で購入することができるし，農業経営者は生産物に対しより高い収益を得ることができるからだ。なんと言っても，世界は広く，そのため，世界的な企業は商品を広範囲な地域に配送しなければならず，そのことが，最終的な利益を削る要因となっている。石油価格がこの４年間で４倍になっており，輸送費は軽視できない。

4　世界規模の生産企業はしばしば地域の好みに特化した商品を生産しようと努力しているが，世界規模の企業はこの競争において不利な状況にある。地方の企業は小売店や消費者とコミュニケーションをより取りやすく，また，タイミングよく配達ができるため，地域の市場に合った品物を企画したり，生産するのにより適している。小さな会社でも情報技術を利用して，経営や経理，通信，出版などの業務を遂行することができるし，また，インターネットがあれば，小さな会社や自宅でのビジネスでも大企業と競うことが可能である。

5　この傾向は必ずしもグローバル化に凶運をもたらすものではない。というのも，実際に，すべての商品を地域ごとに生産することはただ不可能であるからだ。地球規模での貿易は，今日のように，多くの経済活動の中で小さな割合を占めながら，今後も残るであろう。

Training

次の英文を読み，質問に答えなさい。

Tango's Brouhaha

1　"The tango is more than a dance," stated author and music critic Chiori Santiago. "It's a moment of truth." Often forbidden or discouraged by South American dictators, and watered down to little more than a glitzy tourist attraction, it is to some, in its sultry authentic form, a kind of revolution, with roots sunk deep in the pathos of a diverse people. The dance and its movements are steeped in controversy. Innovation versus tradition remains a source of contention among tango dancers and enthusiasts.

2 "People think of the tango as a dance of passion," said Richard Powers, dance historian at Stanford University, and one of only a few tango scholars in the United States, "but it can also be a dance with great emotional distance between two physically close partners." Argentine tango aficionados most fervently disagree. For the legendary Juan Carlos Copes, dancer and choreographer of the famous stage show *Tango Argentino*, it is clearly an emotional issue. "Sometimes there is a confusion," he stated, "that the tango is steps. No! Tango is *feeling*: it is one heart and four legs."

3 Most tango scholars agree that the dance originated during the nineteenth century when disenfranchised cultures collided in the port cities of Buenos Aires and Montevideo. There were Africans, former slaves, who contributed the syncopated rhythms of the dance. Gauchos, the colorful mestizo cowboys of the Argentine pampas, brought their guitars and ballads. There were the European immigrants as well, predominantly from Italy and Spain, who flooded the city tenements and brought with them the fiddle, the bandoneon, and the sadness of displacement, to what was to become a uniquely multicultural stew of Argentine music and dance. But this dance, so full of passion and stoic fatalism, has taken many turns and spins, dozens of carefully synchronized steps toward a seemingly less passionate art form in the guise of International and American Tango. No matter the skill taken to perform these versions, to the tango purist, such developments are disagreeable.

4 By 1912 the tango was flexing more proletariat limbs in Europe's finest dance salons. As a contemporary critic of the era complained, "Half of Paris is rubbing up against the other half." Americans, at least the larger and more staid portion of the populace, were scandalized, and often women were required to wear "bumpers" around their waists to keep the men at a distance—an absurd notion to anyone who has watched a tango danced properly. It was not until after World War II that the tango stepped aside for the easier steps of the fox trot, the jitterbug, and, inevitably, rock-

and-roll. All have had their impact.

5. Meanwhile, Argentines scoff at anything less sultry, less breathtaking than a true belly-to-belly tango. The general attitude of aficionados is, perhaps, best summarized by dancer Barbara Garvey just before she glides onto a San Francisco dance floor with her husband. "The American Tango is like the beginning of a love affair, when you're on your best romantic behavior. The Argentine Tango is when you're in the heat of things and all kinds of emotions are flying: passion, anger, humor. The International Tango is like the end of the marriage, when you're staying together for the sake of the children."

(2003-1)

Questions

次の **(1)**〜**(4)** の人物に最も適切な職業と発言をそれぞれ **1**〜**4** と a〜d の中から１つずつ選びなさい。ただし，選択肢はそれぞれ１度ずつしか使えない。発言は，言い換えられているものもある。（制限時間７分）

(1) Richard Powers
(2) Juan Carlos Copes
(3) Chiori Santiago
(4) Barbara Garvey

職業

　1 dancer　　**2** music critic　　**3** tango scholar　　**4** choreographer

発言

　a The Argentine Tango is "feeling".
　b The Argentine Tango is a dance of passion, anger, and humor.
　c The Argentine Tango is a dance with great emotional distance between two physically close partners.
　d The Argentine Tango is a "moment of truth".

Chapter ▶▶ 2

Answers

(1) 3-c　(2) 4-a　(3) 2-d　(4) 1-b

解説

　「走り読み」の練習問題である。ここでは，選択肢中の人物の名前と肩書，そして各自のアルゼンチン・タンゴに対する見解を探し出すことを目的に文章を読めばよい。制限時間を設けて文章を読むことは，格好の英検対策になるので，普段英文を読んでいる際にも定期的に実践するとよい。

　時間的制約を除けば，比較的平易な問題ではないだろうか。解答のポイントの１つは，部分的に同じ肩書きを持つ人物をきちんと区別することである。ファン・カルロス・コペス（Juan Carlos Copes）とバーバラ・ガーベイ（Barbara Garvey）は「ダンサー（dancer）」であるが，前者は本文では「ダンサー兼振付師（dancer and choreographer）」と紹介されている。したがって，コペスの肩書きとしては **4** が正しい。

　また，**but** や **No!** などの逆接のつなぎの表現や **said Richard Powers** などの挿入句にも気をつけよう。特に，第２段落冒頭のリチャード・パワーズ（Richard Powers）の引用は，挿入句の前だけを読むと，彼がタンゴを「情熱のダンス（dance of passion）」と考えていると誤解しかねない。挿入句の後の **but** で始まる引用文を読めば，パワーズ自身は「タンゴ＝情熱の踊り」という一般的な見解に疑問を投げかけていることが分かる。

全訳　　タンゴの大騒ぎ

[1] 「タンゴは単なる踊りではない」文筆家で音楽評論家のチオリ・サンティアゴは述べた。「真実の瞬間だ」と。南アメリカの独裁者たちにしばしば禁止されたり，押さえられたり，派手な観光の呼び物程度におとしめられたりしたが，一部の人々にとっては，その情熱的で正統な形のなかに，多様な人間の哀愁に深く根付いた一種の革命がある。その踊りと動きが激しい論争にさらされている。革新対伝統という構図が，今でもタンゴのダンサーと熱狂者の間での論争のもととなっている。

[2] 　スタンフォード大学でダンスの歴史を研究し，かつ，米国での数少ないタンゴ研究者であるリチャード・パワーズはこう述べている。「人々はタンゴは情熱の踊りだと思ってい

る。しかし，同時に，体を密着させていても2人のパートナーの大きく気持ちが離れている踊りにもなりうる」。これに対し，アルゼンチンのタンゴ愛好家たちが最も激しく異を唱えている。有名な舞台『タンゴ・アルゼンチーノ』のダンサー兼振り付け師である伝説的人物ファン・カルロス・コペスに言わせると，タンゴは明らかに感情のほとばしりである。「ときどき，タンゴはステップであるという混乱があるようだ。違う！タンゴはフィーリングだ。1つの心と4本の足だ」と彼は言う。

3 タンゴが始まったのは19世紀だという点ではタンゴ研究家の多くが同意している。当時，陽の目を見ることを許されなかった文化が港町のブエノスアイレスやモンテビデオでぶつかり合っていた。そこにはアフリカ人，かつての奴隷がいて，彼らのおかげで，タンゴにシンコペーションのリズムが加わった。アルゼンチンのパンパスのはなやかな混血のカウボーイであるガウチョはギターとバラードを持ち込んだ。また，おもにイタリアとスペインからのヨーロッパ移民もいた。彼らはバイオリンとバンドネオンと祖国を離れた悲しみを持って都市の安アパートに流入した。その結果，いろいろな文化が混ざった独特のシチューのようなアルゼンチン音楽とダンスができあがった。しかし，この情熱と禁欲的宿命論に満ちたダンスは，数多くのターンやスピン，数十の精密にシンクロしたステップを取り入れて，国際式タンゴ，アメリカ式タンゴという名の，表面的にはそれほど情熱的でない芸術形式になった。この形式のタンゴを演じるのに必要な技能がいくらあったとしても，純粋なタンゴを求める人たちには，そのような展開が不快なのだ。

4 1912年までには，ヨーロッパで最も立派なダンスクラブで，より多くのプロレタリア階級の人々の手足がタンゴを踊るようになっていた。その時代の批評家は「パリの半分の人間がもう半分と寄りそっている」と批判した。アメリカ人は，少なくともアメリカ庶民の多数派でまじめな部類の人たちがショックを受け，女性は，男性から距離を置くためにしばしば「バンパー」と呼ばれるものを腰のまわりにつけることを要求された。これは，タンゴが本来の形で踊られているのを見てきた人たちにはばかばかしい考えであった。第二次大戦後になって初めて，タンゴはその地位をよりステップが簡単なフォックストロットやジルバや，もちろんロックンロールに譲ることになった。そしてそれらは，今まですべてが大きな影響を与えてきている。

5 一方で，アルゼンチン人は体をくっつけあう真のタンゴよりも情熱的でないものやハラハラしないものはすべて嘲弄している。タンゴ愛好家の一般的な考えは，おそらく，バーバラ・ガーベイが夫とともにサンフランシスコのあるダンスフロアに上がる前に言った一言に最もよく集約されている。「アメリカ式タンゴは恋の始まりのようなもの。最もお行儀の良いロマンチックな振る舞い。アルゼンチンのタンゴは，熱情のまっただ中にいて，情熱，怒り，ユーモアといったすべての感情が飛びまわっている状態。国際式タンゴは，結婚生活の終わりのようなもの。子どもがいるから別れないだけ」

2 文章の目的を理解する

　文章を読んでいて意外に忘れがちなのが，書き手は明確な目的を持ち，特定の読者に向けて文章を書いているという事実である。§2-1 では，目的を持って文を読むことの重要性を強調したが，文章の目的に応じて読み方を変えることも同じくらい大切なことである。

　文章の目的は **1** 情報提供，**2** 説得，**3** 創作，**4** 儀礼の４つに大別されるが，大切なことは文章の目的に応じて読み方を変えることである。例えば公的な場での喫煙禁止をテーマにした文章でも，著者が情報伝達を目的としているのか，賛成（または反対）の立場から文章を書いているかによって，適切な読み方は変わってくる。

　また，文章の目的によってよい文章の基準も異なってくることも覚えておこう。読み手の立場から言えば，文章の目的によってその評価の仕方が変わり，したがってよい読み方も変わってくるのである。

1 情報提供型文章（informative writing）

　　包括的かつ有益な情報を読者に分かりやすく伝えることを目的とした文章。情報の伝達が主目的であり，著者の見解はたとえ示されたとしても付け足しである。教科書，取扱説明書，案内書などは情報提供型文章の代表例である。情報提供型文章では，読者に情報を理解させることが目的なので，何よりも分かりやすさが重視される。そのため，最初と最後の段落で文章の主題が要約され，また各段落のトピックは冒頭行で示されることが多い。

2 説得型文章（persuasive writing）

　　自分の主張を読者に受け入れてもらうことを目的とした文章。説得型文章では，読み手に情報を理解させるだけでなく，自分の意見に説得力を持たせて，読み手を納得させることが必要になる。社説，広告，提言書などが，説得型文章の典型的な例である。説得型文章を読む際のポイントは（1）論争のテーマ，（2）主要な論点，（3）著者の立場と論拠，（4）反対意見と著者の反論を整理しながら読んでいくことである。ほかにも，事実と意見を区別したり，裏付けのある議論（argument）と裏付けのな

い主張（assertion）を見分けるなど，批判的な読み方（critical reading）をすることが重要になる。最後に，説得の方法には（1）データや専門家の意見に基づく論理的説得（ロゴス），（2）聞き手の感情に訴える説得（パトス），（3）書き手の信頼性に依拠した説得（エトス）の3種類あることも覚えておこう。

3 創作型文章（creative writing）

　読者を広義に楽しませることを目的に書かれた文章（writing for enjoyment）。小説や詩，そして旅行記などがこのタイプに分類される。このタイプの文章では内容だけでなく，韻，倒置，比喩などの文章技法の巧拙も，文章評価の重要な要素になってくる。読み手としては，鑑賞的な読み方（appreciative reading）をするように心がけよう。

4 儀礼的文章（writing for ceremonial purposes）

　特別な場面（special occasions）のために書かれた文章のこと。代表的な例としては，スピーチの弔辞（eulogy）にあたる追悼文（obituary）が挙げられる。

　以上の文章の目的は，必ずしも明確に区別できるわけではなく，実際には重なり合う部分が多い。例えば，文章の目的が情報提供であれ，説得であれ，すべての文章は，ある意味で読者を楽しませる要素を持っている。情報や議論が興味深くなければ，読者は読むのをやめてしまうからである。

　最後に，文章の目的は，主に内容（content）と論調（tone）から把握できることを覚えておこう。もちろん，文章の内容が，その目的をつかむための直接的な手がかりとなるが，論調にも，著者の意図や文章の目的が暗示されることが多い。論調には，深刻（serious），ユーモラス（humorous），皮肉的（satiric），肯定的（favorable），否定的（negative）などがある。とりわけ，文章の目的が文面から読み取れない場合は，論調から推し量るようにしよう。

Training 1

次の英文を読み，以下の質問に対して最も適切なものを **1〜4** の中から 1 つ選びなさい。

Gone in 30 Seconds

1 Once the most powerful tool for marketers, the 30-second TV commercial is under siege. In the heart of TV land, the United States, prime-time ratings are down and viewers are increasingly inattentive when they do watch. More than a third of TV viewers regularly use a PC while watching the tube, and Forrester Research estimates that by 2007, personal video recorders (PVRs) and video-on-demand (VOD) technology—which allow you to record or choose the programs you watch and skip through ads—will reach half of American households.

2 Similar trends are taking hold world-wide. To combat shrinking viewership, marketers are funneling growing amounts of money into nontraditional advertising, like "advertainments" and product placement. Simon Sherwood, chief operating executive for media agency Bartle Bogle Hegarty (BBH) in London, says 5 percent of the firm's $900 million in global billings now comes from nontraditional ads, and predicts that share will rise to 20 percent in the next few years. Others think the shift may come even faster. Says Maurice Lévy, CEO and chairman of the Paris-based media giant Publicis Groupe, "We will see a sea change in how we distribute media investment in the next five years."

3 One alternative to the 30-second spot is to blindside consumers with more quick-hit advertising. On average, a Westerner now gets more than 3,000 marketing messages each day, up from 100 messages a day in 1984. E-mail spam, text messages, Internet pop-up-ads—even the dollar bill has become an advertisement: one U.S. marketer recently circulated 50,000 real $ 1 bills in New York and Los Angeles with stickers advertising a network mini-series. Product placement—like putting Coca-Cola cups in the hands of "American Idol" judges—has jumped in popularity. Product-

placement agencies now number more than 500 in the United States, up from only a handful 20 years ago.

[4] Advertisers are also going in the opposite direction, competing with the entertainment industry to hold consumers' attention for 30 to 60 minutes at a time. Major holding companies are increasingly adding entertainment consultants and PR powerhouses to their portfolios: Omnicom Group has purchased entertainment consultancy Davie Brown, and Publicis recently said it is exploring the Hollywood entertainment-marketing sphere. "Branded entertainment" is the new buzzword for sponsored programs. BMW set the new industry standard in its film shorts, with stars like Madonna and Pierce Brosnan behind the wheel and director Ang Lee behind the camera. The ads drew more than 13 million consumers to BMW's Web site in 2002.

[5] Others are following. This season in the United States, Southwest Airlines launched a new reality-TV show, "Airline," which follows the low-cost carrier's staff. Last year the French water company Evian produced a platinum CD single and an award-winning music video of a song in its popular commercial, in which adults with children's voices sang Queen's "We Will Rock You." The Evian logo was nowhere to be seen. Instead a small cartoon figure called Water Boy bounced around the video (aired on MTV Europe and MTV Asia) to the music from Evian's commercial. Consumers got the message: Evian sales jumped 12 percent in Belgium and 4 percent in France. Analysts say this kind of subtle brand association appeals to the modern, skeptical consumer. "We have had to reinvent ways of communicating with people," says Remi Babinet, the creative director at Euro RSCG World-wide, who created Water Boy. "Advertising has become so complicated. We realized we need to give a gift to the people."

[6] Advertisers are also starting to tap the technology that most threatens the 30-second spot. Forrester Research estimates that in coming years $7 billion will be lost in total TV ad revenues because of PVRs and VOD, replaced by $4.6 billion in VOD advertising by 2007. Sponsored features

like behind-the-scenes interviews with the stars will be included with the movies and other programs available on demand. The idea is to engage the consumer more fully in a less obviously commercial advertainment: for example, an ad from the British homeless charity Depaul Trust, which aired on VOD during a British drama, allows the viewer to direct the story line of the ad to one of four endings.

[7]　These new ad forms are experiments for most advertisers, and many say the 30-second spot is evolving, not dying. But there is no doubt they are the future. Alec Gerster, CEO of Initiative Media Worldwide, estimates that while nontraditional ads account for 5 to 10 percent of the industry business, they are "getting 80 to 90 percent of the focus." And in the ad business, buzz is destiny.

Newsweek, February 20, 2004

Question

What is the primary purpose of the passage?
1 Informative.　**2** Persuasive.　**3** Humorous.　**4** Ceremonial.

Answer

1

解説

この文章の目的は従来の 30 秒テレビ CM に変わる最近のテレビ広告を包括的に紹介することにある。著者自身の広告に対する個人的見解は示されていないので，情報提供型文章であると判断できる。

全訳　30 秒でおさらば

[1]　かつて企業にとって 30 秒間のテレビコマーシャルは最も強い訴求ツールだったもの

が，今では苦境に陥っている。テレビ王国の牙城であったアメリカでは，ゴールデンタイムといわれていた時間帯の視聴率は下がる一方で，視聴者側ではテレビを見ている間の集中力がますます散漫になってきている。テレビ視聴者の3分の1以上がテレビを見ながらパソコンを習慣的に触っており，フォレスター・リサーチ社の予測では，2007年までにはパーソナルビデオレコーダー（PVR）や，視聴者が録画したい番組や見たい番組を選択し，コマーシャルをスキップするビデオ・オンデマンド機（VOD）がアメリカの家庭の約半数にまで普及すると予測している。

[2] 似たような傾向が世界各地で定着しつつある。この視聴減少に対抗するために，企業はこれまでと違った広告，例えば「娯楽広告」や「プロダクト・プレイスメント」など，伝統的でない広告手段により多額の広告費を注入し始めている。ロンドンにあるメディア広告会社バートル・ボグル・ヘガルティ社の筆頭常務のサイモン・シャーウッドは，年間900万ドルに及ぶ収入の5％がもうすでに旧来の広告媒体ではない広告からきており，さらにこの数年でこの数値が20％にまで上昇するだろうと指摘している。人によっては，この推移はもっと早いスピードでやってくると考えている。パリに拠点を置いている巨大メディア企業ププリシス・グループのCEO兼会長のモーリス・レヴィは，「この5年でメディアへの投資の仕方が怒濤のごとく変わるのを見るだろう」と言っている。

[3] 30秒スポット広告にとって代わるものの1つは，より多くのクイックヒット広告で消費者を目くらましするというものである。欧米人は1984年には平均して1日100件だった商業メッセージを，現在では3,000件以上もを見聞きしているという。Eメール上のスパム・メールに始まり，テキストメッセージ，インターネット上のポップアップ広告，さらには本物の1ドル札までもが広告媒体になってしまっている。ある広告会社がテレビネットワーク番組のミニシリーズのステッカーを1ドル札に貼ってニューヨークとロサンゼルスで5万枚も配布したのである。プロダクト・プレイスメントもかなり人気を呼んでいる。例えば「アメリカのアイドル」選定のジャッジたち全員にコカコーラのロゴの入ったカップを持たせるといった方法である。こういった商標掲示広告を扱う企業は20年前にはほんの数社であったが，アメリカではすでに500社以上になっている。

[4] 広告主の中には，これとは逆の方向に向っている企業もある。すなわち，消費者の興味を30分から60分ほど引きつけることで娯楽企業に対抗しているのである。大手の持株会社は，ポートフォリオにエンターテイメント・コンサルタントや，大手のPR会社をますます加えるようになりつつある。例えば，オムニコム・グループはエンターテイメント・コンサルタント社のデイヴィ・ブラウン社を買収したほか，ププリシス社などはハリウッドのエンターテイメント市場さえも狙っていると最近発表したほどである。「ブランドつきエンターテイメント」というのがスポンサー付きの番組の新しい流行語となっている。BMW社はマドンナやピアス・ブロズナンを運転席に，カメラの後ろにはアン・リー

監督を座らせて映像を撮ることで，新たな業界基準を確立した。この広告のおかげで，2002年には130万件ものアクセスがBMWのサイトにあったという。

⑤　他社もそのあとを追っている。サウスウェスト航空社は，新しいリアリティ・テレビ番組「エアライン」で低コストで実際に働いているスタッフを追ったものを，このシーズンに放映し始めている。また昨年は，フランスのミネラルウォーター企業エビアンは，プラチナシングルCDを製作し，さらに，人気のコマーシャルで流れた大人が子どもの声でクイーンの「ウイ・ウィル・ロック・ユー」を歌う賞を得たミュージック・ビデオも製作している。にもかかわらず，エビアンのロゴは一切出てこない。その代わり「ウォーター・ボーイ」という小さな漫画のキャラクターをエビアンのCM音楽に合わせ，ビデオの画面の中を飛び回わらせていたのである。このビデオはMTVヨーロッパおよびMTVアジアで放映された。エビアンの意図は，消費者に確実に届いた。ベルギーではエビアンの売上げが12％伸び，フランスでも4％伸びたのである。アナリストたちの意見では，このような巧みなブランド展開が，今日の懐疑的な消費者に受けたのだろうとのことである。「私たちは，人々とのコミュニケーション方法を新しく創り出さなければならなかったのです」とレミ・バビネットは言う。彼こそ，この「ウォーター・ボーイ」を創りだしたユーロRSCGワールド・ワイド社のクリエイティブ・ディレクターである。「広告媒体があまりにも複雑になりすぎて，私たちのほうから視聴者に何かギフトを贈らなければならないことに気づいたのです」と語る。

⑥　その一方で，広告主は30秒スポットCMの最大の敵となるテクノロジーにも手を出そうとしている。フォレスター・リサーチ社の予測では，PVRやVODのために従来のテレビ広告は70億ドルもの損失を負うだろうし，さらに2007年までには46億ドルのVOD広告に取って代わられるだろうという。スターとの舞台裏インタビューまでのスポンサー付きの特集が，オンデマンドの映画やほかの番組にも含まれるようになるだろう。つまり，消費者をコマーシャルらしからぬ広告の世界により取り込もうという考えなのである。例えば，英国ホームレス慈善団体であるデポール・トラストの広告があり，それをドラマ番組と抱き合わせでVODで流すことで，視聴者は4つ用意されていたエンディングのいずれかに合わせて広告のストーリーの流れを変えて行けるというものである。

⑦　こういった新しい形の広告方法は，広告会社にとってはまだ実験段階でしかなく，多くの人は30秒スポット広告はまだなくならず，進化していると言っている。しかしながら，それが将来の姿であることは確かである。イニシアチブ・メディア・ワールドワイド社のCEOであるアレック・ガースターによれば，非伝統的な広告はまだ全体のビジネス活動の5〜10％にしかあたらないが，80〜90％の注目を浴びているという。広告ビジネスでは騒がれるのが宿命である。

Training 2

次の英文を読み，以下の質問に対して最も適切なものを **1〜4** の中から1つ選びなさい。

Do you qualify for O-baa-chan Club?

1　I do believe that I am the youngest member to enter the O-baa-chan Club, an inner circle of old ladies who keep Japan under their thumbs. I'm not exactly sure why or how I gained entry, but apparently the fact that I live in the countryside and have a vegetable garden was enough to convince everyone in my neighborhood that I was an o-baa-chan prodigy.

2　One day one of the ladies exclaimed, "Amy, you're 40 and still wearing shorts!" This is when I realized, "My God, they're grooming me to be an o-baa-chan!" I must protest.

3　Shortly after, my neighbor Kazu-chan asked me while I was standing in her "genkan," "Can you reach your left arm over your left shoulder and your right arm around your back, and touch both hands together?" Kazu-chan demonstrated, showing she couldn't do it herself. I tried it. I couldn't do it either. "That means you're old," Kazu-chan informed me with a smile.

4　There must be some mistake. Although I admit I no longer wear heels very often, I have not yet converted to mushy bowling shoes with nothing but a hole in the top to stick your foot into. I don't even have a cart to push, unless you count my wheelbarrow.

5　Perhaps the neighborhood, after eight years of wondering where to place the "gaijin" who won't go home, decided I had been on the outside long enough, so stuffed me inside the o-baa-chan circle. But I have not dyed my hair purple. Yet. And my smile is not cute enough to be an o-baa-chan's. Call it denial, but I really don't think I have the qualifications to be an o-baa-chan.

[6] Or do I? I do wake up early. Even before the 6 a.m. chime sometimes. But I can still stay up until 10 p.m., or later if I take a nap during the day.

[7] I do, every now and then, force my posture back to what it used to be, more a result of a decade of living Japanese-style on the floor, rather than age. Back support is a distant memory. I have been known to tumble down the steep staircase with no handrail in my house, but that's just par for the course living Japanese-style.

[8] I don't wear drab colors most o-baa-chans wear that allow you to disappear on a hazy day. Nor do I wear those art exhibits on my shirts. You know the ones I'm talking about, those button-down shirts with panels of art mass-produced on the fabric like a collage. Or maybe the shirts are just so old, the original colors and designs have mutated and separated, like curdled cream. At any rate, I have no worries of being mistaken for a can of paint and ending up on some billboard. Unless they paint billboards plaid flannel, that is.

[9] No, I think I've got a while to go yet before I become an o-baa-chan, even if they make me president of the O-baa-chan Club in my neighborhood. And I can prove it. I can be disqualified on the following technicality.

[10] Yesterday, I was standing in Kazu-chan's genkan when she asked, "Can you still blow?"

"What?"

"Can you still blow? Like blow out a match?"

"Yes, of course I can."

"I can't," said Kazu-chan.

"That means you're old," I said, smiling. Whew!

©2004 by Amy Chavez

(JAPAN LIFE, The Japan Times; October 23, 2004)

Question

What is the primary purpose of the passage?
 1 Informative. 2 Persuasive. 3 Humorous. 4 Ceremonial.

Answer

3

解説

著者は,「おばあちゃんクラブ」に入会する資格があるかどうかを自問自答し,「おばあちゃんと呼ばれるには若い」と結論づけている。"I can prove it." などの論証も含まれていることから説得型文章と勘違いしかねないが, 日常の出来事をユーモラスに描いた創作型文章である。そのため文中では誇張や皮肉表現などさまざまな修辞的技法が駆使されている。

全訳 おばあちゃんクラブ（老婦人会）に入る資格はお持ちですか？

1　私は, いわゆる「おばあちゃんクラブ」に参加している最年少のメンバーであると信じている。このおばあちゃんクラブは, 年齢を重ねた女性の会で, 実はひそかに日本を牛耳っているのだ。私がどのように, またなぜこの会のメンバーになったのかは定かではない。明らかに, 田舎に住んでいる上に家庭菜園を営んでいることが, 近隣の人々に私が偉才のおばあちゃんであると思わせるに十分だったのだろう。

2　ある日のこと, ある女性が「エイミー, あなたはもう 40 歳だというのに, 短パンをはいているじゃないの」と言った。この時, 私をおばあちゃんらしい格好にさせようとしていることに気づいた。何とか抵抗しなくては。

3　そのあとしばらくして, お隣のかずちゃんの玄関のところで立っていると突然,「左の腕を左肩から背のほうに伸ばし, 右腕を下から背に回して両手を背で触れることができるか」と聞いてきた。かずちゃんはどうすればよいのか実際に見せてくれたのだが, 彼女もできなかったし, 私も試してみたが届かなかった。「これができないと年寄りなのよ」と,

にっこりしながら教えてくれた。

4 そんなはずはない。確かに最近はハイヒールを履くことはあまりないが，安っぽいボーリング靴のような上部に足をつっ込む穴を空けただけの靴は履いたことはない。ホイールバーロー（一輪車手押し車）を数に入れなければ，手押し車は持っていない。

5 もしかしたら，近隣の人たちは8年間もその地に住んで一向に帰る気のない「外人」をどのように位置に付けてよいのか分からなかったのかもしれない。そして，十分に長い間よそ者であったのだからそろそろこのおばあちゃんクラブに入れてくれたのだと思う。しかし，私はまだ髪の毛を紫色に染めていない。まだよ。それに私の笑顔もおばあちゃんほどかわいらしくない。拒絶と言われても仕方ないが，おばあちゃんと一緒にされる資格はまだないと本当は思っている。

6 でも，本当にそうだろうか。早起きはする。6時を告げるチャイムの前に起きることさえある。夜は10時ごろ，いやもっと遅くまで起きていることもあるが，日中に昼寝をすればであるけれど。

7 時々気が向くと，体をストレッチして姿勢を昔のように正すことがある。10年間も日本式に床の上で生活している結果であって，これは決して年齢からではない。椅子の背もたれなど遠い昔の思い出だし，家の手すりのない急な階段を何度か転げ落ちたことはあるが，これは日本式に住んでいるのでいたしかたないことである。

8 もやがかかった日にかすんでしまうような，おばあちゃんたちが着るような地味な色の服は着たことがない。それにアートの展示物みたいなものが描かれたシャツも着たことがない。そうそう，言っていることは分かるでしょう？あのボタンダウンのシャツで，いろいろな色がコラージュのように大量印刷されたあれのこと。もしかしたら，シャツはもうかなり着古されてしまって，元の色やデザインが色あせて凝乳のように分かれてしまっているのかもしれない。ともかく私の服装は，ペンキの缶に間違えられて，どこかの看板に塗られてしまうような心配はないわ。格子のフランネルの看板でなければね。

9 まあ，おばあちゃんになるには，まだまだ年月が必要だろう。私が地元のおばあちゃんクラブの会長に選出されても，である。それもきちんと証明できる。おばあちゃんではないことは，次の法則で明らかである。

10 昨日，かずちゃんは玄関口で「まだ息が吹き出せる？」と私に聞いた。

「え？」

「マッチの火を消すように，まだ息が吹き出せる？」

「ええ，私はできるわよ」

「私はもうできないね」と，かずちゃんは言う。

「それはね，もう年をとったからよ」と笑顔で言った。やれやれ。

3 メモをとる，文章にしるしを付ける

　文章を的確に理解することはもちろん大切なことだが，文章の要点を覚えておくことも同じくらいに重要である。特に，読書感想文やレポート作成のために文章を読む場合，重要な箇所にしるしを付けたり，メモをとるようにするとよい。人間の記憶力には限界があるので，文章の内容をすべて覚えておくことはできないからである。そこで必要となるのが，文章の内容を効果的に記録する技術である。具体的な方法として，❶ メモをとる，❷ 書き込みをする，❸ 下線を引く，❹ リストを作ることの4つを以下に紹介する。

❶ メモをとる（taking notes）

　重要な情報はノートに書き込むようにしよう。メモのとり方は，文章を一字一句正確に書き写す方法と重要なアイディアだけを書く方法の2つに大別される。文章の要約が求められている場合は，重要なポイントのみを簡潔に書き留めておけば事足りるし，文中の記述を自分自身の言葉で置き換えても構わないだろう。それに対して，レポートなどで引用する箇所は，コンマなどの句読点も含めて一字一句正確に記録する必要がある。

　文章の構成や細部まで詳細に記録したいときは，アウトラインを作成するとよい。アウトラインを作成することで，文章全体の流れが記録でき，細かいポイントも覚えやすくなるからである。とりわけ，文章の内容が複雑であったり，構成が入り組んでいる場合，アウトライン作りは，効果的である。

❷ 書き込みをする（writing in the margins）

　文章の行間や余白に必要なポイントを書き込むようにすると，あとで読み返すときに便利である。また，自分の考えも書き込んでおくと，感想文や書評など，批判的な読みが求められている際に役立つ。

　メモをとったり，書き込みをする際は，省略記号（abbreviations）を効果的に使うようにするとよい。例えば，

> Product placement—like putting Coca-Cola cups in the hands of "American Idol" judges—has jumped in popularity.

という文も，省略記号をうまく組み合わせれば，「PP↑例：Coke」のように簡単に表せる。この場合，PP は product placement の頭字語（acronym）であり，上矢印は「増加」を意味している。メモや書き込みは，自分が読み返す際に役に立てばよいので，上記のような省略記号を活用することが，効果的に文章を記録するためのコツである。

3 下線を引く（underlining）

文中の重要な箇所には下線を引いたり，マーカーで上塗りしておくと，あとで読み返すべきポイントが一目瞭然となる。大切なことは，下線部をつなぎあわせると文章のダイジェスト版になるように心がけることである。ほかにも特に重要なページには付せんを貼っておくと，あとで参照する際に便利である。使用するペンは何色でも構わないが，社会論争を扱った文章の場合，賛成論と反対論を色分けすれば，文章の要点が整理しやすくなる。

4 リストを作る（listing）

これまで，読みながらメモをとる方法を紹介してきたが，読む前にメモをとることも非常に大切なことである。例えば，文章を読む前にトピックに関する知識を整理したり，文章を読む目的を事前にリスト化しておくと，読む際の無駄を減らすことができる。具体的には（1）読む前に自分が知っていること（list what you already KNOW）と（2）知りたいこと（list what you WANT to know）を列挙しておき，さらに読んだあとに文章から学んだこと（list what you LEARNED）をリスト化するようにしよう。

最後に，メモをとったり，文章にしるしを付ける際は，文中の頻出語句，専門用語，数字，固有名詞，そして 5W1H（Who, What, When, Where, Why & How）に，特に注意を払うようにしよう。これらの語句は文章読解の重要なポイントであることが多いからだ。

Example

Who Should Pay for Progress?

[1] Is he the Adam Smith of the new century, or just another scientist on a soapbox? The jury is still out, but Cambridge biochemist Dr. Terence Kealy is garnering worldwide attention with his controversial new book *The Economic Laws of Scientific Research*, in which he argues convincingly that science flourishes under the free market system and that government funding of research can actually impede economic growth.

[2] Kealy cites several pieces of historical evidence to back his case. He points out that the agricultural and industrial revolutions took place in the eighteenth and nineteenth centuries, a time when governments had no policy of supporting scientific research or development. Moreover, when the British government did begin such funding after World War I, with massive increases thereafter, there was a conspicuous lack of improvement in the country's rate of growth. However, after British Prime Minister Margaret Thatcher began reducing government investment in university research in the 1980s, which critics at the time bemoaned as detrimental to the economy, a curious thing happened: Britain actually recovered from the slump it was in at the time.

[3] The phenomenon is apparently not unique to Britain. The U.S. government maintained a policy of non-interference in, and non-funding of, scientific research until 1940, when it took an abrupt turn and invested $20 million in basic science. The price tag then jumped to $3 billion in just a decade and continues to grow, but the fundamental rates of economic growth have not shown any corresponding increase. On the other side of the world, Japan was investing the lowest percentage of government resources in scientific research in the second half of the twentieth century, yet grew the fastest of all countries.

[4] Who should fund science if government doesn't? Research and development, a wider category of research than basic science, is generally

supported by the private sector. If the government were to back away, private foundations and corporate sponsors would likely take up the slack. Not so fast, say critics of private funding, who argue that corporate-sponsored research is overly biased; case in point, the so-called findings by tobacco companies on the effects of nicotine. But while corporate meddling certainly does occur, science clearly benefits from private sponsorship, and government funding has been known to suddenly dry up, leaving huge scientific projects bereft of cash, as happened during the Superconducting Super Collider project in 1993.

5 The question of the funding of university research, however, raises important ethical questions connected to the issue of academic freedom. Institutions of higher learning should be characterized by a plurality and independence of thought, which in turn probably requires a plurality of funders and interests. Universities overly dependent on a single sponsor, be it government or private, are much more likely to bow to the wishes of that sponsor and thus sometimes to distort their findings. This would surely be bad not only for science but for the economy as well. Perhaps the safest route is to promote a multiplicity of funding sources in the marketplace of competing ideas. (2004-1)

解説

本文は，キーリー博士の著書『科学研究の経済法則』を巡る論争をまとめた情報提供型文章である。キーリー博士を筆頭とする企業主体の科学研究の推進論者の見解を赤ペンで，慎重論者の主張を黒ペンでしるしを付けておくと，文章の展開が整理しやすくなる。さらに，著者自身の見解は青色のペンでしるしを付けると，より効果的である。第2～3段落で著者が挙げている国名を丸でくくり，それぞれの国に関する記述を区別しておけば，理解しやすくなるだろう。

全訳　進歩には誰がお金を出すべきか

1 彼は新世紀のアダム・スミスか，それともよくいる自説を主張するだけの科学者だろう

か。まだその結論は下されていないが，ケンブリッジ大学の生化学者であるテレンス・キーリー博士は『科学研究の経済法則』という論議を呼んでいる新刊本で世界中の注目を集めている。その本の中で彼は，科学は自由市場制度下で花開くもので，研究に対する政府の財政資金は実際には経済成長を阻害しかねないと説得力のある主張をしている。

[2]　キーリーは自分の主張を後押しする歴史的証拠をいくつか挙げている。彼は，農業革命と産業革命が18世紀と19世紀に起こり，その時期は政府が科学研究や開発を支援する政策が全くなかったことを指摘している。さらに，イギリス政府が第1次世界大戦後にその種の資金拠出を始め，その後急激に増大した時期は，国の成長率に目立った改善が見られなかった。しかし，イギリスのマーガレット・サッチャー首相が1980年代に大学での研究への政府投資を減らし始めたとき，当時の批評家たちは経済に悪影響があると嘆いたが，その後，興味深いことが起こった。イギリスは当時陥っていた不況から実際に抜け出したのである。

[3]　どうやらこの事象はイギリス特有のものではないようだ。アメリカ政府は1940年まで科学研究に非介入・財政不支援の政策をとっていたが，その年，突然方針を変え，2,000万ドルを基礎科学に投資した。投資額はたった10年で30億ドルに跳ね上がり，今でも増大し続けているが，経済の基本的成長率は，それに見合うほどの伸びを見せてはいない。地球の反対側の日本では20世紀後半の政府資金における科学研究への投資割合は最低限のものであったが，成長がどの国よりも速かった。

[4]　政府が科学にお金をかけないなら，誰がかけるべきなのだろうか。一般に基礎科学より広い範囲の研究開発は民間部門によって支援されている。もし政府が手を引くなら，民間基金と企業による後援によって活性化がはかられるだろう。「早まってはいけない」と民間資金に批判的な人たちは言う。彼らは，企業による支援がある研究は過度に偏りがあると主張している。良い例が，いわゆるタバコ会社によるニコチンの影響に関する研究の成果である。しかし，企業による干渉は確かにあるものの，民間の助成金で科学が恩恵を受けていることも明らかである。政府の助成金は突然打ち切りになることがこれまでもあったことは周知のことであり，1993年に「超伝導超大型粒子加速器プロジェクト」の途中で起きたように，巨大な科学プロジェクトが資金を奪われ放置されることもある。

[5]　しかし，大学での研究資金の問題は，学問の自由という問題に関わる重要な倫理的疑問が生じる。高等教育機関は思想の多様性と独立性という特色を備えていなければならず，それは翻って資金提供者と利益にもおそらく多様性が要求されるということになるのだろう。政府であれ民間であれ，1か所に資金を過度に頼っている大学はその出資者の希望に従い，研究結果をねじ曲げる可能性も高くなる。これは科学にとっても経済にとっても確かによいことではない。おそらく最も安全な方法は競争原理の市場で，複数の資金源を促進することであろう。

Training

次の英文を読み，以下の質問に対して最も適切なものを **1～4** の中から1つずつ選びなさい。

Real Rhapsody in Blue

[1] As a child, Julian Asher had a theory about the symphony concerts he attended with his parents. "I thought they turned down the lights so you could see the colors better," he says, describing the "Fantasia"-like scenes that danced before his eyes. Asher wasn't hallucinating. He's a synesthete—a rare person for whom one type of sensory input (such as hearing music) evokes an additional one (such as seeing colors). In Asher's ever-shifting vision, violins appear as a rich burgundy, pianos a deep royal purple and cellos "the mellow gold of liquid honey."

[2] It wasn't until Asher began studying neuroscience at Harvard six years ago that he learned there was a name for this phenomenon—synesthesia, from the Greek roots *syn* (together) and *aesthesis* (perception). Almost any two senses can be combined. Sights can have sounds, sounds can have tastes and, more commonly, black-and-white numbers and letters can appear colored. For Patricia Lynne Duffy, author of "Blue Cats and Chartreuse Kittens," five plus two equals green: her color for seven. Sound crazy? For most of the last century, scientists dismissed synesthesia as the product of overactive imaginations. But in recent years they've done an abrupt about-face, not only using modern technology to show that it's real but also studying it for clues to the brain's creativity. "Synesthesia is not a mere curiosity," says retired neurologist Richard Cytowic, who helped spur the current interest. "It's a window into an enormous expanse of the mind."

[3] Scientists have devised ingenious tests to prove that synesthetes didn't simply invent their unusual associations. In a 2001 study, Dr. V.S. Ramachandran and Edward Hubbard of the University of California, San Diego, showed volunteers a display of black-and-white digital 2s hidden

among 5s. Most people took several seconds to find all the 2s. To synesthetes, they popped out immediately in contrasting colors. "This proves that it's a real perceptual phenomenon," says Ramachandran. Brain scans are confirming the findings. At a Society for Neuroscience meeting in New Orleans two weeks ago, Colin Blakemore and Megan Steven of Oxford University showed that a key color-processing region of the brain really is being activated in one synesthete who says he sees colors when he hears certain words. "What makes this interesting is that he's been blind for 10 years," says Steven.

[4] Why do people develop synesthesia? The truth is that no one knows. But scientists at Rockefeller and Cambridge universities are hunting for genes that may help unravel the mystery. Synesthetes may have unusually dense connections between sensory regions of the brain (the most common forms of synesthesia involve adjacent brain areas)—or perhaps their brains activate connections that are usually inhibited. Similar connections must exist in most of us. How else can we explain the temporary synesthesia that people experience on hallucinogenic drugs like LSD? "People don't suddenly grow new neural connections in half an hour," says Peter Grossenbacher, head of the Consciousness Laboratory at Naropa University in Boulder, Colorado.

[5] The implications are dramatic. It is possible that most of us not only have these connections but use them regularly, although at such a low level that we don't realize it consciously. After all, we describe subzero weather as "bitter" cold, while a taste like cheddar cheese may be "sharp" and a color like hot pink "loud." "Maybe metaphor, abstract thought and synesthesia all have a similar neural basis," says Ramachandran. Clearly, synesthesia is related to creativity. A new survey by Grossenbacher found that out of 84 synesthetes, 26 were professional artists, writers or musicians, and 44, serious amateurs. "Synesthesia for them is part and parcel of what ends up being a more expressive life," he says.

[6] For artist Carol Steen, who paints the music she sees, it's also answered more prosaic questions, like: which type of recording produces richer

sound—CD or vinyl? "Vinyl," she says. "The colors are more beautiful, as if someone gave them an extra shine." End of debate—the eyes have it.

Newsweek, July 12, 2004

Questions

(1) The word "synesthesia" means
   1 A trait professional artists possess.
   2 A condition in which the human brain functions improperly.
   3 A study conducted by neurologist Richard Cytowic.
   4 A phenomenon in which one type of sensory input evokes an additional one.

(2) According to the passage, synesthesia may well be linked to
   1 Sleep deprivation.   2 Disease.
   3 Brain's creativity.   4 Alcohol consumption.

(3) A survey by Grossenbacher implies that people in the following groups are more likely to be related to synesthetes EXCEPT
   1 professors.   2 artists.   3 musicians.   4 writers.

Answers

(1) 4   (2) 3   (3) 1

解説

問題文は「共感覚（synesthesia）」という一般の人にとっては，なじみのない現象をテーマにしている。そのため，難しい文章との印象を受けるかもしれないが，大脳生理学の知識がない読者向けに書かれているので，専門用語の定義さえ押さえておけば，文章の大意は理解できるであろう。

(1) 最初の2つの段落で「共感覚」と「共感覚者」の2語が詳しく説明されている。

「共感覚」とは1つの感覚が別の感覚に影響を与える現象であることが分かる。

(2) 第2段落後半部の studying it [synesthesia] for clues to the brain's creativity と第5段落の Clearly, synesthesia is related to creativity がヒント。

(3) 第5段落を注意深く読むと、該当する調査から、芸術家、作家、音楽家に共通感覚者が多くいることが判明したとの記述がある。教授には何の言及もない。

全訳　本当のラプソディ・イン・ブルー

1　ジュリアン・アッシャーは子どものころ、両親と一緒に行ったシンフォニー・コンサートについて、あるセオリーを持っていたという。「照明を落すのは、そのほうが色がきれいに見えるからだとずっと思っていた」と。それはまるで映画『ファンタジア』のようなシーンが目の前で踊っていたと説明している。アッシャーは幻覚を見ていたわけではない。彼は共感覚者なのである。こういった人は非常に珍しく、ある感覚への刺激（例えば音楽を聴く）を受けると、別の感覚（例えば色を見る）が起きるのである。アッシャーの絶え間なく変化する視覚の中でバイオリンはワイン色に見え、ピアノは深いロイヤル紫、そしてチェロは「流れるハチミツのやわらかな色」に見えるのである。

2　アッシャーが6年前にハーバード大学で神経学を学び始めるまで、この現象にきちんとした名前があることは知らなかった。ギリシャ語の syn（共に）aesthesis（認識）に語源がある synesthesia という名前だったのである。ほぼどのような2つの感覚の組み合わせも可能である。視野には音が、音には味が、そしてよくあるのは白黒の数字や文字に色が付いて見えることもある。『青い猫と明るく薄い黄緑色の子猫たち』の著者であるパトリシア・リン・ダフィーによれば5+2は緑色、7は彼女には緑色なのである。おかしく聞こえるかもしれない。20世紀の大半を科学者たちは、共感覚は過度の想像力の産物だと片付けていた。しかし近年になって、180度急転換し、こういった現象は最新テクノロジーを使って事実あると証明しただけではなく、脳内の創造力についての手がかりを求めて共感覚を研究するようになったのである。「共感覚は、もうただのもの珍しい現象ではありません」と、共感覚への現在の関心に一役買った元神経学者のリチャード・シトウィックは言う。「それはまるで膨大に広がる心への窓のようなものなのです」。

3　このような珍しい連関現象が単に共感覚者の作りごとではないと証明するために、科学者は創意工夫に富んだテストを行っている。2001年に行われた実験は、カリフォルニア大学サンディエゴ校のV. S. ラマチャンドラン博士とエドワルド・ハバード博士によって行われた。実験にはボランティアたちに白黒の「2」のデジタル文字を「5」の中に隠すように混ぜて見せてみたのである。大半の人たちは、すべての「2」を見つけるのに数秒ほどかかったが、共感覚者はそれがまるで目の前に飛び出してきたように、対照的な色

としてすぐさま見えたという。「この実験によって，これが確かな知覚作用であることが証明されたのです」とラマチャンドラン博士は言う。脳のスキャンによっても，この発見は裏付けられている。2週間前にニューオーリンズで行われた神経科学学会でも，オックスフォード大学のコリン・ブレークモアとメーガン・スティーブンによって，ある言葉を耳にするとある色が見えると言っているある共感覚者の脳の中の色に反応する部位が実際に活性化していることを発表した。「このことがより興味深いのは，この共感覚者が10年も前から目が不自由であるということですよ」とスティーブンは語っている。

4　では，人間はどうして共感覚を持つようになるのだろうか。誰も分かっていないというのが実情だ。しかし，ロックフェロー大学とケンブリッジ大学の研究者たちは，このミステリーを解く手助けになる遺伝子を探している。共感覚者は往々にして，脳の知覚部位のつながりが一般の人よりも密集している場合があるという（共感覚の最も一般的な形態のものは，脳の接近した部位を含んでいる）。あるいは，共感覚者の脳内では，通常は抑制されている神経接続が働いているのかもしれない。たいていの人にも似たような神経のつながりがあるはずである。そうでなければ，LSDのような幻覚作用のある薬物を摂取した場合に，共感覚の現象を短時間体験をする理由が説明できないではないか。「人間は突然30分で，新しい神経の連結を作り出せるものではありません」と，コロラド州ボルダーにある意識研究センター長であるピーター・グロッセンバッハーは言う。

5　ここで示唆されているものは劇的なものである。もしかしたら私たちの中にも同じような神経コネクションがあるだけでなく，それを自分自身で気づかないほど低いレベルではあっても，普段使用しているのかもしれないのである。例えば，私たちが零下の気温を「痛いほど寒い（英語では苦い）」と表現したり，チェダー・チーズの味を「ぴりっとする（sharp）」と言ったり，強烈なピンク色を見て「うるさい色」ということもあるではないか。「もしかしたら比喩や抽象的な概念にも，共感覚と同じ神経基盤があるのかもしれない」とラマチャンドランは語る。共感覚が創造力と結びついていることは明らかである。グロッセンバッハーの最近の研究では，共感覚者84名のうち26名はプロのアーティストや作家，または音楽家であった。ほかにも44名は，まじめなアマチュアだったという。「彼らにとって共感覚というのは，究極のより表現的な生活にとって欠かせない彼らの一部なのでしょう」と彼は言う。

6　キャロル・スティーンは目に映った音楽を絵にしていくアーティストである。彼女にとって，共感覚はCDとレコードではどちらがより豊かな音に聞こえるかという当たり前な質問への答えも与えてくれる。「レコードね。色がより美しくて誰かがさらに磨いてよりつやを与えてくれたみたいなの」と彼女は答えた。論争はこれでおしまいである。百聞は一見にしかずである。

4 句読点の用法を理解する

　英語の句読点（punctuation marks）の用法は，その重要性の割に十分に理解されているとは言い難い。以下の文では，疑問符（?），コンマ（,），コロン（:），ダッシュ（—），ピリオド（.）と5種類の句読点が使用されているが，それぞれの役割を理解していないと文章を正しく読み取ることはできないのである。

> How many people does it take to make a baby? In the case of Helane Rosenberg and Yakov Epstein of Highland Park, N.J., it took three: the couple and an egg donor—not to mention teams of doctors, nurses, and lab technicians who helped create a twin girl and boy.

　また，下記の2文の内，(1)は「やっぱり子どもと話し合わなきゃだめだよ」を意味するのに対して，(2)は「子どもと率直に話さなきゃだめだよ」という意味である。このように，句読点の有無で，文全体の意味ががらりと変わることもあるので，句読点の基本的な使い方はしっかり覚えておこう。

> (1) You must talk with your kids, honestly.
> (2) You must talk with your kids honestly.

1 ピリオド（.）

　　文に終止符を打つ以外にも，略語の省略記号として用いられる。

　例　the United States of America → U.S.A. / Junior → Jr.

　文を省略する場合は . . . のように，<u>1スペースずつ空けてピリオドを3つ続ける</u>。

　例　Let's just reflect . . . on the positive aspects of the project.

2 コンマ（,）

　　コンマにはさまざまな用法があるが，ここでは3つの用法に限定して説明する。

(1) 文章を分かりやすくするために，語句・節・文の切れ目で用いられる

　例　Get the paper done, or I am failing you.

(2) 挿入的説明の前後に用いられ，前後にコンマが使われる

　例　John Mitchell, associate professor at the Pittsburgh State University, specializes in public argument and social movements.

(3) 3つ以上の並列の項目をつなぐ際に用いられる
例　Japan, China, and South Korea（and の前にはコンマを用いないこともある）

3 コロン（:）

　前言を受けて，具体的情報を追加する場合に用いられる。前言の言い換えではなく，独立した情報・考えを導入する場合にはセミコロンを用いる。

例　The American Medical Association gave this advice to those who insist on smoking: smoke fewer cigarettes, inhale less, take fewer puffs, take the cigarette out of the mouth between puffs, and smoke brands with low nicotine and tar content.

4 セミコロン（;）

　セミコロンはコンマより文を区切る程度が強く，ピリオドより区切る力が弱いので，ある程度関連する2つの文をつなぐ際に用いられる。以下に，同じ内容の文を句読点だけ変えて列挙してみた。コンマ→セミコロン→ピリオドの順番に，2文の関連性が弱くなることを覚えておこう。

例1　Carol Lee is a visiting researcher at the Fusfield Research Center, and she also serves as Chair of the Center's Working Group on Globalization.

例2　Carol Lee is a visiting researcher at the Fusfield Research Center; she also serves as Chair of the Center's Working Group on Globalization.

例3　Carol Lee is a visiting researcher at the Fusfield Research Center. She also serves as Chair of the Center's Working Group on Globalization.

　例文からも分かるように，セミコロンは，後に接続詞を必要とせず，続く文は小文字で始まる。

5 カッコ（( )）・ダッシュ（—）

コンマよりも前後の分離の度合いが強い語句を挿入するときにはカッコが用いられる。例えば、1文全体が挿入される場合などである。カッコとダッシュは交換可能な場合も多いが、挿入部と主文との関連が薄い場合は、ダッシュが好まれる傾向にある。

例　World Trade Organization (WTO)

This year—for the first time—Amy Dorston was nominated for an Academy Award.

6 ブラケット（[ ]）

翻訳者、編集者、引用者などが原文に情報を補足する際に用いられる。

例　"So I answered, 'Good, now go and tell [Chinese president] Hu Jintao.'"

また、カッコにさらにカッコを使用する場合、混同を避けるためにブラケットが用いられる。

例　(see, for example, Johnson [1985])

同様に、引用文中にさらに引用がされている場合、二重引用符（" "）ではなく、一重引用符（' '）が用いられる（上記の例文参照）。

7 イタリック（*italics*）

語句を強調する際は、一般的にイタリックが使われる。強調には、引用符を用いることも多いが、引用と強調の区別がつかなくなるので、イタリックを使う方が望ましい。

例　What's *your* take on that issue?（他の人はともかく、あなたの意見はどうなの？という含意がある）

また、書名や外来語を表記する際にもイタリックが使用される。雑誌の題名はイタリックで表し、個々の記事のタイトルは引用符でくくることも覚えておこう。

例　Liu, Melinda, and Seno, Alexandra A. "Getting the Word Out." *Newsweek* 12 July 2004: 22-23.

Example

Getting the Word Out

[1]　Wang Zhonghua was almost giddy with excitement.　As head of a

private think tank in China that studies efforts at grass-roots democracy, he has traveled across the mainland monitoring local political movements. But now he was in Hong Kong to meet real-life democrats—and watch firsthand a mass protest on the seventh anniversary of Hong Kong's return to Chinese sovereignty. His purpose: to learn "lessons" for the development of democracy on the mainland—and "to watch the action." "You can't have such a big political rally on the mainland, of course," says Wang, who asked that his real name not be used. Still, it's a heady experience for the Beijing researcher, who last witnessed a massive political demonstration at the Tiananmen Square protests in 1989, adding that last year "a lot of mainlanders came to watch the action in Hong Kong on July 1."

2   Beijing now encourages mainlanders to travel to Hong Kong to shop and dine. Indeed, 12 million of them are expected to make the trip this year—a 42 percent increase over 2003—and they will spend $ 7.4 billion on retail goods alone. But political tourism is another matter. Last week, on the eve of the July 1 protest, mainland tour groups entering Hong Kong were cut to about 50 a day—down from an average of about 500. Still, this year's march drew a crowd that surpassed expectations: organizers say more than 500,000 people took part, topping last year's historic turnout, while city officials estimate the number was closer to 200,000. (The latter figure is widely deemed to be too low.) And Beijing can no longer take measures to block coverage of such a massive event from spreading. News about Hong Kong circulates on the mainland by e-mail, text-messaging and word of mouth, not to mention Hong Kong television and radio broadcasts that reach a significant portion of southern China directly. And Hong Kong's political feistiness is hardly a taboo subject among Chinese anymore. "I was touched by the scene," says Peter Zhang, who was on holiday from Shanghai. "Why don't mainlanders do something like this? Our rights have been suppressed so long."

3   For decades Hong Kong residents regarded the Communist giant next door with fear and fascination, worried that political turmoil there might

spill over the border. Now the tables are turned. One of Beijing's biggest concerns about Hong Kong's political awakening is the fear that civil unrest in the former colonial outpost might inspire protest in mainland cities. In the past year the opposite has seemingly been the case; residents complained that the "mainlandization" of Hong Kong had led to media self-censorship and intimidation of pro-democracy politicians. But recently, as Hong Kongers have grown into a greater political assertiveness, they've also begun talking of a growing civic consciousness —even expressions of support—among mainlanders visiting or residing in Hong Kong.

[4] The trend has been building for some time. Last year Hong Kong resident Shen Ting—an émigré from Shanghai—became politically active on the mainland when her elderly parents were forcibly evicted from their Shanghai home. Shen shuttled between Hong Kong, Beijing and Shanghai, liaising with other protestors and lending her mobile phone and foreign-media contacts to angry mainland residents displaced by urban redevelopment. "In Hong Kong I know homeowners have rights," said Shen. "On the mainland they should be protected, too."

[5] This year—for the first time—mainland visitors were among the more than 80,000 people who participated in the June 4 candlelight vigil commemorating the victims of the 1989 Tiananmen Square massacre. "They must have found it refreshing," says pro-democracy Hong Kong legislator Emily Lau. "They no doubt were thinking, 'If we can do it in Hong Kong, maybe someday we can do it on the mainland.'"

[6] That's a ways off yet, but Lau says the seeds are being sown. Recently she was fundraising to prepare for Hong Kong's Legislative Council elections in September when a fortysomething Chinese man came up and dropped some renminbi, or Chinese currency, in her donation box. "He told me, 'I'm from Shanghai and I support everything you say,'" says Lau. "So I answered, 'Good, now go and tell [Chinese president] Hu Jintao.'"

[7] Chances are Hu is already watching events closely. Beijing's initial attitude after the 1997 handover was one of benign neglect. But after six

years of recession and a panic over the deadly SARS crisis, the city's residents lost faith in Hong Kong chief executive Tung Chee-hwa, a former shipping tycoon who was handpicked by Beijing to serve as its first postcolonial administrator. It was Tung's bungled attempt to pass an extremely unpopular anti-sedition law that unleashed last July's protest, which stunned authorities in Hong Kong and Beijing alike.

⑧ Chinese authorities have taken a more hands-on approach to Hong Kong ever since. When Tung met Hu in Beijing last December, China's president revealed that he was "gravely concerned" about developments in the former colony. Around the same time, Vice President Zeng Qinghong —a more conservative protégé of former president Jiang Zemin—took over the Hong Kong portfolio. Then in April, Beijing's National People's Congress unexpectedly reinterpreted the Basic Law—Hong Kong's mini-constitution—to rule out the possibility of direct elections for the chief executive and legislature in 2007 and 2008, respectively.

⑨ Last week's bigger-than-expected turnout surely reminded Beijing that such heavy-handed rulings may only reinvigorate the territory's demands for greater democracy. "In 1997 I said I'd rather be attacked by a tiger than eaten by worms. Now, years later, here comes the tiger," says Oscar Ho, a Hong Kong art critic. "I'm really mad to be told, 'No, you can't have direct elections.'"

⑩ Some are even traveling to the mainland to voice their concerns directly. In June, a handful of Hong Kong student leaders made an official visit to Beijing for the first time since 1989, stressing to students and officials alike that direct elections are the only solution to Hong Kong's problems. "[Current] policies benefit the tycoons and special-interest groups," says Allen Fung, 20, vice president of the Hong Kong University student union, who met with a dozen members of the All-China Students' Federation in Beijing. Another traveling delegate, Ronald Tse, says the Hong Kong students suggested "that a good political system is [one where power] doesn't always belong to just one party." For their part, Beijing students "wondered why Hong Kong people always seem to be against the central government," says Tse, who responded that Hong Kong people "love China but just don't like the [Hong Kong] government. We agreed that we had a difference of opinion."

11   More frank exchanges may narrow those differences. A block away from last week's march, Jacky Shu, a middle-aged teacher visiting Hong Kong from Hangzhou, nodded approvingly at what he saw. "Maybe people in China can learn from people in Hong Kong," says Shu. "We can come here and show our discontent with the government." Many mainlanders are clearly returning home with more than souvenirs.

Newsweek, July 12, 2004

解説

本文で使われている句読点を，項目ごとにいくつか紹介しよう。

コロン (colon)
第1段落6行目：His purpose: to learn "lessons" for the development of democracy on the mainland . . .
コロン直前の **purpose** を具体的に説明している。この場合，セミコロンなどのほかの句読点と置き換えることはできない。

セミコロン (semicolon)
第3段落6行目：In the past year the opposite has seemingly been the case; residents complained that the "mainlandization" of Hong Kong had led to media self-censorship and intimidation of pro-democracy politicians.
このように，ピリオドよりも2文の関連性が強いときにセミコロンを用いる。

コンマ (comma)
(1) 第6段落4行目：. . . dropped some renminbi, or Chinese currency, in her donation box.
語句を挿入する際にはコンマが用いられる。語句の前後にコンマがあることに注意しよう。

(2) 第2段落8行目：500,000
数字は3桁ごとにコンマで区切る。ちなみに，小数点はピリオドで表記される（例：**$7.4 billion**「74億ドル」）。

ダッシュ (dash)
第4段落1行目：Last year Hong Kong resident Shen Ting—an émigré from

Shanghai—became politically active on the mainland....
シェン・ティンの生い立ちをダッシュで挿入的に説明している。

引用符（quotation marks）
第5段落5行目："They no doubt were thinking, 'If we can do it in Hong Kong, maybe someday we can do it on the mainland.'"
このように，引用文中にさらに引用がある場合には，一重引用符を使用する。

ブラケット（brackets）
第10段落8行目：Another traveling delegate, Ronald Tse, says the Hong Kong students suggested "that a good political system is [one where power] doesn't always belong to just one party."
ブラケットでくくられた箇所は，著者の補助説明であることに注意しよう。

カッコ（parentheses）
第2段落9行目：(The latter figure is widely deemed to be too low.)
前述のように，1文全体が挿入される場合はカッコを使用する。

全訳　言葉を口に出す

1　ワン・ジョングワは興奮を抑えられずにいた。草の根民主主義運動を調査研究する中国の私立シンクタンクのトップとしてこれまで中国各地を飛び回り，各地の政治運動を見てきた。そして今，彼は本物の民主主義者と出会うために—そして香港が中国本土に返還されて7年目に起きている大規模な抗議運動をじかに目にするために—香港に来ている。彼の目的は，まず本土に民主主義を育てるための「教訓」を受けること，そして「運動をじかに見る」ことであった。「もちろん中国本土では，これほど大きな政治的集会は見ることはできませんね」と彼は言う。ワンは偽名で本名は彼の希望で伏せてある。それでも，北京の研究者にとって，そのような大きな政治集会は気分を高揚させる経験であった。彼が最後に見た政治運動と言えば，1989年の天安門広場での大規模な政治的デモである。「前年の7月1日に香港の運動を見に来た本土の人も結構いたんですよ」と付け加えた。

2　北京政府は今，本土の市民に香港へショッピングや食事をしに行くことを奨励している。実際，今年だけで1,200万人が香港に繰り出すだろうと予測されている。これは2003年と比較すると42％の増加であり，小売商品だけでも74億ドルも費やすだろうとされている。しかし，政治的観光は事情が異なる。先週7月1日の抗議運動の前日は，本土からやって来る観光客は約50団体に制約された—平均500団体を受け入れているのにである。それでも今年の行進は予想外に多くの参加者を集め，主催者側の発表では前年の歴史的動員数を上回る50万人以上の人が参加したという。一方，市関係者はむしろ20

万人程度だとしている（後者の数字は，かなり少なく見積もっているというのがもっぱらの判断である）。こうなると，北京政府はこれほど大きな運動の報道が広がっていくのを押さえる手段を講じられなくなっている。香港に関するニュースは，eメール，テキスト・メッセージ，そして口コミで本土へと伝わるだけでなく，言うまでもなく香港のテレビやラジオ番組も本土の南部のかなり広い地域の視聴者に直接配信されてしまうのである。香港で起こる攻撃的な政治運動は，もう一般の中国人の間ではタブーでなくなりつつある。「心を動かされたシーンでした」と，上海から休暇で来ていたピーター・ザンは言う。「どうして本土の人もこういうことをやらないのでしょう。私たちの権利は長く蹂躙(じゅうりん)されてきていると思います」。

3　何十年もの間，香港住民はお隣の巨大な共産主義国に恐怖と魅惑の念を抱き，また本土で起きた政治的な混乱が国境を越えてやってくるのではないかと懸念してきた。局面は逆転した。北京政府の最大の懸案の1つは，かつては植民地であった香港の政治的目覚めによる市民の動揺が，本土の都市にも反対運動として波及するのではないかというものである。しかし，この1年で逆のことも起きている。香港の「本土化」が，メディアの自主検閲を引き起こし，民主化を進める政治家への脅しとなっているというのである。しかしながら最近，香港人の間により強い政治的主張が育ち始めるにつれ，香港を訪れる，もしくは香港に住んでいる本土の人の間にも公民としての意識が育ち始めており，それを支持しているという発言もあると，香港人は話し始めている。

4　この傾向は，かなり以前から育ち始めていた。昨年，上海から香港に移住していたシェン・ティンは，年老いた両親が上海の家から立ち退かされたとき，本土に戻って政治運動を始めた。シェンはほかの反対者と連絡をとりながら，また時には携帯電話を貸して他国のメディアと都市開発のために強引に立ち退かされた怒り心頭の市民の間をとりもったりしながら香港，北京，上海の間を行ったり来たりしていた。「香港に来て家の住人にも権利があることを知りました」とシェンは言う。「本土でも同じように保護されるべきです」

5　今年の6月4日，1989年の天安門広場の惨劇の被害者をしのぶために行われたキャンドルライト追悼集会に8万人以上が集まったが，この中には初めて本土から来た人々も含まれていた。「彼らにはきっといい刺激になったと思いますよ」と語るのは，香港の民主派議員エミリー・ラウである。「もし香港でこれができるなら，いつか本土でもできるようになるかもしれないと，きっと考えていたはずよ」

6　先は長い。しかしラウ議員によれば，種はすでにまかれ始めているという。彼女によると，この9月に行われる香港立法府の選挙のための資金集めをしていたとき，40歳代の男性がどこからともなく現われ，本土の通貨である人民幣を募金箱に入れてくれたのだという。「私は上海から来ているのだが，あなたの言葉すべてを支持する」と彼が言ったので，彼女は「そう，それなら中国のフ・ジンタオ（胡錦涛）主席にそれを伝えて来てね」

と答えたという。

7 フ主席は，すでにさまざまな出来事を注意深く観察していることだろう。1997年に返還されてからの北京政府の態度は温和な無視であった。しかし，6年間の景気後退と致命的な SARS 危機のために，香港の住民は香港の長であるツン・チーホワ（董建華）行政長官への信頼を失っている。同氏は，海運業の雄として君臨し北京政府から植民地後最初の役人として直々に選ばれた人物である。昨年7月の抗議運動がわっと起きたのは，強い反対を受けていた反扇動法をツンが打ち出そうとしたからである。この動きは香港だけでなく，北京政府まで驚かせたという。

8 それ以後，中国政府はずっと直接的に香港に関与するようになった。昨年12月にツンがフ主席に北京で会談したとき，胡国家主席は元植民地で起きていることに「深い憂慮を抱いている」と伝えた。それと前後して，香港の政治的権力はより保守的でジャン・ゼミン元国家主席の息のかかったゼン・キンホン副国家主席の手に移った。その後4月に入ると，北京の全国人民代表大会は香港の小さな憲法と言われる基本法を突然再解釈し，2007年の行政長官選，さらには2008年の議員選挙の開催をそれぞれ否定したのである。

9 予想以上の参加者が繰り出した先週の抗議行動は，北京政府にこういった高圧的な決定は香港により大きな民主的要求を起こさせることになるだけだと確実に分からせたはずである。「1997年に私はイモムシに食われるよりトラに食われたほうがよいと言ったが，何年も経ってそのトラがやって来たよ」と，香港の美術評論家オスカー・ホーは言う。「直接選挙はできませんと言われて，本当に腹が立ったよ」

10 香港から本土に行き，直接その憂慮を声に出している者もいる。6月に1989年以来初めて香港の大学生リーダーたちが北京を公式に訪れ，政府と学生両者に香港の問題を解決するには直接選挙しかないと強調したのである。「（現在の）政策は，大立者と一部の特権グループを有利にするばかりです」と，香港大学生連盟の副理事アレン・フン（20歳）は，北京にある全中国学生連盟の十数人に出会って主張した。別のグループの代表ロナルド・ツェは，香港の学生たちの考えは「よい政治的システムは，必ずしも1つの党にすべての権力が集中するものでもない」と言う。逆に北京の学生たちは「どうして香港の人々はいつも中央政府に反対するのだろう」と言う。それに対してツェはこう言った。「香港人も中国を愛していますが，香港政府が嫌いなだけなんです。どうやらお互いの考えは違うようです」

11 今後さらに率直な交流が進めば，お互いの違いは狭まってくるかもしれない。先週のデモから1ブロック離れたところで，広州から香港を訪れていた中年の教師ジャッキー・シュウは，首を縦に振ってデモを満足げに見て言った。「中国は香港の人々から学べることがあるかもしれません。ここに来れば，政府に対する不満を公にできるから」どうやら本土から来ている多くの観光客は，みやげ物でない何かを持って帰っているようである。

5　さまざまな英文を読む

　英検1級の読解問題では，論説調の「高度の文章」を読解する能力が主に試されている。しかしながら，私たちが日常生活で触れる英文は多種多様であり，論説調の文章だけが「高度の文章」というわけではない。ここでは，日常生活でさまざまな英文を読むコツを紹介していく。

　文章を読む上で大切なことは，それぞれの種類に合った読み方を心がけることである。例えば，小説と取扱説明書では，当然ながら読み方を変えるべきである。小説は，最初から最後まで順を追って読む必要があるし，とりわけ細かい状況・人物描写はじっくりと読むべきである。取扱説明書を読むように拾い読みをしていては，小説を味わうことはできないのである。

　また文章には，各種類に共通する形式（form）があり，それを知っておくと文章が読みやすくなる。例えばビジネスレターには，レターヘッドや起句・結句などの決まった様式が存在するし，新聞記事は，主題文から支持文へと展開する逆ピラミッド型で構成されることが多い。最初に結論が明示される新聞記事とは逆に，小説では結末を後半部まで読者に悟られてはならない。英文読解の教科書では，パラグラフ・リーディングの重要性が強調されることが多いが，これはあくまでも「1段落＝1トピック」を原則とする新聞，雑誌などの論理的文章に有効な読み方であり，小説などの読解にはあまり役に立たない。要するに，新聞記事と小説は，異なった論理と形式に基づいて書かれており，それぞれの特徴を理解することが効果的な読解には必要なのである。

　文章の分類基準はさまざまだが，ここでは **1** 文章の事実性，**2** 文章の目的，**3** 書き手と読み手の関係，**4** 文章のフォーマル度合いの4点から分類していくことにする。

1 文章の事実性（フィクション・ノンフィクション）

　小説や詩がフィクションの，新聞記事や報告書がノンフィクションの代表例である。文章がフィクションか否かで，その読み方と評価の仕方が変わってくることは言うまでもない。例えば新聞記事は，それが事実を正しく伝えているかどうかを批判的に読

んでいく必要がある。それに対して小説では，ストーリーに真実味を持たせることは大切であるが，それが真実である必要は全くない。

2 文章の目的

　文章の目的が①情報提供，②説得，③創作，④儀礼の４つに大別されることは，§2-2 ですでに述べた。ここでは，文章の目的に応じた読み方をすることの重要性を改めて強調しておきたい。例えば，創作型文章の代表例である詩では，必ずしも分かりやすさがよい文章の条件ではない。詩はいわば言葉の実験場であり，言語表現の可能性を追求するために，分かりやすさを犠牲にすることもある。詩はあくまでも創作型文章であり，情報提供や説得型文章の基準からは，その価値を理解することはできないのである。

3 書き手と読み手の関係

　どんな文章を読む際にも，まずは書き手と読み手の関係を理解することが大切である。例えば，不特定多数の読者に向けられた広告では，文字を大きくしたり，レイアウトに凝ったり，インパクトのある宣伝文句を考えたりと，受け手の注意や関心を引くことが求められる。それに対して，友達に e メールを送る場合は，そのような工夫なしに，いきなり用件を切り出しても何ら問題はないだろう。

　さらに，書き手が読み手に返答や行動を求めているか否かで，読み方を変えるべきである。例えば，知り合いからの手紙でも，年賀状などの時候のあいさつと結婚式への招待状とでは，自然と読み方が変わってくる。前者は文章にざっと目を通すだけで構わないが，後者は期限内に適切な返答をする必要がある。書き手が読み手にアクションを求めているかどうかで，読みの重点が異なってくるのである。

4 文章のフォーマル度合い

　文章にはフォーマルなものとインフォーマルなものがあり，目的や読み手などのさまざまな要因によって使い分けられている。例えば，友達からのホームパーティーへの招待メールと取引先企業の創立 100 周年記念行事への招待状とでは，文章の目的は同じでも，全く異なる文体が使用されるだろう。前者は Hi や Hey などの親しげな呼びかけで始められ，Thanks / Bye now / Love などのカジュアルな表現で締めくくられることが多い。対照的に後者は，Dear Mr / Ms. . . などの敬辞や Sincerely yours などの正式な結辞が一般的に用いられる。どのような種類の文章も，内容と文体の両方を考慮に入れて解釈すべきなのである。

Example 1

"I want that cheap hamburger; but don't you dare chop down those lovely rainforests to graze cattle."

"I want cheap gasoline; but hey, I don't want you to drill in areas of natural beauty."

"I want that bargain pair of jeans; but I don't want it made by children in a sweat shop for 10 cents a day."

"Companies seem to have their work cut out for them these days. An increase in information about just where those cheap goods come from doesn't seem to have decreased demand but, rather, has landed manufacturers with the difficult task of pleasing a new brand of socially aware consumers who want to have their cake and eat it, without the bitter aftertaste of conscience."

Life and Times

解説　広告

　広告には，販売広告，求人広告，政治広告，意見広告など，さまざまな種類がある。ここでは，最も一般的な販売広告を取り上げた。ただし，この広告は雑誌自体の広告であり，一般的にイメージする販売広告とは少し趣を異にするかもしれない。

　この例文のように，最近の広告は企業や商品のイメージを高めることを目的としたブランド広告が多い。消費者は，露骨な商品の宣伝には警戒心や悪印象を抱く傾向にあるので，企業や広告代理店は広告に見えない広告を作ることに力を注いでいるのである。上記の広告も注意深く読まないと，発展途上国における搾取工場（**sweat shop**）の問題を告発した意見広告（**advocacy ad**）ととらえてしまうかもしれない。実際は『Life and Times』誌を購読すると，国際的な社会問題への造詣を深めることができるとアピールした販売広告なのである。

　広告はブランド価値を高めたり，購買（購読）意欲をかき立てることを目的とした説得型文章であるが，社説や論文などの論説調の文章とは異なり，論理的に構成されていない場合が多い。上記の広告でも論理的アピールよりも，反復法（**I want**）などの修辞的アピール（**rhetorical appeal**）が主に使用されている。また広告では，感情に訴えかける説得方法や著名人を起用したイメージ戦略が重視されることも多く，言

葉中心の文章とは異なった読み方を心がける必要がある。

全訳

「安いハンバーガーは食べたいけれど，牛を放牧するために，まさかあのすてきな熱帯雨林を切るなんてことはしないでね」

「もちろんガソリンは安いほうがいいけれど，美しい自然が残されているところで原油を掘るなんてことはしてもらいたくないな」

「あのセール中のジーンズがほしいけれど，1日10セントの賃金の搾取工場で働かされている子どもたちが作ったものだったらいらないわ」

「ここ最近，企業はそのありかたを消費者に指定されているようなところがある。安い製品がどこでどのように作られているかという情報はますます増加しているが，だからといって需要が落ちているわけではない。その代わりに，企業側は新しい仕事をつきつけられているのである。すなわち，例えばケーキは取っておきたいし，同時に食べたいし，けれど食べ終わったあと，良心の呵責を感じたくないという社会意識の高い新しい消費者層を満足させることが求められているのである」

Example 2

March 9, 2005

Dear Dr. Hashimoto:

  Our records indicate that your membership expired on February 28, 2005. Your journal subscriptions have now ended. We want to immediately restore your membership status to avoid an interruption in services. The National Debate Association (NDA) is in the process of adding several new benefits brought by a new publishing agreement. Members will soon have online access to their journal subscriptions as well as a free additional journal from our publisher. This will make your NDA membership of even greater value.

  We encourage you to renew online now at www.XXXX.-XXX/members. Use the Web User ID and Password provided at the top to enter. Choose Member Services, then select "Renew your membership".

131

Use your credit card and renew immediately. You can also print an order from the site and send in a check.

We are genuinely concerned about retaining your support for the work NDA does. There is strength in numbers. NDA is the leading advocate for the profession.

Please let us know if you would like help in renewing your membership or have any questions.

Sincerely yours,
John Smith
Membership Services
jsmith@XXXX
Membership Department
National Debate Association

解説　フォーマルな通知

　通知とは，読み手に特定の出来事や企画などを知らせたり，イベントへの参加を呼びかけることを目的とした文章を指す。ここでは，比較的フォーマルな通知を取り上げることにする。

　この例文は，全米ディベート協会（**The National Debate Association**）から送られた個人宛の手紙である。手紙の目的は，受取人に会員資格の有効期限終了を通知し，資格の更新を依頼することにある。文章全体の体裁，**Dear Dr.** で始まる敬辞，そして **Sincerely yours** などの結句から，フォーマルな文章であることがうかがえる。また，文末に差出人の役職名が明記されていることから，ジョン・スミスは個人ではなく，全米ディベート協会を代表して手紙を書いていることが分かる。このようなフォーマルな手紙に返答する場合は，必要事項のみを伝えるだけでなく，起句や結句など文章の様式にも配慮することが求められる。

全訳

2005年3月9日

親愛なるハシモト博士

拝啓

　私どもの記録では、ハシモト様の会員の期限が2005年2月28日で切れております。よって、雑誌のご購読も終了させていただくことになります。私どもとしては、サービスが途切れないよう、すみやかに再入会してていただきたいと存じます。全米ディベート協会(NDA)では、新たに出版契約を結び新サービスをご用意することにいたしました。会員は、オンラインで購読雑誌にアクセスできるほか、版元から新たな定期刊行物を無料でお届けいたします。NDA会員の方々にはより価値のあるサービスになると自負しております。

　つきましては、至急私どものサイト www.XXXX.XXX/members にアクセスいただき、会員更新をしていただくようよろしくお願いいたします。サイトのトップにウェブユーザーIDとお持ちのパスワードを入力していただくとサイト中に入ることができます。そこで「メンバーサービス」をお選びいただき、次に「会員更新」を選択してください。クレジットカードをお使いいただけると、更新はすぐに行われます。また、私どものサイトから更新用紙をプリントアウトしていただき、小切手を同封してお送りいただくこともできます。

　お客様のNDAへの継続的な支援を心待ちにしております。NDAの強みは会員数の多さにあります。NDAは現在この研究分野のトップを行く支援組織となっています。

　会員権継続、並びにそのほかのご質問がありましたら、いつでもご連絡ください。

敬具

ジョン・スミス
会員サービス担当
jsmith@xxx
会員サービス部
全米ディベート協会(NDA)

Example 3

A

From: Kenji Suzuki <ksuzuki@xyz.edu>
To: Jonathan Goodnight <jonathang@xyz.edu>
Date: February 19, 2005
Subject: a favor to ask

Hi Jonathan,
Could you update my research interests as shown below? Thanks.
Kenji
Kenji's current research interests: Social movements, classical rhetoric, media studies.

B

From: Jonathan Goodnight <jonathang@xyz.edu>
To: Kenji Suzuki <ksuzuki@xyz.edu>
Date: February 20, 2005
Subject: Re: a favor to ask

Hey Kenji,
No problem. Should be up later today.
Hey, remember back when you were my TA and took all those notes? I'd love it if I could have a look at them. Like I said, I have no notes from those lectures and occasionally I have reason to give them to someone. You don't need to clean them up or anything but it would be so nice to have a copy.
Hope things are going well for you this semester.
Thanks.
—Jonathan
PS—I just referred a student to you. Her name is Carol Silva and she just got some awesome grant to go study mod culture in Japan. Thought you'd be a good contact, not on the mod part, but on the studying culture in Japan part.

解説　インフォーマルなeメール

　親しい知り合いからのeメール［手紙］では通常，インフォーマルな文体が用いられる。ここでは，eメールを利用した大学院生と大学教員のやり取りを紹介した。Aは，大学院生が学科の公式ウェブサイトを管理する大学教員に，自分の紹介文（**profile**）の更新を依頼したeメールである。Bは，それに対する返答である。

　インフォーマルな表現，略語，そして省略が多用されていることに気づいたであろう。**Should be up later today** では **your profile** という主語が欠落し，次の行では **teaching assistant** が **TA** と省略されている。**TA** は米国の大学では日常的に使用される略語であり，この文脈で **teaching assistant** という正式名称を使うと，改まった感じがしてかえって不自然である。

　Hey や **PS** といった表現からも，書き手は思いつくままに書いたことがうかがわれる。親しい者同士のeメールのやり取りでは，文章の校正に時間を使うよりも，必要な用件を伝えることを優先することが多い。最後に，このeメールには書き手からの依頼が含まれているので，読み手はじっくりと文面を読み，迅速かつ的確な返答を心掛けるべきである。

全訳

A

送信者：スズキケンジ
受信者：ジョナサン・グッドナイト
日付：2005年2月19日
件名：お願い

やあ，ジョナサン。
以下の研究対象を更新してくれないか。よろしく。
ケンジ
最近の研究対象：社会運動，古典修辞学，メディア研究

B

送信者：ジョナサン・グッドナイト
受信者：スズキケンジ
日付：2005年2月20日
件名：返信：お願い

やあ，ケンジ。分かったよ。今日の午後にでも更新されるはずだ。
ところで，君が僕のティーチングアシスタントをしていたときにとっていたノートがあっただろう？ それを見せてもらえると，とてもうれしいんだけど。前にも言ったように，僕はあのレクチャーに関しては，全くノートを持っていないんだ。だけど時々，人に渡したいときがあるんだ。校正などはしなくていいので，そのままコピーを送ってくれたら恩に着るよ。
今学期も頑張って。
それじゃまた。
ジョナサン
追伸 今日，ある学生に君のことを話したばかりだ。キャロル・シルヴァといって，日本のモッズ（1960年代の英国で流行した服装・化粧などをまねる人々）について調査するために，かなりの奨学金をもらったらしい。君に連絡をとるのがいいかと思って。もちろんモッズの方ではなくて，日本文化の研究に関してだよ。

Chapter 3 Writing

- §1 英検1級のライティング問題 ———— 138
- §2 ライティング力の向上 ———— 142

ここでは，英検1級のライティング問題として出題される英文エッセーの形式を踏まえて，論理的に自分の意見を述べるためのライティングの力を養成する。§1で過去問題を参考にしながら最近の傾向を把握し，§2で実際の出題に即した段階的なトレーニングを積み重ねる。

§1 英検1級のライティング問題

問題の形式と傾向

　1級のライティングは記述式問題が1問のみで配点は28点となっている。与えられたトピックといくつかのポイントにしたがって，エッセーを書くことが求められている。単なる和文英訳ではなく，全体のパラグラフ構成や英文の構造などをしっかりと考えながら，伝えたい内容を文章にしていく力が要求される。与えられたトピックやポイントに合わせた内容を考える必要があるので，社会問題への関心も必要である。

問題の形式

　平成16年度第1回から，出題形式に大きな改定が行われ，改定後は比較的オーソドックスなエッセー・ライティング形式になった。

　問題は与えられたトピックに合わせてエッセーを書くようにという指示があり，さらに以下のような条件を満たすことが求められている。

- 関連した6つのポイントのうちから3つを選択して盛り込む。
- Introduction と Conclusion を含む，3パラグラフ（段落）以上の文章を作成する。
- 文章全体の長さは200語程度。

> ### 問題の傾向
>
> 　過去に出題されたトピックには，"Factors to Consider When Choosing a Career", "The Advantages and / or Disadvantages of Public Transportation" など，人々の一般的な生活に関連した社会問題が取り上げられている。内容については，トピックに関連する要素をいくつか挙げるものと，ある事象についてメリットとデメリットを述べるものが中心。

解答の手順

(1) トピックを把握する
　求められている条件（要素を整理するのか，賛成反対を表明するのかなど）も把握する。
(2) 6つのポイントを把握する
(3) 主旨を考える
　トピックとポイントを考慮し，自分の最も述べたいことを決定する。
(4) 6つのポイントから3つを選択する
　問題冊子のメモ欄を活用して，3つのポイントの具体的な内容を書き出す。
(5) 構成を考える
　論の展開順序をメモ欄に書きながら考える。
(6) 実際に解答用紙にエッセーを書く
(7) 書き終わったら意味のはっきりしない文がないかを中心に見直す

例題

●Write an essay on the given TOPIC covering three of the POINTS below.
●Structure: three or more paragraphs, including an introduction and conclusion
●Length: around 200 words

TOPIC
THE ADVANTAGES AND / OR DISADVANTAGES OF PUBLIC TRANSPORTATION
POINTS
●*Environmental effects*　　●*Traffic conditions*
●*Independence*　　　　　　●*Costs*
●*Safety*　　　　　　　　　●*Accessibility*　　(2004-2)

Model Answer

Despite the availability of public transportation in most metropolitan areas, there are those who insist on using their own vehicles to get around. This essay will demonstrate that their arguments do not stand up to reason.

First, the argument is made that private cars provide a sense of independence. True, it's nice to have a bit of personal space—nobody enjoys being crammed onto a crowded commuter train. But doesn't this freedom come at the expense of others? How about the ambulance that can't reach the hospital because it's stuck in a traffic jam?

Next, some say public transportation isn't accessible enough. But which is more inconvenient, riding your bicycle 20 minutes to the train station, or driving to your destination and then spending an hour looking for a parking space? You could probably use the exercise anyway.

Finally, there's the issue of safety. Terrorist threats make some people wary of using public transportation. These people should check the latest statistics on traffic accidents. Far more people are killed or injured on highways than in terrorist attacks. If you really care about safety, take the train.

No form of transportation is entirely free of danger or inconvenience, but when the facts are weighed, the answer is clear. Public transportation is the wiser choice.

解説

(1) プランを立ててから書き始める

トピックを把握し、ポイントを3つ選んで書きたいことの要旨が決まったらいきなり解答するというやり方はお勧めできない。少なくとも、実際に書く前にどのような順番

で論を展開するかをメモ程度に書き出すと効率的。

(2) パラグラフは5つが妥当
　出題の条件は最低3パラグラフだが，Introduction と Conclusion を入れ，「3つのポイントに触れる」という条件をかなえるために，3つのポイントそれぞれを1パラグラフずつにして，全体を5パラグラフでまとめるとすっきりする。

(3) 英文の細部よりも，内容・構成を重視する
　スペリングミスや細かい文法のミスを気にするあまり，内容や論の展開順序に気を回す余裕がなくなるのは好ましくない。内容と構成をしっかりさせ，読み手とのスムーズなコミュニケーションができているかに重点を置くこと。

(4) 具体例は適度に盛り込む
　具体例や経験を盛り込むことで生き生きとした英文を書くことは効果があるが，英検ではそのような情報を入れると簡単に200語を大幅に超過してしまうので注意。

(5) 使用語彙や構文は確実に使えるものを
　難しい構文や語彙にチャレンジせずに，簡単な構文や確実に語法をマスターしている語彙を使用し，理解しやすい英文を書くようにすること。

解 答例の訳

　たいていの大都市圏では公共交通機関が利用できるにもかかわらず，移動に自分の車を使うことを強く主張する人々がいる。このエッセーでは，そのような人々の議論が理にかなわないことを証明する。／第一に，その議論は，自家用車が自立の感覚を提供するという議論がなされる。確かに，ちょっとした個人的な空間を持つことは気分がよい。誰も好き好んで通勤電車に押し込まれていたくはない。しかし，この自由は他人を犠牲にすることで生じるのではないか。渋滞に巻き込まれて病院に到達できない救急車についてはどう考えるのであろうか。／次に，公共交通機関は利便性が十分でないという人もいる。しかし，駅に20分自転車をこぐのと，目的地まで車を運転し，駐車スペースを探して1時間費やすのとでは，どちらが不便だろうか。ともかくも，運動を利用してもよいであろう。／最後に，安全性の問題がある。テロの脅威によって公共交通機関の利用に警戒心を持つ人もいる。このような人々は最新の交通事故の統計を調べてみたほうがよい。テロ攻撃よりもずっと多くの人々がハイウェーで死傷している。安全性を本当に気にするのなら，電車を利用することだ。／どのような形態の公共交通機関も危険や不便がないわけではないが，さまざまな事実を比較すると，答えは明確である。公共交通機関こそが賢明な選択である。

§2 ライティング力の向上

1 作文についての注意点

§2-2以降ではエッセーの構造やパラグラフ内の構成などを確認するが，ここではセンテンスレベルの英文についての注意点を挙げることにする。

1 分かりやすい英文を心がける

複雑な構文を使ったために，スムーズな読みを妨げるような文にならないように注意が必要。よく考えられた文構造や語彙の選択はある程度必要だが，読んでいる最中に止まって文構造を整理しなければならないような文は避けたほうがよい。

例　The people I have known who seem to be most comfortable with themselves are those who have found, by design or lucky accident, a suitable role made just for them. It doesn't seem to matter what field they're in, be it lofty or humble, just as long as it gives them a sense of being needed or being purposeful.

↓

Some of the people I have known seem to be most comfortable with themselves. They have found a suitable role made just for them. It doesn't seem to matter what field they're in just as long as it gives them a sense of being needed or being purposeful.

2 あまりに主観的な表現を入れないように

エッセーは事実や根拠に基づいて客観的な意見を述べるのが目的。したがって，自分の意見を強調するあまりに主観的な表現を多用してしまうのは問題がある。

例　I would prefer to live in a city rather than a rural area.

↓

Some people would prefer to live in a city rather than a rural area.

効果的な構文を使用する

以下に挙げるような構文を使用すると，英語らしい表現となる。

(1) 無生物主語

英文の構造を簡素化させ，より英文の主題をはっきりとさせる。下の例は Internet の効用を第一に述べたいがために，主語，動詞の部分にメイントピックを持っていっている。

例　Using the Internet, we can make our presentations more attractive.

↓

The Internet enables us to make our presentations more attractive.

(2) 受動態の多様を避ける

日本語で考えた場合は受動態の方がよい場合でも，英語の場合は能動態の使用が好まれることが多い。もちろん受動態で書かなければならない場合もあるが，できるだけ，能動態を使用した英文を心がけよう。受動態は以下の場合と慣用的な表現に限るのが妥当であろう。

例1　主語に主題（最も言いたいこと）を持ってきた場合

　　　12 people were killed in the train accident.

　　　「12人が」という情報が重要。

例2　動作主を明確にする必要がない場合

　　　A lot of books about the war have been written.

　　　「誰が書いたか」に特に言及する必要がない。

(3) 強調（倒置）構文

無生物主語と同様，文中の最も述べたい部分を前に持ってくることによって強調する。その際，文全体が疑問文の語順になることに注意。

例　Only gradually did man learn about the nature of fire and its uses.

Training

以下の日本文を英文にしなさい。

(1) 侵略国がその小国の占領を放棄するのであれば，国民の反対感情はいくらか弱まるだろう。

(2) 選択する職業は，長期にわたってそこに対する需要が増加しそうな産業にあるべきである。

(3) 子どもの健康管理をするセンターがほとんどないので，市民は声を大にして政府に訴えた。

(4) ボランティアをすることで達成感を得られる人が多い。

(5) 隣の人の会話の内容まで分かってしまうようなお粗末な造りの旅館が，逆に観光客にうけることもある。

(6) 我々が市町村の役所にさえ情報の開示を請願することなどほとんどない。

(7) コンピュータは役に立つものではあるが，我々がプログラムしたことしかできない。

Chapter ▶▶ 3

Model Answers

(1) If the aggressor was to end its occupation of the small country, the opposition of the people would weaken to some extent.
ポイント 仮定法を正確に使えると文章力の幅が広がる。

(2) The career you choose should be in an industry for which demand is likely to increase over time.
ポイント 日本語には現れない主語（この場合は you）を補うと，単純な構文を使うことができる場合が多い。

(3) The lack of child healthcare centers drove the citizens to make a strong appeal to the government.
ポイント 無生物主語の構文を使用した英文。

(4) Volunteer activities give a lot of people a sense of accomplishment.
ポイント 無生物主語にすることで，There are many people who get a sense of accomplishment by doing volunteer activities. という直訳文よりもすっきりした英文になる。

(5) Some guests love cheap *ryokans* (Japanese-style hotels) where you can overhear what the guests in the next room are saying.
ポイント 関係詞節を使って文にメリハリをつけることは効果がある。しかし，多用は文の意味理解を妨げるので勧められない。

(6) Rarely do we petition the municipal government for the release of information.
ポイント rarely を強調した倒置構文。疑問文のようになることに注意。

(7) Useful though they are, computers can only do what we program them to do.
ポイント useful を強調した文。

2 エッセーの構造を学ぶ

　個々の英文にミスがなく，トピックについてどんなによい意見を書いても，エッセーの形式を守っていなくてはいけない。一般的には以下のような欧米型の構成が好まれる。

1 Introduction（序論）

　これから述べる意見の概要を説明する段落。通常は1つの段落で書く。書き手が最も述べたいこと（主旨）の記述が含まれている。

2 Body（本論）

　Introductionで述べた意見に対し具体的な論拠を示して，主旨をサポートする部分。できるだけ具体的な例が示されていることが大切。段落は1つでも構わないが，英検1級の出題条件に合わせるためには2～3段落必要。

3 Conclusion（結論）

　本論の内容をもう一度簡潔にまとめた段落。単なるまとめだけでなく，「本論で挙げられた諸問題への解決法の提案」のような新情報を加えても構わない。

　1級の英作文問題は指示文の中でいくつかの作文の条件を設けているが，この指示に従ってエッセーを作成すれば上記のような構造になる。

例　TOPIC: ISSUES CONCERNING AGE IN HIRING EMPLOYEES
POINTS: Ability / Equal opportunity / Flexibility
（英検１級の問題では６つのポイントから３つを選ぶ）

Introduction	（下線部が主旨）　　Age is one of the most crucial factors involved when it comes to employment. <u>However, when compared to other more important factors, age should not be such a major consideration.</u>　Here are some examples of much more important factors.	「年齢が就職のネックになっている」主題：「年齢よりも重要な要素がある」本論へのつなぎの文。
Body（本論）POINT 1	(Ability)　　First and foremost, the ability to do the job concerned should be the most important factor. In most cases, one's age has nothing to do with his / her ability . . .	「雇用の際に最も重要なのは能力であり、年齢は能力と関係ない」
POINT 2	(Equal opportunity)　　Secondly, all applicants should be judged equally based on their aptitude for the job concerned.　If an applicant is rejected solely on the basis of his / her age . . .	「求職者はその適性を公正に判断されるべきである」
POINT 3	(Flexibility)　　It is often said that the older a person gets, the less flexible he / she is likely to be in a new job.　However, flexibility surely depends on the person's personality and previous experiences . . .	「柔軟性は年齢よりも正確さや経験の量などに関係する」
Conclusion	It may lead to the loss of an excellent prospective employee if an applicant is prejudged as a result of the age stated on an application form.　There are more important factors to consider than his / her age.	もう一度，序論で述べたことを別の言葉で言い換えながら，本論をまとめている。

Training

以下のそれぞれのトピックについて，例のように，与えられたポイントをすべて使用してエッセーの構成を考えなさい。

例

TOPIC: ISSUES CONCERNING AGE IN HIRING EMPLOYEES
　　POINTS: Salary or wages / Flexibility / Seniority system

Introduction： 年齢で採用・不採用を決定するとは不公平のようだが，雇用主の立場で考えれば年齢を重要視されても仕方がない。（下線部は主旨）
本論：POINT 1： 給料について。年齢が高いと若い人よりも給料を高く設定する必要があるので，年齢はなるべく低い方がよい。
　　　POINT 2： 柔軟性。年齢が高いと柔軟性が低くなるという一般的な見解は間違っていない。
　　　POINT 3： 年功序列体制。新しい従業員の年齢が高いと，日本の伝統である年功序列体制の原則が崩れて，会社運営がしにくい。
Conclusion： このように，年齢は重要な要素で若い人を雇用する方がよい。

---

(1) TOPIC: THE VALUE OF LEARNING HISTORY
　　　　POINTS: 1. Heritage　　2. Precedents　　3. Alternatives

(2) TOPIC: THE ADVANTAGES AND/OR DISADVANTAGES OF PROMOTING A "SLOW LIFE"
　　　　POINTS: 1. Depression　　2. Efficiency　　3. Availability

Model Answers

(1)

Introduction： これから発展する我々にとって過去の出来事は重要ではないように見えるが,「歴史の学習は以下の3つの点で価値がある」

本論：
　POINT 1： 先人が残した文化遺産についてよく知ることができ,その社会の一員としての誇りや自信を持つことにつながる。
　POINT 2： 我々と同じ人間が行ったことについての前例となり,過去の失敗を繰り返さないように気をつけることができる。
　POINT 3： 未来の方向性を決定するときに,過去に起こった同様の事例を考えることは,いくつかの判断材料を提供してくれる。

Conclusion： 過去の教訓なしでは現代の複雑な社会を発展させていくことはできない。歴史の学習は将来の発展のためにも価値がある。

ポイント プラス面のポイントを列挙するという方法で,歴史教育の肯定的な価値について述べる構成。Introduction と Conclusion の内容はほとんど同じだが,表現の方法をやや変化させる。

(2)

Introduction： スローライフという考えの一部は受け入れられるが,「現代社会の状況からあまりにもかけ離れすぎている」

本論：
　POINT 1： うつ病などを抱えている人には有効な概念。
　POINT 2： 能率が大変悪いことを考慮すると,現代社会の実情に合わない。
　POINT 3： スローライフで推奨している自然の素材を手に入れるのは難しい。

Conclusion： 概念的には賛成するが,現代社会の実情に合わないことが多く,多くの人々が真の必要性を認識するのにもう少し時間がかかる。

ポイント プラス面とマイナス面の両方を挙げ,ポイントを対比させた論理展開をする構成になっている。Conclusion は本論をまとめながらも,追加情報を入れた構成。

3 主旨と Introduction

1 Introduction（序論）の重要性

　序論は読者，つまり英検では採点者が最初に読むところ。読み手はこの部分にこれから続くいくつかのパラグラフの概要が書かれていることを期待して読む。いくら本論が優れていても，序論が本論の概要を述べていなかったり，序論がなかったりすると，読み手は書き手の意図が全く分からずに不安になる。試験では一気にエッセーの印象が悪くなり，大きな減点に結びついてしまう。序論はそれほど重要なものである。

2 序論の目的と効果的な主旨

　序論の第一の目的は主旨を提示すること。そのエッセーで書き手が一番伝えたいことを主旨と呼ぶ。主旨「〜は〜である」「私は〜だと思う」のような命題として提示する。このような，一言でエッセー全体にわたる主張を表す一文が入っていると，そのエッセーで何が言いたいのかが即座に分かるため効果が大きい。

　効果的な主旨を書くためには立場を明確にすることが大切。与えられたトピックとポイントから即座に書きやすい立場を決められるように訓練する必要がある。以下の例のように1つのトピックに対していくつかの立場を設定し，それぞれの根拠となるポイントを挙げてみて，立場を選択するとよい。

例　トピック：「公共交通機関の利点と欠点」
ポイント：環境への影響，交通の状態，個人空間，コスト，安全性，利用の至便性
→ 立場1「公共交通機関を利用すべきだ」
　　環境への影響，渋滞の緩和（交通の状態の改善），安全
→ 立場2「公共交通機関は利用すべきではない」
　　個人空間の侵害，政府や自治体のコスト負担は税金，利用の不便さ
→ 立場3「社会的には利点があるが，個人の利益には通じない」
　　渋滞の緩和，公共交通機関は割高，利用の不便さ

3 序論はパラグラフに

　前のページの第一目的を達成するためには，主旨を含む序論をパラグラフにする必要がある。主旨の記述だけで序論を終わらせてしまっては序論がパラグラフとして機能しない。パラグラフとは，複数のセンテンスが集まって1つのトピックについて表現するものである。そこで，主旨以外にも文を考える必要がある。次のように，トピックに関連する背景的な情報を入れ，主旨を述べる前にワンクッション入れる方法や，「本論では～のように述べる」という記述を入れ，予告のような形式の文で序論を終える方法がある。もちろん，語数が多くならなければ，両方入れるとより分かりやすい。

例1　トピックの背景を入れた場合
<u>The idea of a "Slow Life" is becoming particularly popular in metropolitan areas these days.</u> I strongly recommend the promotion of a "Slow Life" in these difficult times.

例2　本論に直接結びつけた表現を入れた場合
I strongly recommend a "Slow Life" in these difficult times. <u>The following three points are some of the advantages of a "Slow Life".</u>

Training

次の2つのトピックにつき，それぞれに6つのポイントの中から3つを選び，主旨を作成しなさい。（ここでは，§2-2のトレーニングで用いたポイントのほかに，それぞれ3つの新たなポイントが挙げられている）

(1) TOPIC: THE VALUE OF STUDYING HISTORY

POINTS: 1. Precedent
2. Heritage
3. Culturally shared knowledge
4. Alternatives
5. Future development
6. Differences between present and past situations

(2) TOPIC: THE ADVANTAGES AND/OR DISADVANTAGES OF PROMOTING A "SLOW LIFE"

POINTS: 1. Health
2. Escape from pressure
3. Depression
4. Effect on the environment
5. Efficiency
6. Availability

Chapter ▶▶ 3

Model Answers

(1)

例1　Studying history has great value as the discussion in the following paragraphs shows.

>　**ポイント** Heritage, Culturally shared knowledge, Future development を選び,「高い価値がある」と述べた例。

例2　We should attempt to learn values through the study of history and make good use of it.

>　**ポイント** Precedent, Alternatives, Differences between the present and past situations を選び, 書き手の主観を積極的にとり入れた例。

(2)

例1　I strongly recommend the promotion of a "Slow Life".

>　**ポイント** Health, Escape from pressure, Effect on the environment を選び, 利点のみを述べた例。

例2　The idea that the people of today should slow down is partly true, but in some aspects this is not suited to the actual conditions of modern life.

>　**ポイント** 利点と欠点の両方を論点に含めるエッセーの序論。選んだポイントは Escape from pressure, Efficiency, Availability など。

4 主旨をサポートする段落

1 本論の働きと注意点

　本論は introduction で述べた主旨について，明確な主張や事実とその根拠を付け加えることで，さらに主旨を強める働きをする。英検1級の英作文問題に解答する際には，以下の点に留意し，一般的な形式に則ったエッセーにするとよい。それぞれの具体例は以降で確認する。

(1) 選択したポイントごとにパラグラフ（段落）を作る
(2) パラグラフにはトピックセンテンスを必ず入れる
(3) トピックセンテンスをさらに支持する論拠を入れる

2 3つのポイントの選び方

　§2-3 で学習したように，英作文問題では提示されたトピックと6つのポイントに目を通し，主旨を含む introduction を考える。つまり，本論で利用する3つのポイントはすでにこの時点でほとんど決定されているが，以下の手順でポイントを選んでおくとスムーズに段落構成を決定できる。

(1) 6つのポイントに目を通し，そのテーマにある程度の知識がありスムーズに英文が出てきそうなものをピックアップする。
(2) ピックアップしたポイントをトピックに関する利点，欠点，どちらとも言えない点の3つに分類する。
(3) 利点が欠点を上回る場合は，主旨をトピックに対して賛成，あるいはポジティブな内容のものにする。同様に欠点が多い場合はトピックに対して反対，あるいはネガティブな内容にする。どちらとも言えない，言い換えればどちらにも利用できるポイントが多い場合は，二面性を持った主旨を考える。
(4) 最後に，決定した主旨に合うポイントの中で最もスムーズに意見を出せそうなものを3つそろえる。

3 パラグラフの原則

　複数のセンテンスが集まったものがパラグラフである。原則として1つのパラグラフでは1つのトピックのみについて述べることになっている。この原則に則っているパラグラフは書き手の主張を把握しやすい。1つのパラグラフにいくつもの主張が入っていると，書き手が言いたいことは一体どの部分に書かれているのかが明確にならない。

　以下の2つのパラグラフでは筆者の主張はどこに書かれているであろうか。主張が1つ明確に把握できるほうが，よりよいパラグラフだと言える。

例1　A glance at the magazine corner of any bookstore in Japan will show you how keen Japanese people are to be healthy. You can see literally piles of magazines about healthy diet and healthy lifestyles on the shelves. And there are always plenty of people reading them.

例2　In the past many Americans chose not to learn a second language because they felt they would never use it. When they were abroad, the people they met spoke English to them, so they seldom got to use a foreign language. Recently, however, there has been a dramatic increase in the study of Japanese by American people. More significant is the kind of students taking the courses.

　例1では，第1文に主張が書かれており，日本人の健康志向が強いという事実を述べているパラグラフだと分かる。例2では，第1文でアメリカ人は外国語を使う必要性を感じていないので学ぼうとする姿勢が低かったという事実が述べられている。したがって，このパラグラフはアメリカ人の外国語学習率が低いという事実を述べるパラグラフとして進行するはずであったが，途中から日本語学習熱が増加していることと，日本語のコースを履修する学生の種類に話が及んでいる。このような場合は，前半と後半を異なったパラグラフにすることで，話題の区切りを明確にする必要がある。

4 トピックセンテンスの重要性

「1つのパラグラフには1つのトピック」という原則のほかに、パラグラフの構成において守るとよい原則として「パラグラフの最初にトピックセンテンスを入れる」ことが挙げられる。これは必ず守らなければならないものではないが、トピックセンテンスを最初に入れ、そこで述べられた主張をサポートするいくつかのセンテンスを付け加えるという段落構成にすると、書き手自身も主張を明確にすることができ、常に同じ構成を使うのだから論の展開方法に悩まされることもない。

以下に§2-2で題材としたトピックについて、ポイントごとのパラグラフ例を2つ示す（ただし、ここではそれぞれのパラグラフは独立したもので、一貫性はない）。下線部はトピックセンテンス。

例　TOPIC 1 : ISSUES CONCERNING AGE IN HIRING EMPLOYEES

Point 1 : Salary or wages

　　　Older employees expect to be paid more than younger people. The older they get, the more likely they are to have families. An employer must pay them a salary large enough to support a family. In addition, employer contributions to employee welfare programs increase the overall costs to the employer.

Point 2 : Seniority system

　　　If the newcomer is old, the traditional seniority system does not operate smoothly. Japan has traditionally maintained a strong seniority system in the business world. A new employee is supposed to be young and to learn about his/her new job from someone senior to him/her. The boss or the person in a senior position must therefore be older than the newcomer.

Training

§2-3のトレーニングで使用したそれぞれのトピックとポイントについて，与えられた6つのポイントから3つを選び，トピックセンテンスを作成しなさい。なお，§2-3であなたが作成した主旨に合うポイントを選んで練習するとよいだろう。

(1) TOPIC: THE VALUE OF STUDYING HISTORY

    POINTS: 1. Precedent
                2. Heritage
                3. Culturally shared knowledge
                4. Alternatives
                5. Future development
                6. Differences between present and past situations

(2) TOPIC: THE ADVANTAGES AND/OR DISADVANTAGES OF PROMOTING A "SLOW LIFE"

    POINTS: 1. Health
                2. Escape from pressure
              3. Depression
              4. Effect on the environment
              5. Efficiency
              6. Availability

Model Answers

(1)

1 : Studying history enables us to know what preceding generations experienced in order to avoid repeating the same mistakes.

ポイント 「先祖が経験した前例を知り,同じ過ちを繰り返さないようにできる」という主張。

2 : We can discover why we have preserved our heritage and learn about its significance.

ポイント 「遺産を受け継いだ経緯とその重要性を知る」という主張。

3 : Studying history helps us acquire a deeper knowledge of our culture and society.

ポイント 「自分の文化と社会を深く知ることができる」という主張。文化的な知識がどのように有益かを述べる段落へと発展させることができる。

4 : History provides us with guidelines which help us to make decisions that affect the future: it helps us to think of alternatives.

ポイント 「将来の意志決定の際のガイドラインを提供する」という主張。歴史の教訓を生かすというパラグラフを作る。

5 : Knowledge of history can inhibit future development in that we are apt to rely on what our predecessors did.

ポイント 「我々は前例に頼る傾向があるので,歴史の知識が将来の発展を妨げる」という主張。

6 : It may sometimes be difficult to apply knowledge about the past to the present or future because the situations are totally different.

ポイント 「過去の状況と現在の状況は違うので歴史は応用できない」という主張。

(2)

1 : Eating "slow food" made with natural ingredients as advocated by the recent "Slow Life Movement" makes you healthy.

> **ポイント** 「スローライフが提案するスローフードを食べることが健康につながる」という主張。

2 : Avoiding the kind of life in which speed and efficiency are required enables us to escape from pressure.

> **ポイント** 心の問題を扱ったポイントを利用。ポイント1との併用が効果を生む。

3 : Modern life puts us under a lot of pressure. When this pressure builds up, it may lead to serious depression.

> **ポイント** ポイント2をさらに深刻な問題に発展させたパラグラフが可能。

4 : Using mainly natural materials in our daily lives can reduce the use of chemicals, and help to protect the environment.

> **ポイント** 「自然の素材を使うため化学物質の使用が減り、環境保護によい影響を与える」という主張。

5 : The pursuit of a "Slow Life" may lead to reduced efficiency, which is of key importance in coping with modern life.

> **ポイント** 現代社会の実情に合わないとして、欠点を構成する要素を入れた。

6 : Natural materials are not always available and it is time-consuming searching for those materials necessary to an unhurried life.

> **ポイント** 自然の素材の利用が難しい現代社会の状況を入れた例。

5 本論のさまざまな構成方法

1 本論の段落構成パターン

　本論に移る前の段階で，プランニング，主旨を含む序論の記述，3つのポイントの選択が適切になされれば，自分の作成した流れに従って英文を書き進めるだけとなる。したがって，展開される本論の構成は序論と3つのポイントに大きく左右される。
　まずは主旨の性質によって適用すべき本論展開のパターンを2つ取り上げる。

(1) ポイントを列挙する構成

　「文化遺産の保存にはさまざまな利点がある」のような，ある事象の一方の立場に立った主旨に対して有効な展開方法である。文化遺産保護の利点を表すポイントだけを3つ選択して，その理由とするのである。例えば以下のような展開が可能である。

例　主旨：The preservation of our cultural heritage gives us a lot of advantages.

Point 1：First, those artifacts that comprise our cultural heritage contain a lot of significant cultural values.
（第一に，私たちの文化遺産を構成する遺物には多くの重要な文化的価値が含まれている）
Point 2：Second, a cultural artifacts are public property shared by all; preserving the common property within a society leads to a sense of unity.
（第二に，文化遺産は我々全員によって共有される公共の財産であり，その公共財産を社会で保存することは団結の精神を導く）
Point 3：Finally, preserving our heritage deepens our respect for our ancestors.
（最後に，私たちの遺産を保存することは先祖への畏敬の念を深める）

　上記の例は，賛成的な立場に立つ論旨の展開だが，反対の立場に立つ主旨に対するエッセーでも同様に対処すればよい。

(2) ポイントを対比させる構成

「文化遺産の保存には利点も欠点もある」という，両方の立場に立つ主旨に対して有効な方法である。この場合は，利点となるポイントと欠点に結びつくポイントを合わせて3つ選択し，それぞれの根拠を挙げることになる。

例　主旨：We should think of both the advantages and disadvantages of preserving cultural artifacts.

Point 1：First, those artifacts that comprise our cultural heritage contain a lot of significant cultural values.
Point 2：Second, cultural artifacts are public property shared by all; preserving the common property within a society leads to a sense of unity.
Point 3：On the other hand, some aspects of our heritage may seem inappropriate and irrational in a modern society.

この場合は，最初の2つが利点，最後が欠点となっている。

2 パラグラフ内の構成

　本論全体の段落構成に加え，1つ1つの段落の構成も重要である。その段落が主旨をサポートする明確な論拠の1つになるためには，段落内の主張（§2-4 で学習したトピックセンテンス）と，それをさらにサポートする理由や証拠が適切なものである必要がある。

　パラグラフ内の構成方法にもいくつかのパターンがあるが，最も簡潔で分かりやすいパラグラフは以下のような構成になっている。

(1) トピックセンテンスの明示
　　　　　↓
(2) そのような主張につながる理由・根拠（抽象的な記述）
　　　　　↓
(3) 理由や根拠につながる具体例や経験的事例（具体的な記述）

もちろんこのほかにも、「トピックセンテンスを述べる前の前提」をパラグラフの最初に挿入したり、「トピックセンテンスの主張をさらに別の言葉で言い換えたセンテンス」を最後に加えたりすることも可能であるが、冗長になったり重複したりする記述は思い切ってそぎ落としてしまった方が賢明だろう。では、上記のパターンに従ったパラグラフの例を以下に示す。

例　It is a mistake to think that a computer can make its own decisions. A
　　　（トピックセンテンス）
computer is only a machine that follows your instructions. For example,
　　　（抽象的なサポート）
whenever you want to shut down your computer, you have to click on the
　　　（具体的な記述によるサポート）
proper icon or strike one or more specific keys. Your computer does not shut

itself down by judging that you should quit working on it because you look

tired today.

3 適切なつなぎの言葉の活用

　センテンスあるいはパラグラフ同士を結びつける適切な言葉を用いることで、論の展開が明白になることが多い。積極的に活用したい。例えば、次のパラグラフの下線の言葉を取ってしまうと、メリハリのない複数の文がただ続くだけで筆者の主張が分かりにくくなる。

例　Since e-mail is quicker and easier, it seems that people are beginning to forget the benefits of letters. A letter, however, has some advantages that e-mail does not. First of all, reading a hand-written letter enables you to feel real human contact. Looking in the mailbox expecting a letter also gives you some excitement.

ここでは，効果的なつなぎ言葉の例を挙げる。

(1) 列挙または順序を示す

  first (second, third, finally) first of all first and foremost
  last but not least

(2) 追加する

  moreover furthermore besides in addition

(3) 例示

  for example [instance] to give an example

(4) 強調する

  indeed in fact definitely

(5) 結果や因果関係を示す

  therefore as a result consequently thus

(6) 逆接

  however nevertheless on the contrary in contrast
  whereas even though

Training

　§2-4までのトレーニングで作成した主旨とトピックセンテンスをもとに，主旨をサポートする3つのパラグラフを作成しなさい。

(1) TOPIC: THE VALUE OF STUDYING HISTORY

　　POINTS: 1. Precedent
　　　　　　2. Heritage
　　　　　　3. Culturally shared knowledge
　　　　　　4. Alternatives
　　　　　　5. Future development
　　　　　　6. Differences between present and past situations

(2) TOPIC: THE ADVANTAGES AND/OR DISADVANTAGES OF PROMOTING A "SLOW LIFE"

　　POINTS: 1. Health
　　　　　　2. Escape from pressure
　　　　　　3. Depression
　　　　　　4. Effect on the environment
　　　　　　5. Efficiency
　　　　　　6. Availability

Model Answers

(1)

　ここではすべてのポイントについてパラグラフの例を示し，最後に主旨に合わせて選んだ3つのポイントに絞って段落をつなげた例を示す。

1. Precedent

　　Studying history enables us to understand what preceding generations experienced in order to avoid repeating past mistakes. Accumulated experiences are part of their legacy to future development.

2. Heritage

　　We can discover why we have preserved our heritage and learn about its significance. Knowledge about our heritage makes us confident in or proud of our own society.

3. Culturally shared knowledge

　　Studying history helps us acquire a deeper knowledge of our culture and society. We need culturally shared knowledge in order to function as members of our society. Without this knowledge we cannot lead a worthwhile social life.

4. Alternatives

　　Studying history provides us with guidelines which help us to make decisions that affect the future: it helps us to think of alternatives. The more alternatives we have, the easier it is to deal with new experiences.

5. Future development

　　Knowledge of history can inhibit future development in that we are apt to rely on what our predecessors did. Although the study of history increases our awareness of historical precedent, an excessive dependence on the "lessons of the past" can stifle creativity. Knowledge of the past is needed only to avoid repeating mistakes that could impede future development.

6. Differences between present and past situations

It may sometimes be difficult to apply the past to the present or future because the situations are totally different. We have more advanced technology, and our sense of values differs from that of our ancestors.

[3つのポイントで本論を構成した例]

主旨： We should attempt to learn values from the study of history and make good use of them.

本論： Studying history enables us to understand what preceding generations experienced in order to avoid repeating past mistakes. Accumulated experiences are part of our legacy to future development.

In addition, studying history provides us with guidelines which help us to make decisions that affect the future: it helps us to think of alternatives. The more alternatives we have, the easier it is to deal with new experiences.

In spite of these advantages, it may sometimes be difficult to apply knowledge about the past to the present or future because the situations are totally different. We have more advanced technology, and our sense of values differs from that of our ancestors.

(2)

　ここでは，以下の主旨に基づいて選んだ 3 つのポイントで本論を構成した例のみを示してある。

主旨：The idea that people today should slow down is partly true, but in some aspects this is not suited to the actual conditions of modern life.

本論：Avoiding the kind of life in which speed and efficiency are required enables us to escape from pressure. In modern society, the advancement of technology has enabled us to make faster response than ever before. However, we often feel pressure to respond as soon as possible. If we could escape from such a life, we would feel less stress.

　　In this respect, the concept of a slow life seems excellent. But the pursuit of a "Slow Life" may lead to reduced efficiency, which is of key importance in coping with modern life.

　　In addition, the natural materials of which use is advocated by the movement are not always available. It is time-consuming to search for those materials necessary to an unhurried life.

解 答例の訳

(1)

　歴史を学習することで，過去の過ちを繰り返すことを避けるために，前の世代の人々が経験したことを知ることができる。蓄積された経験は将来の発展のための遺産の一部である。
　さらに，歴史の学習は将来の行動に影響する決定を下す場合に，より明確な指針を与えてくれる。つまり，我々が選択肢を考える際に助けとなる。選択肢が多ければ多いほど，新しい経験に対処することが容易になる。
　このような利点はあるが，おかれている状況が大きく異なるため，過去についての知識を現在や未来に当てはめることが難しいことがある。我々は過去の人々より高度な科学技術を持っているし，我々の価値観は我々の先祖が持っていたものと異なっている。

(2)

　スピードと能率が要求される生活を避けることで，重圧から逃れることができる。現代社会では科学技術の発展により以前よりも迅速な応答が可能になっている。しかし，できるだけ早く対応しなければならないというプレッシャーを感じることも多い。もしこのような生活から逃れられれば，ストレスは少なくてすむ。
　この点でスローライフの概念は優れているようである。しかし，スローライフを追求すると能率が落ちる結果になるかもしれない。能率は現代生活をこなしていく上で非常に重要であるからだ。
　さらに，スローライフ運動によってその利用が推奨されている自然素材は常に手に入るわけではない。したがって，ゆっくりとした生活に必要な素材を探すのはとても手間がかかるのである。

6 結論

　Conclusion（結論）はエッセーの最後のパラグラフを指す。ただし，単なる最後のパラグラフではなく，Introduction（序論）と本論で述べられた主旨に関する主張をまとめる役割を持つ。

1 主旨を強調する結論

　単なる「まとめ」であれば，序論がすでにその役割を果たしているため，改めて結論を設ける必要はない。結論は序論と本論の内容を再確認し，主旨を強調することにある。したがって，結論は単に序論の記述を繰り返すのではなく，表現の置き換えや要約を適切に行い，もとの文を凝縮している必要がある。以下は，序論で使用された表現の置き換えをしながらエッセー全体をまとめた結論の例である。

例　Introduction（主旨のみ）: When compared to other more important factors, age should not be such a major consideration.
（他の重要な要素と比較し，年齢はそれほど重要な問題ではない）

↓

Conclusion: It may lead to the loss of an excellent prospective employee if an applicant is prejudged as a result of the age stated on an application form. There are more important factors to consider than his / her age.
（求職者が求職票に書かれた年齢のために早まった判断をされたとしたら，雇い主は優秀な従業員の有望な候補を1人失うことになるかもしれないのである。求職者の年齢よりも考えなければならない，もっと大切な要素がある）

前半は後半部分へつながる結論の導入部分。後半部分は主旨をやや言葉を変えて強調している。

2 情報を付け加える結論

「まとめ」に加えて、結論は関連する事項についてさらに情報を付け加える役割を持つこともある。例えば、「このように提案された制度は2つの相反する特徴を持つ」というまとめに対し、「この2つの性質をうまく活用できるかどうかが今後の発展を大きく左右するのである。つまり…」のように、付け加えた内容を書くことがある。ただし、英検の作文問題は200語という、エッセーにしては比較的少ない語数を設定しているので、このように結論部分を長く書くと語数をオーバーしてしまう場合には、とくに追加情報を加える必要はない。

例 Introduction: The preservation of our cultural heritage seems to be proper. Few people would question this idea. However, a cultural heritage is not always beneficial. We should think of both the advantages and disadvantages of preserving it.
(私たちの文化遺産の保存は適切のようだ。この考えに疑問を抱く人はほとんどいないであろう。しかし、文化遺産が常に有益なわけではない。私たちは遺産を保存することの利点と欠点の両方を考えるべきだ)

↓

Conclusion:（下線部が追加情報）We should carefully consider what traditions to hand down to the next generation. Preserving our cultural heritage cannot be treated as simply a matter of yearning for the old days. <u>However, it's never a good idea to destroy aspects of our cultural heritage without considering the consequences.</u>
(私たちは次の世代にどんな伝統を伝えるべきかを慎重に熟慮すべきだ。文化遺産の保存は単に昔を懐かしむこととして扱うことはできない。そうはいっても、後先を考えずに遺跡を破壊するようなことは決してよい考えではない)

Training

§2-5 までに作成した主旨と主旨のサポートとなるパラグラフについて，Conclusion（結論）を作成しなさい。Introduction（主に主旨）で述べている内容を言い換えたり，補足的な情報を追加したりしながら完成させるとよい。

(1) TOPIC: THE VALUE OF STUDYING HISTORY

    POINTS: 1. Precedent
               2. Heritage
               3. Culturally shared knowledge
               4. Alternatives
               5. Future development
               6. Differences between present and past situations

(2) TOPIC: THE ADVANTAGES AND/OR DISADVANTAGES OF PROMOTING A "SLOW LIFE"

    POINTS: 1. Health
               2. Escape from pressure
               3. Depression
               4. Effect on the environment
               5. Efficiency
               6. Availability

Model Answers

(1)

例1　We cannot cope with the various aspects of our complicated society without an awareness of the lessons of the past. It is absurd to repeat the failures of our ancestors. Studying history is a valuable and essential way to avoid repetition of those failures.

> **ポイント** 歴史の学習を擁護する序論と本論に対して作成した結論。前半で過去の経験を活用して，同じ過ちを犯さないようにすべきだという本論のまとめをして，最後に序論を変えながら，さらに本論もまとめるという手法を用いている。

例2　Studying history is necessary for our future development, but an excessive dependence on historical precedents obscures the importance of creative thinking. We should make good use of our historical resources.

> **ポイント** 序論を言い換えながらまとめのパラグラフを作成した例。

(2)

例1　The possibility of a complete transition to a "Slow Life" is available to only a few people, but in adopting just some of the recommendations its supporters propose, our everyday lives can be significantly enriched.

> **ポイント** 批判をしながらも，大枠についてトピックで提示された概念を擁護する本論に対する結論。

例2　Adopting the idea of slowing down the pace of our lives is a good way to deal with the pressure of life, but efficiency is still the key to survival in the modern world. It would take a long time to realize a slow life since it is only comparatively recently that people have began to acknowledge the need to rest.

> **ポイント** 第1文で序論を言い換えながらエッセーをまとめており，第2文は追加情報が盛り込まれた例。

7 一貫性について

1 プランニングの際に一貫性の確認を

　§1で学習したとおり、エッセーを書き始める前にきちんとプランを立てることが大切である。これさえしっかりできれば、すでに半分程度はエッセーが完成していると考えてよい。残りの半分は、作成した流れに従って英文を書き進めればよい。プランを立てることは、スムーズな解答のためには必要不可欠である。

　トレーニングを重ねて慣れてくると、特にプランを書き出さなくても頭の中で構成が組み立てられるようになる人も多い。しかし、プランを全く立てずに書き始めてしまうことは勧められない。書いているうちにトピックから外れた記述を入れてしまうことが少なくないからである。

　エッセーの大原則は、明確な主旨とそれに沿った一貫したサポートである。本論の途中に主旨と直接関係のないパラグラフやセンテンスを挿入してはならない。関連のない、一貫性を欠くような内容はプランニングの際に排除する必要がある。

　例えば、次のパラグラフは、一部にトピックセンテンスとは直接関連のない部分が含まれている。

例　We are now going to describe some of the functions of a school in the process of socialization. The first thing a school does is to explicitly teach children how to cope with the people around them. The family seems to have the same function, but the family teaches them implicitly. Secondly, a school prepares children for a wider society. A school also provides a place where children feel secure. Although there is some disagreement about what the functions of a school should be, and some educators suggest that schools have lost some of their functions, many people agree that these three functions remain unchanged.

　"The family seems to have the same function, but the family teaches them implicitly." という一文は学校の機能に直接関係していない。もちろん、家庭が学校と

似たような役割を持つという点で関連がないわけでないが，このパラグラフはあくまでも学校の機能を述べるパラグラフなので，この一文は不必要だといえる。

2 トピックで求められていることを外さない

　トピックあるいは6つのポイントを勘違いしてしまうことがある。こうなると，いくら文法的なミスのない，一見構成のしっかりとしたエッセーを書いても内容の点で大きな減点を受けてしまう結果となる。

例　TOPIC: *Factors to Consider When Choosing a Career*
Points:
- *Earning potential*
- *Expectations of family and friends*
- *Personal values*
- *Economic trends*
- *Job satisfaction*
- *Social status*

Essay Sample（序論と本論の各パラグラフの冒頭）

　　Choosing a career is not something to be taken lightly. Here are three factors to consider.
　　First, we should consider whether the occupation offers upward mobility . . .
　　Next, you should take into account whether your family expects you to have some kind of job . . .
　　Finally, the consideration of job satisfaction is another crucial issue . . .

一見問題ないように見えるが，本論の第2パラグラフは序論で述べた主旨および与えられたトピックが求めている内容から逸脱している。求められているのは「職業を選択する際の熟慮すべき要素」だが，このパラグラフは，"Expectations of family and friends" というポイントを使用し，「親の期待は子どもが就職することである」という内容になってしまっている。ポイントを選ぶ際には確実にそれが理解できて，エッセーに活用できることを確認したものを選択しよう。

Chapter ▸▸ 3

Practice

- Write an essay on the given TOPIC covering three of the POINTS below.
- Structure: three or more paragraphs, including an introduction and conclusion.
- Length: around 200 words

TOPIC
PROBLEMS CONCERNING UNEMPLOYMENT OF YOUNG PEOPLE

POINTS
- *Pessimism*
- *Powerlessness*
- *Economic depression*
- *Crimes*
- *Birthrate*
- *Pension system*

Model Answer

The unemployment rate in Japan, particularly among young people, has now reached record levels and is the cause of a variety of related problems. I'd like to mention some of these problems and suggest what society should do to deal with them.

First, feelings of powerlessness prevail among people in general. On hearing about the high rate of youth unemployment, even employed people tend to fear for their jobs when their company experiences a crisis. This, in turn, tends to have a negative impact on employee perceptions of both job satisfaction and job security.

Second, the high unemployment rate will lead to the eventual collapse of a reliable pension system. If, in the absence of a steady job, young people decide that they are simply unable to afford marriage, the decline in the birth rate will probably accelerate in the foreseeable future. As a result, there will be too few taxpayers in the younger generation to provide financial support in the forms of pensions upon retirement to the next generation.

To resolve these problems the Japanese business world should hire more young employees even in the present economic depression. Companies should be concerned about not only about their profits but also about the future development of Japan.

ポイント 問題の性質上，最後まで問題点を挙げるという一貫性は保たれている。このような出題の場合は，途中に「しかし…のような点を考慮すると，この問題はそれほど大きくはない」というような記述をしないように気をつける。あくまでも欠点を述べることに徹する。

解答例は全体で4つのパラグラフで，本論の第2パラグラフに3つのトピックのうちの2つを入れた例。1トピック1パラグラフの原則に反しているようだが，ポイントが類似したもので一続きの文章にできる場合は，同じトピックとしてくくってしまってもよいだろう。

解 答例の訳

　日本の失業率，特に若者の失業率が記録的に高くなっており，他にも関連する多くの問題の原因となっている。いくつかの問題について言及し，対処するには社会が何をすべきかを提案したい。

　第一に，虚無感が一般の人々に蔓延している。若者の高い失業率のことを耳にすると，職を持つ人々でも会社に危機が訪れた場合の職への不安を感じがちである。このことが次に，就業者の仕事への満足度と安心感に否定的な影響を与える傾向をもたらす。

　第二に，高い失業率は信頼できる年金体制の最終的な崩壊にもつながる。もし，今日の若者が，定職がないために結婚できないと決めてしまったら，近い将来低い出生率を助長することになる。その結果，次の世代の退職後に払われる年金という形の財政的サポートを供給する若い世代の納税者が少なすぎるという情況になる。

　このような問題を解決するために，日本の産業界はこの不況の中でもより多くの若者を雇用しなければならない。企業は自分の利益だけではなく，将来の発展に関心を持つ必要がある。

8 さまざまな話題に対応する

1 さまざまなソースの活用

　§1では，過去の出題から判断し，今後も英検1級の英作文は，一般的な生活におけるさまざまな社会問題が出題の中心になると述べた。このような問題について，自分の意見を記述し，記述を明確にするためのサポートとなる文を短時間で書くには，日ごろから，社会問題に興味を持ち，自分の意見と具体的なデータを蓄積しておく必要がある。専門的な知識は要求されていないが，専門知識を活用してはいけないわけではない。このような知識があれば，本論の記述がより具体的になり，エッセー全体が生き生きとする。つまり，具体的な知識はエッセーの糧になるので，積極的に社会問題についての知識を得る必要があるということになる。

　そこで，普段から，日本語でもかまわないので，新聞やニュース雑誌，テレビ・ラジオニュースなどに触れ，社会問題について自分の意見を持つように訓練することが必要である。インターネットも情報収集の道具としては有効である。ニュースなどを大いに活用したい。メディアを活用して知識を増やすとともに，さまざまな事象に対する簡単な意見を即座に出せるぐらいに訓練をするのである。

　次に，エッセーの形式に慣れるためには，与えられたトピックについて実際にエッセーを書くという訓練が必要である。これまでの英検の英作文の過去問題を利用して訓練することも必要だが，これまで出題された英検1級一次試験面接のスピーチ・トピックを利用するという手段も考えられる。参考までに，ここ数回の検定試験で出題されたトピックのうち，一般的な社会問題を扱っているものには以下のようなものがある。

- 我々は環境保護のために十分なことをしているか
- よりよい政府のサービスのために高い税金を払うか
- 世界の大自然は結局はなくなるのか
- インターネットは子どもに有害か
- 今日の人類が直面している最大の健康問題とは？
- 子どもが持つべき権利とは？
- 将来，家族は実をなさなくなるか

・健康管理：予防か治療か
・日本は民主主義的か
・資本主義の功罪
・現代日本における会社と家族
・創造性は教えることができるか
・文化遺産を保存することの重要性

さらに TOEFL テストなどの資格試験のトピックも活用して学習するとよいだろう。

2 トピックの形態に対応する

これまでの傾向を見ると，英検1級英作文は，トピックに関連する要素をいくつか挙げて説明するものと，ある事象についての利点および（あるいは）欠点を述べるものになっている。したがって，自分でトピックを設定して訓練する場合にも，両方の出題傾向に合わせてエッセーを書いてみる必要がある。たとえば，次のトピックについては，以下のような2種類のタイトルが設定できる。

例　トピック：子どもとインターネット

タイトル1：子どもにインターネットを利用させる場合の留意点
タイトル2：子どもにインターネットを利用させることの利点と欠点

Practice

- Write an essay on the given TOPIC covering three of the POINTS below.
- Structure: three or more paragraphs, including an introduction and conclusion.
- Length: around 200 words

TOPIC

THE ADVANTAGES AND/OR DISADVANTAGES OF HOME SCHOOLING (STUDYING WITHOUT GOING TO SCHOOL)

POINTS
- *Quality of education*
- *Well-educated parents*
- *Development of technology*
- *Bullying*
- *Sociability*
- *Compulsory education*

Model Answer

The number of parents who have decided not to send their children to school is increasing, especially in western societies. There are both advantages and disadvantages to home schooling.

First, in response to what is perceived to be a general deterioration in the quality of school education, parents are now deeply concerned about enrolling their children in ordinary state schools. In the opinion of many parents, evidence of deteriorating standards can be seen in the number of scandalous incidents involving teachers and in the overall decline in academic achievement among school children. Sending their children to an excellent private school is a sensible choice, but tutoring them at home is a sound, reasonable alternative.

Second, considering the application of information technology, it is possible to provide children with a variety of quality learning materials at home. They can access quality online learning materials and even take distant learning courses offered by well-organized schools. This benefit is likely to increase in the future.

However, there is a serious drawback to home schooling as well. Home schooled children may lack opportunities to associate with other children. Home schools usually accommodate only a handful of children. In order to develop valuable interpersonal skills, children need to form friendships with others in the same peer group.

Even in East Asia, where schooling is traditionally thought of as important, quite a few parents have recently started thinking of home schooling instead. They should think of both the advantages and disadvantages of home schooling as outlined above when deciding on their children's school career.

> **ポイント**　「利点と欠点」というトピックが出された場合は，解答例のように両者を対比させて論旨を展開させるほうが書きやすい場合が多い。もちろん，場合によっては利点のみを列挙したり，逆に欠点のみを列挙するという論の展開も十分可能。解答例で選択しなかったポイントを利用して，「高い教育を受けている親が増加しているために，優れた教育を自分たちの子どもに施すことができる可能性が高くなっている」「少人数が主体のホームスクールは普通の学校よりいじめられる可能性が低い」などの利点，「現在の義務教育制度の中では社会的に認められにくい」などの欠点を述べることができる。

解答例の訳

　最近では子どもを学校に行かせないという選択をする親の数が，特に西洋社会で増えている。ホームスクールには利点欠点の両方がある。

　まず，概して学校教育の質が悪化しているという認識に対し，親は自分の子どもを普通の公立学校に入学させることに大変心配をしている。多くの親の意見として，水準が低下しているという証拠が教師の関係する不祥事や全般的な学力低下などに見られる。わが子を優れた私立学校に送ることも分別のある選択の１つだが，家庭で教えるのも堅実で妥当な選択肢である。

　次に，IT 技術の応用を考えると，家庭でも子どもにさまざまな質の高い教材を与えることが可能である。よく組織された学校が提供する優れたオンライン教材や通信講座も手に入れることができる。このような長所は今後ますます増加するであろう。

　しかし，ホームスクールには重大な欠点もある。ホームスクールの生徒は他の多くの生徒と交流する機会が少ないかもしれない。ホームスクールは通常は数人の生徒しか受け入れない。子どもたちが有益な人付き合いの能力を発達させるのに必要としているのは，同世代の他人との友情である。

　東アジアでは，伝統的に学校に行くことが重視されているが，それでも最近ではかなりの親がホームスクールを考え始めている。親は子どもの学校教育を決定する際に，上で例示されているようなホームスクールの利点と欠点を考える必要がある。

Chapter 4

Listening

§1 英検1級のリスニング問題 ― 184

リスニング・トレーニングの方法 ― 221

§2 リスニング力の向上 ― 227

ここでは，英検1級レベルに必要な，リスニング力を伸ばす訓練を行う。§1では，過去に出題された典型的な問題にあたり，その形式と傾向をつかむ。§2では，内容の理解を深めるために必要なスキルを磨いた上で，会話，ニュース，レクチャー，インタビューといったさまざまな英文を聞き，全般的なリスニング能力を高めることを目指す。

§1 英検1級のリスニング問題

問題の傾向と形式

　リスニングテストは，従来3つのパートからなっていたが，平成16年度第1回より，新しい聞き取りのパート（Real-Life：館内放送や講義などの聞き取り）が追加された。問題数は全部で27問，試験時間は約30分である。また，記述の解答形式もなくなり，すべて4肢選択式の解答となった。

　テストの方法や注意事項はすべて英語で放送される。リスニングテストの冒頭では以下のようなナレーションが放送される。どのような指示なのか前もって把握しておこう。

CD(1)－2

> 　The listening test for the First Grade examination is about to begin. Listen carefully to the directions. You will not be permitted to ask questions during the test. This test has four parts. All of the questions in these four parts are multiple-choice questions. For each question, choose the best answer from among the four choices written in your test booklet. On your answer sheet, find the number of the question and mark your answer. You are permitted to take notes for every part of this listening test.

Chapter ▶▶ 4

1 Part 1 (Dialog：会話の内容一致選択)

　Part 1 の冒頭では以下のようなナレーションが放送される。指示の内容を前もって把握しておこう。

💿 CD(1)－3

> Now, here are the directions for **Part 1**. In this part, you will hear 10 dialogs, **No. 1** through **No. 10**. Each dialog will be followed by one question. For each question, you will have 10 seconds to choose the best answer and mark your answer on your answer sheet. The dialog and the question will be given only once. Now, let's begin.

問題の形式

　10 の会話の内容についてそれぞれ 1 つずつ質問が読まれ，4 つの選択肢の中から最も適切なものを選ぶという形式である（配点は各 1 点）。会話は，基本的に男女 2 人の会話で，A-B のパターンが 2〜3 回繰り返されるが，No. 9, 10 では長い会話や 3 人の会話が出題される。会話と質問は 1 度ずつ放送され，解答時間は各 10 秒間である。

問題の傾向

会話の内容：親子間での将来についての会話，先生と保護者の間での子どもの学校生活についての会話，同僚間での休暇の過ごし方についての会話など，日常的な場面設定も見られるが，同僚や契約相手と交わされるビジネス，仕事上の会話場面が比較的多数を占めている。ビジネスで使われる表現，内容，場面設定などに慣れておく必要がある。随所にビジネス特有の単語がちりばめられ，聞き取りの際に戸惑うこともあるかもしれないが，そこで聞き取りの集中力を切らさず，全体の状況から答えを導き出すことが重要である。

　また，口語表現なども多く使用されるので，さまざまな口語表現にも慣れておく必要があるだろう。

例題 CD(1)-4

No. 1
1 By asking her parents for money.
2 By borrowing money from a bank.
3 By working part time.
4 By receiving a scholarship. (2004-2)

No. 2
1 It was a little too expensive.
2 It was a success to some extent.
3 She shouldn't have gone fishing.
4 She should have stayed longer. (2004-1)

No. 3
1 She will transfer to the Chicago office.
2 She chose to turn down the job offer.
3 She will help her husband find a new job.
4 She decided to ask Jack to join her team. (2004-1)

No. 4
1 Pay some of the advertising costs.
2 Revise the contract.
3 Make Katoh Corporation the sole agent.
4 Discuss concessions with the managing director. (2004-1)

No. 5
1 He is one of the best students in his class.
2 His concentration is getting better.
3 He is becoming less shy.
4 He is still often late with his assignments (2004-1)

No. 6
1 To boost the company's market share.
2 To pay for the company's new product line.
3 To cause trouble for the director.
4 To force the company to be more competitive. (2004-2)

Chapter ▶▶ 4

Answers

No. 1 **2**   No. 2 **2**   No. 3 **2**   No. 4 **4**   No. 5 **2**   No. 6 **3**

スクリプト CD(1)−4

No. 1

"Hey, Dad. I've, um, been giving some serious thought to my future . . ."
"And?"
"Well, I'd kind of like to study for a year abroad next year if I can, maybe in Paris. What do you think?"
"Paris, huh? That's a nice idea, honey, but I don't think we can afford it."
"I know. So I checked at the university's financial aid office, and they said that I qualify for a student loan. I can pay off the bank after I graduate and start working."
"If that's really what you want to do, I'm sure it'll be a great experience."
"Thanks, Dad. Now all I have to do is convince Mom of that."
Question: How is the young woman planning to pay for her studies abroad?

No. 2

"How was your vacation in Montana, Lisa? Catch anything?"
"Not a single fish for five whole days."
"Well, at least it took your mind off work for a while."
"You can say that again. Work was the furthest thing from my mind. The only thing I thought about was why the fish weren't biting but the mosquitoes were."
"Well, in that sense, then, your vacation was worth it."
Question: What does the man say about Lisa's vacation?

No. 3

"I heard you were chosen to head up the Chicago office. Congratulations, Debbie."

"Actually, I decided against accepting the offer. My husband just got a new job in town, and I don't want to uproot our kids from school."

"Well, I can't say I'm disappointed. I wasn't sure how we'd ever get along without you."

"Thanks for the kind words, Jack. Actually, being able to work with everyone on our team was one of the factors in my decision, too."

Question: What do we learn about Debbie?

No. 4

"Ed, thanks for coming in to see me."

"No problem at all . . . So, how do you feel about the contract proposal? Is Katoh Corporation willing to act as our sales agent in Japan for Pantech golf clubs?"

"We have a few things to discuss first, Ed. For one, the contract doesn't specify our becoming your sole agent for the Pantech line."

"That could be a possibility—after we see the sales results for the first year."

"After the first year? I'm sorry, I don't think we can go along with that. After all, we have to pay for all the marketing."

"Ah, I see your point. Well, I think we could perhaps share some of your initial advertising costs."

"Could you be more specific?"

"We might be able to go as high as fifty-fifty for the first year. Of course, I'll need to check with the managing director before I can put that in writing."

"Well, please find out before we meet again on Monday morning. Otherwise, it might be difficult for us to move forward."

Question: What did Ed agree to do during this meeting?

No. 5

"Thanks for coming to this parent-teacher conference, Mr. and Mrs. Partridge. First, let me tell you that Greg has made a lot of progress over the past few months."

"I hope so. We were really surprised when he got a D in math on his last report card. He's always been good at math."

"His grade was due more to his poor work habits than his ability."

"But he's been telling us he always turned in his assignments on time."

"He has been pretty good about that, though he did miss a few at the beginning of the year. But his lack of attention in class was the main problem."

"Yes, I remember your note about that. Why do you think that was?"

"Greg has a tendency to show off in class. He needs to be the center of attention."

"Really? I always thought he was a shy boy."

"Shy isn't a word I'd use to describe Greg. He's more like the class clown."

"That's surprising. I'll have a few words with him about that."

"Well, please remember that he has improved. He's really buckled down this term and is doing at least B level work."

"I'm relieved to hear that."

Question: What did Greg's teacher say about Greg?

No. 6

"Hey, Bruce. What's up?"

"Quite a bit, actually. Did you hear that the vice president raised the sales quota for our department?"

"You're kidding. We didn't even make last year's quota. How can we do better given the current market conditions?"

"According to what I heard, the V.P. thinks the new product line to be released in September will make us more competitive."

"Maybe, but not by that much."

"But I think there's another, more likely explanation for the quota increase."

"Which is?"

"He's setting our director up for a fall, setting a quota that's impossible to meet."

"Now, it's starting to make sense. I've heard there's some friction between the two."

"Yeah, I've been in meetings where you could cut the tension with a knife."

"Ah, company politics. Well, I think our director has done a pretty good job considering the obstacles he's had to face."

"He can expect a few more in the future."

"And all that pressure will filter down to us. It sounds like we have a difficult year ahead of us."

Question: According to Bruce, why did the vice president increase the sales quota?

解説

No. 1 I qualify for a student loan「学生ローンを借りる資格がある」I can pay off the bank「銀行に返済する」などが聞き取りのポイントになる。

No. 2 仕事のことを考えずに,なぜ魚がつれないかについて考えていたと言っており,仕事を離れることができたという意味で (In that sense), your vacation was worth it.「君の休暇は価値あるものだった」と結んでいる。

No. 3 聞き取りのポイントは I decided against accepting the offer. の against「〜に反対して」である。これを聞き逃すと意味が違ってくるので,注意が必要である。

No. 4 **1** が答えのように思えるが,それを決める前に重役に話をしてみないといけない,といっていることから,**4**「譲歩について重役に話をしてみる」が答えとなる。

No. 5 会話の最後の部分に He's really buckled down this term「彼は今学期気を引きしめて熱心に励んできた」とあるので,彼の集中力が向上してきたと分かる。buckle down「(仕事などに) 熱心に励む」に注意。

No. 6 He's setting our director up for a fall の set ... up「(人)を陥れる」が聞き取りのポイントになる。set up の意味としてはなじみが薄いので注意。また,there's some friction between the two.「2人の間に摩擦がある」の部分もヒントになる。

> **ポイント** 長い会話や3人の会話も含まれることと,ビジネス英語特有の単語も使われることが特徴である。聞きなれない単語が出てくると集中力が切れてしまいがちであるが,全体の状況から答えを推測することも可能なので,概要を聞き取る訓練を怠らないことである。

全訳

No. 1
「パパ，将来について真剣に考えてきたんだけど…」
「それで？」
「可能なら，1年間パリで勉強したいんだけど。どう思う？」
「パリ？ ふーむ。いい考えだと思うけど，うちにはそんな経済的余裕はないな」
「わかっているわ。だから大学の資金援助オフィスに問い合わせてみたの。そして，私は学生ローンの資格があるっていうの。卒業して働き始めた後に銀行に返済してもいいの」
「それがお前の本当にやりたいことなら，きっとすばらしい経験になると思うよ」
「ありがとう，パパ。あとはママを説得することだけね」
質問：この若い女性は留学費用をどのように支払うつもりか。

No. 2
「リサ，モンタナでの休暇はどうだった？ なにか釣れた？」
「5日間ずっと一匹の魚もつれなかったわ」
「少なくとも，しばらくは仕事から心が離れたね」
「確かにそう言えるわね。私の心はすっかり仕事から離れていたわ。私が考えた唯一のことは，なぜ魚がえさに食いつかず，蚊が私のことを刺し続けたかってことね」
「その意味じゃあ，君の休暇は価値あるものだったね」
質問：リサの休暇について男性はなんと言っているか。

No. 3
「シカゴのオフィスを取り仕切ることになったと聞いたよ。おめでとう，デビー」
「実は，その申し出を断ることにしたの。夫がこの町で新しい仕事についたし，子どもたちを慣れた学校から転校させたくはなかったから」
「そうか，でも残念だとはいえないな。実は，君なしで私たちがうまくやっていけるかどうか確信が持てなかったんだ」
「優しい言葉をありがとう，ジャック。実は，私たちのチームのみんなと仕事ができるということも私を決心させる要素の1つだったの」
質問：デビーについてなにが分かるか。

No. 4

「エド，来てくれてありがとう」
「どういたしまして。契約の提案についてどう思いますか。カトーコーポレーションはパンテックゴルフクラブの日本における販売代理店にすすんでなりたいと思っていますか」
「エド，最初にいくつか話し合っておきたいことがあります。まず，この契約は，私たちが，パンテックの総代理店になることを規定していないですね」
「それは可能性の1つです―最初の年の売り上げ結果を見た後の」
「最初の年の結果を見た後の？ そういうことなら，残念ながら，一緒にやっていくことができないと思います。結局，私たちが，すべてのマーケティングの経費をはらわなければなりませんし」
「あなたのおっしゃることは分かります。そうですね，あなた方の初期宣伝費の一部を私たちが肩代わりすることはできると思います」
「もう少し詳しく話してくれませんか」
「最初の年については，最高で5分5分まで私たちが（その宣伝費を）肩代わりできるかもしれません。もちろん，契約書に明記する前に重役に話してみないといけませんが」
「それでは，月曜日の朝にもう一度会う前にそのことについて確認しておいてください。それでなければ，私たちがこの話を前に進めることは難しいかもしれません」
質問：エドはこのミーティングの間に何をすることに同意したか。

No. 5

「パートリッジご夫妻，本日は保護者面談にお越しいただきありがとうございます。最初に，グレッグがこの数か月で大変な進歩を見せたことをご報告します」
「そうだといいのですが。この間の通知表でグレッグが数学でDの成績をとったときには大変驚きました。いつも数学は得意だったですから」
「彼の（悪い）成績の原因は，彼の能力というよりもむしろ彼の学習習慣が悪いことにあると思います」
「けれど，彼はいつも課題を締め切りどおりに提出していたと話していたんですけれど」
「年度の初めにはいくつか提出をしなかったものもありますけれど，彼は，課題についてはよくやっていたと思います。けれど，授業での集中力のなさが一番の問題です」
「ああ，そうですね。そのコメントは覚えています。それはなぜだと思われますか」
「グレッグは，授業で自分のことを見せびらかす傾向があります。彼は皆の注意の的になっていたいのです」
「本当ですか。彼は内気な子だといつも思っていました」
「グレッグのことを言うのに，私は内気という言葉を使いません。彼は，むしろクラスのひ

ょうきん者です」
「それは驚きました。そのことについて彼と話をしてみます」
「どうか，彼はよくなっているということをお忘れなく。彼は，今学期とても自分を引きしめてがんばってきました。少なくともBレベルの勉強をしています」
「それを聞いて安心しました」
質問：グレッグの先生はグレッグについて何と言っているか。

No. 6

「あら，ブルース，どうしたの。」
「実は，かなり悩んでいるんだ。副社長が我々の課の販売ノルマを引き上げたことを聞いたかい？」
「冗談でしょう？去年のノルマでさえ達成できなかったのに。今のマーケットの状況を考えるとこれ以上どうすればいいっていうのかしら」
「僕が聞いたところによれば，9月に発表される一連の新製品で僕たちの競争力が上がるだろうと副社長は考えているそうだ」
「多分そうだろうけど，それほど多くは期待できないわ」
「販売ノルマの引き上げにはほかにもっと説得力のある説明があると思うんだ」
「それは？」
「達成不可能なノルマを与えることで，彼は，僕たちの取締役を陥れようとしているんじゃないかな」
「そう，分かってきたわ。2人の間には摩擦があると聞いたことがあるのよ」
「非常に緊張した雰囲気のミーティングに何度か立ち会ったことがあるよ」
「あーあ，会社の権力闘争か。私たちの取締役は彼が直面しなければならなかった障害を考慮に入れると，非常によく仕事をこなしてきたと私は思うわ」
「彼は，今後もそういう障害に出会うことになるだろうね」
「そしてそういったすべての圧力は私たちにも降りてくるでしょうね。今年は難しい年になりそうね」
質問：ブルースによれば，副社長はなぜ販売ノルマを引き上げたのか。

2　Part 2（Passage：英文の内容一致選択）

　Part 2 の冒頭では以下のようなナレーションが放送される。指示の内容を前もって把握しておこう。

CD(1)－5

　Here are the directions for **Part 2**. In this part, you will hear five passages, (A) through (E). Each passage will be followed by two questions, **No. 11** through **No. 20**. For each question, you will have 10 seconds to choose the best answer and mark your answer on your answer sheet. The passage and the questions will be given only once. Now, let's begin.

問題の形式

　200語前後の英文が5つ放送される。各英文につき2問ずつの質問に，4つの選択肢の中から最も適切なものを選んで答えるという形式である（配点は各1点）。英文と質問は1度ずつ放送され，解答時間は各10秒間である。

問題の傾向

英文の内容：　スポーツ，歴史，科学，経済，社会問題，環境問題と幅広い分野にわたっている。専門知識がなくては理解できないというような文章ではないが，日ごろから背景知識を広く蓄えておくとともに，分野別に使われる語彙にも習熟し，なじみの薄い語彙が出てきても，そこでリスニングの集中力が途切れないようにしておくことが重要である。あきらめずに最後まで聞くことがカギである。

質問の内容：　事実関係を問う "what" を用いた質問が多い。特に，社会的，環境的な問題点とその解決策，科学的調査結果とその解釈など，事実関係に意識を集中させて聞くことが重要である。"why"，"how" を用いた質問形式も多いので，因果関係に注意して聞くことも必要である。あらかじめ答えの選択肢に目を通し，どのようなことが問われるのかを推測し，聞き取りのポイントを絞っていくとよい。

例題 CD(1)−6

(A)

No. 1 1 Her daughter.
2 Her training program.
3 Support from fans.
4 Successful knee surgery.

No. 2 1 It is being delayed because of rain.
2 It was completed in record time.
3 Kenny Oliver is the winner.
4 Kenny Oliver is now in the lead.   (2004-1)

(B)

No. 3 1 The prison conditions were bad.
2 The number of prisoners was high.
3 The prisoners were made to work.
4 There were very few prisoner deaths.

No. 4 1 Tunneling.
2 Using disguises.
3 Faking illness.
4 Climbing the walls.   (2004-1)

Chapter ▸▸ 4

(C)

No. 5 1 Toxins cannot be broken down in sunlight.
2 Only waste located deep underground can be cleaned up.
3 The process is only effective when there is little sunlight.
4 Some toxins always remain.

No. 6 1 They kill some of the nutrients in contaminated soil.
2 They work only when paired with fertilizers.
3 They cannot survive in oxygen-rich environments.
4 They cannot be genetically engineered.   (2004-2)

Answers

No. 1 1   No. 2 4   No. 3 2   No. 4 1   No. 5 4   No. 6 3

スクリプト

CD(1) − 6

(A) *Sports News*

This is Jay Jennings for WCVR Sports News. First, an amazing story from London, where today the women's marathon world record was shattered by Margola Abera of Ethiopia. Abera finished the race in just two hours, fifteen minutes, and 26 seconds, breaking the previous record by a minute and three seconds.

Although a fan favorite, Abera wasn't expected to finish in the top 10. She gave birth just eight months ago and had knee surgery last year. Abera used a strict training program to get back in shape. She trained in the hills near her home with her husband, who accompanied her on motorcycle. Asked what motivated her, Abera said she wanted to win for her baby daughter.

Speaking of records, Kenny Oliver leads after the first round of the Bank One Golf Invitational with a course-record 62. Oliver also held the previous record of 63. The tournament got off to a wet start, with morning showers forcing a two-hour delay. Looks like the weather should cooperate for the rest of the week, though. Round two kicks off tomorrow morning at eight o'clock.

Questions

No. 1 What did Margola Abera say motivated her?
No. 2 What do we learn about the golf tournament?

(B) *American History Digest*

Today, in American History Digest, we go way back to the U.S. Civil War.

Did you know that an estimated 56,000 men perished in Civil War prisons?

The high mortality rate was not deliberate, but rather the result of ignorance of nutrition and proper sanitation. While previous wars harbored similar prison conditions, the Civil War was unique in the sheer numbers of men confined. "Americans had never been faced with what to do with more than 100 men in captivity before," said James Robertson, a history professor at Virginia Tech.

Under the circumstances, it's not surprising that escape attempts were common. Tunneling was by far the most widespread method of escape. In one famous prison break, 109 Union prisoners crawled to freedom after digging an 18-meter tunnel with seashells and pocketknives.

Other attempts were also ingenious. POWs often feigned sickness in the hope that they would be carried outside the stockade walls and left for dead. Once outside, prisoners would simply walk away. And, at Camp Douglas in Illinois, some inmates darkened their skin with charcoal and walked out with the African-American servants who worked in the prisons.

Join us again next week when we look at the sinking of the Lusitania in 1915.

Questions

No. 3 What was unique about the Civil War prisons?

No. 4 What was the most common kind of escape attempt?

(C) *Toxin Eaters*

Toxic waste is contaminating aquifers—the underground layers of earth that yield water—throughout the world, turning important water resources into chemical cocktails. These toxic compounds enter the soil through the decomposition of plastic pipes and plastic wrap. Until now, there has been no simple, inexpensive way to clean up these contaminated sites. Now, however, researchers have discovered microbes at a contaminated site 20 feet underground that eat the toxic compounds.

The traditional way to clean up contaminated aquifers has been to pump the water out of the ground and spray it in the air in a fine mist so that sunlight can break down the toxic compounds naturally. However, this method is not only time-consuming but also highly inefficient, for some toxins adhere to the soil, making thorough cleanups nearly impossible.

The discovery of the toxin-eating microbes opens an exciting new avenue. Scientists have also found that the microbes work even more efficiently when fertilizers and nutrients are added to the soil. Obstacles still exist, however. The toxin-eating microbes only flourish deep underground in oxygen-free environments. Researchers are hoping to genetically engineer the microbes so that they can thrive in oxygen-rich environments as well.

Questions

No. 5 What is one problem with the method traditionally used for cleaning up water?

No. 6 What obstacle do scientists face regarding the microbes?

解説

(A)
No. 1 She wanted to win for her baby daughter と彼女自らが述べているところから，動機付けの要因は彼女の娘であると分かる。
No. 2 **1** と混同しやすいので注意。トーナメント第1ラウンドは雨で2時間遅れて始まったが，第1ラウンドはもう終わっている。

(B)
No. 3 The Civil War was unique in the sheer numbers of men confined「投獄された人のまさに数において南北戦争は特徴的であった」と述べられている。confine「監禁する」in the sheer numbers「まさに数において」
No. 4 Tunneling was by far the most widespread method of escape「トンネル掘りが脱獄の最も広く使われた方法であった」と語られている。by far は強調。

(C)
No. 5 Some toxins adhere to the soil「ある毒素は土壌にしつこく残る」ことから完全には日光で浄化することはできないことが分かる。つまり，**4** が正解となる。
No. 6 キーワードは flourish「栄える，繁殖する」，oxygen-free environment「酸素のない環境」である。「酸素のない環境でのみ繁殖する」ということから，**3** が導き出される。

> **ポイント** 幅広い内容が扱われるので，「背景知識」を英語・日本語で増やしておくと同時に，分野別に語彙を覚えておく必要がある。また，聞き取りのポイントが同意語などで言い換えられている場合もあるので，同意語，反意語なども覚えておくとよいと思われる。

全訳

(A)「スポーツニュース」

　WCVRスポーツニュースのジェイ・ジェニングです。まずは，ロンドンから感嘆すべきニュースをお伝えします。エチオピアのマルゴラ・アベラによって女子マラソンの世界記録が破られました。アベラは，2時間15分26秒というタイムでレースを終え，前の記録を1分3秒も更新しました。

　アベラはマラソンファンの人気者ですが，トップ10に入ることも期待されていませんでした。8か月前に子どもを産み，昨年ひざの手術をしておりました。アベラは，元の状態に戻るために厳しいトレーニングプログラムをこなしていました。彼女は自宅近くの丘で，オートバイに乗る夫に付き添われてトレーニングを行っていました。何が彼女の動機付けとなったかと聞かれ，アベラは彼女の生まれたばかりの娘のために勝ちたいと述べました。

　記録と言えば，ケニー・オリバーは，バンク・ワン・ゴルフ招待試合の第1ラウンドを終えた時点で，コースレコードの62で，トップに立っています。オリバーは前に63という記録を持っていました。トーナメントは，朝の雨で2時間遅れて始まりましたが，週の残りの期間はどうやら天候はトーナメントに味方してくれそうです。第2ラウンドは明日の朝8時に始まります。

質問
No. 1 マルゴラ・アベラは，何が彼女の動機付けになったと述べたか。
No. 2 ゴルフトーナメントについて何が分かるか。

(B)「アメリカン・ヒストリー・ダイジェスト」

　今日のアメリカン・ヒストリー・ダイジェストでは，アメリカの南北戦争の時代にさかのぼります。

　南北戦争の際，刑務所で亡くなった人の数はおよそ56,000人程度と推測されているということをあなたは知っていましたか。

　この高い致死率は，意図的なものではなく，むしろ栄養学と適切な衛生設備に関する知識の欠如による結果でした。それまでの戦争でも同じような刑務所の環境でしたが，南北戦争は，投獄されたまさに人の数において特色がありました。バージニア・テクの歴史学の教授ジェームス・ロバートソンは次のように語っています。「アメリカ人は，100人以上もの囚われた人々をどのように扱ったらよいのかという問題にかつて直面したことがありませんでした」

そのような状況下では，脱獄の試みが日常的なことであったのは驚くに値しません。トンネル掘りは脱獄の方法で最も広まった方法でした。有名な脱獄の例では，貝やポケットナイフを使って18メートルのトンネルを掘り，自由へ向けて109人の囚人が這い出しています。
　他の試みもまた，巧妙でした。戦争捕虜は，牢の壁の外に連れて行かれ，そこで死を待つために置き去りにされることを希望して，しばしば病気のふりをしました。一度外に出れば，囚人は簡単に歩いて立ち去ったものでした。イリノイのキャンプ・ダグラスでは，何人かの収容者たちは肌を炭で黒く塗り，刑務所で働いているアフリカ系アメリカ人の使用人たちとともに刑務所の外に歩き去りました。
　来週は，1915年のルシタニア号の沈没について見ていきます。では，また来週。

質問
No. 3 南北戦争の刑務所の特徴的なことは何か。
No. 4 脱獄の試みとしてもっとも典型的なものは何か。

(C)「毒素を食べる微生物」

　有毒廃棄物が世界中の帯水層―水を生み出す地層―を汚染し，重要な水資源を化学物質のカクテルにしてしまっている。これらの有毒化合物は，プラスチックパイプやプラスチックラップが分解することによって地中に入り込む。今まで，これらの汚染された場所を浄化する簡単で安価な方法はなかった。しかし，今，研究者たちは，有毒化合物を食べる微生物を汚染地帯の20フィート地下で発見した。
　汚染された帯水層をきれいにするこれまでの方法は，地下から水をポンプで引き上げ，日光が自然に有毒化合物を分解できるように，霧状にしてその水を空気中に散布することであった。しかしながら，この方法は，時間がかかるだけでなく，非常に効率が悪い。というのは，ある毒素は土壌にしつこく残り，そのことが完全な浄化をほぼ不可能にしている。
　毒素を食べる微生物の発見は，画期的な新しい道を開くことになる。科学者たちは，化学肥料と栄養剤が土壌に加えられると，その微生物がもっと効率的に働くということも発見した。しかし，障害はまだ存在している。毒素を食べる微生物は，地下深い酸素がない環境でのみ繁殖する。研究者たちは，その微生物が酸素の多い環境でも活動できるように，遺伝子操作したいと思っている。

質問
No. 5 水を浄化するために以前から使われている方法の問題の1つは何か。
No. 6 微生物に関して科学者たちはどんな障害に直面しているか。

3 Part 3 (Real-Life：館内放送や講義などの内容一致選択)

Part 3 の冒頭では以下のようなナレーションが放送される。指示の内容を前もって把握しておこう。

🄲🄳(1)－ 7

Here are the directions for **Part 3**. In this part, you will hear five passages, (F) through (J). The passages represent real-life situations and may contain sound effects. Each passage will have one question, **No. 21** through **No. 25**. Before each passage, you will have 10 seconds to read the situation and question written in your test booklet. After you hear the passage, you will have 10 seconds to choose the best answer and mark your answer on your answer sheet. The passage will be given only once. Now, let's begin.

問題の形式

平成16年度第1回より導入された日常生活場面に即したリスニング問題である。館内放送や留守番電話メッセージなど，日常生活に根ざしたアナウンスが読まれ，それぞれの内容に関する質問1つに，4つの選択肢の中から最も適切なものを選んで解答する（配点は各2点）。放送を聞く前に10秒間の時間が与えられ，「状況」（Situations）と「質問」を読むことが特徴である。日常の場面では，目的もなくただ何かを聞くということはあまりなく，自分のほしい情報を探しながら能動的に聞くことのほうが一般的である。したがって，Part 3 では受験者が，主体的に明確な目的を持って，必要とされる情報を探しながら聞く，という実際のコミュニケーション場面に近い試験形式となっているといえる。それだけに，あらかじめ明示された「状況」と聞き取りのポイントである「質問」をよく理解した上で，リスニングに望むことが非常に重要である。

問題の傾向

英文の内容： 「大使館，フェリー乗り場，デパートといった施設での館内放送」，「電話の自動音声ガイド」，「ラジオ，テレビなどを通じた公共放送，アナウンスメント」など，日常場面に根ざしたものばかりである。背景には自然な効果音が流されており，臨場感を高めている。

質問の内容： 自分が必要としている情報を捜しながら主体的に聞くことが求められているので，What should you do?「何をすべきか」と問われることが多い。さらに，Aの状況ではこう，Bの状況ではこう，Cの状況ではこう，といった具合に複数の状況が場合別に提示されることが多いので，自分の場合にあった「すべきこと」を聞き取る必要がある。

例題

CD(1)—8

(A)

No. 1 *Situation:* Today is Thursday. You are at an embassy to collect a tourist visa you previously applied for. You were supposed to collect the visa by last Tuesday, but you could not make it.

Question: What should you do?

    1 Come back again on a Monday or a Wednesday.
    2 Fill in an "exceptional circumstances" form.
    3 Pay a surcharge of $50.
    4 Go to Desk D right away.   (2004-2)

(B)

No. 2 *Situation:* You are an 18-year-old planning to study English abroad. You can go for two weeks in July and your level is pre-intermediate. You call the Oak Study Tours InfoLine.

Question: For the course that would offer you the most benefits, which number should you press?

    1 1.   **2** 2.   **3** 3.   **4** 4.   (2004-2)

(C)

No. 3 *Situation:* Tomorrow is Friday and a public holiday. You are going to Vancouver Island today, and the ferry you are taking leaves at 2:00 p.m. You are a university student.

Question: How much will the ferry ride to Vancouver Island cost?

    1 $5.00   **2** $5.25   **3** $9.75   **4** $10.25   (2004-2)

(D)

No. 4 *Situation:* You hear the following public service announcement from the Blackwood Public Library on the radio.

Question: In order to become a literacy volunteer, what must you be prepared to do?

    1 Coordinate a literacy program.
    2 Train one evening a week.
    3 Provide proof of teaching qualifications.
    4 Teach a class on Mondays.   (2004-1)

Answers

No. 1 1   No. 2 3   No. 3 4   No. 4 2

スクリプト　　　　　　　　　　　　　　　　　　　CD(1)－8

(A)

You have 10 seconds to read the situation and Question No. 1.

This is an announcement for tourist visa applicants. If you are here to apply for a visa, please fill in the appropriate forms, which can be found at the reception desk on the first floor, and take a numbered ticket. You will also need three passport-sized photos and a passport that is valid for at least three months after your proposed visit.

Those applicants who have come to pick up visas should take a numbered ticket from Desk C on the third floor. Also please have $50 in U.S. currency ready, as well as the card with your reference number. If your collection date is overdue, please go to Desk D on the third floor. However, this desk is only open on Mondays and Wednesdays. No exceptions can be made. If you have any questions, please do not approach the application desks as this slows the process for everyone. Ask at the inquiry counter next to the reception desk.

Now mark your answer on your answer sheet.

(B)

You have 10 seconds to read the situation and Question No. 2.

Thank you for calling Oak Study Tours InfoLine. This message is updated every day. The price is right for study trips this year. In Christchurch, New Zealand, the number of establishments offering high-level English courses has increased. Most of these courses are from two to four weeks. For more info, press 1. Alderman School in Wellington is heavily promoting its two-week course for pre-intermediate students in July. Press 2. On New Zealand's North Island, James' College has a similar two-week course, but under-20s will receive an extra day's individual tuition free of charge and the chance to win $200 in an essay competition. Press 3. Rider Language School in Melbourne is also offering a special two-week course. This course has been especially designed for those already working in the travel industry. Applicants who introduce a friend will receive a 10 percent discount. Press 4.

Now mark your answer on your answer sheet.

(C)

You have 10 seconds to read the situation and Question No. 3.

Welcome to the B.C. Ferries Main Terminal. To help speed up ticket purchases, please pay attention to the following announcement. Fares for the Mainland-Vancouver Island route have increased from last weekend. This price increase marked the start of the peak season, which runs until Sunday, September 12.

The weekday fares have gone up to $9.75 for adults and $5.00 for children aged 5-14, and weekend fares have risen to $10.25 and $5.25, respectively. All children under 5 years of age are free regardless of the season. Prices are one-way fares, include taxes, and are in Canadian funds. Payment by cash or credit cards is accepted, but debit cards cannot be used.

Remember that weekend fares are in effect for all sailings scheduled at noon or later on Thursday when Friday is a holiday. Thank you.

Now mark your answer on your answer sheet.

(D)

You have 10 seconds to read the situation and Question No. 4.

This is a public service announcement from the Blackwood Public Library. Would you like to give someone the gift of reading? We are in search of volunteers for our adult literacy program. If you are interested, you will need to take a tutor-training course, which is free of charge. The course will take place on Monday evenings from 6 to 8. The next course begins on the first Monday of June. After the course, the library will then match you with someone to tutor on a one-on-one basis. A teaching background is not required—just a love of reading and a willingness to help others. Experience the joy of watching someone learn to read. Please contact our literacy coordinator at 555-0283.

Now mark your answer on your answer sheet.

解説

No. 1 受け取り期間はもう過ぎてしまっているという設定なので、聞き取りのポイントは If your collection date is overdue 以降である。overdue「期限の過ぎた」。

No. 2 James' College has a similar two-week course の similar が聞き取りのポイントである。つまりここから同様の pre-intermediate course を提供していることが分かり、さらにそのコースには特典がついていることが分かる。

No. 3 本日は木曜日であるが、翌日の金曜日が休日なので、アナウンスメントの最後の部分に述べられているように、午後は週末料金が適用される。

No. 4 ボランティアに興味のある人は、you will need to take a tutor-training course「指導員トレーニングコースを受ける必要がある」と述べられているので、答えは **2** となる。

> **ポイント** Part 3 の最大のポイントは、聞く前に印刷されている「状況設定」と「質問文およびその選択肢」をいかに認識しておくか、ということである。つまり、聞き取りの目的をはっきりさせてリスニングに臨むことである。

全訳

No. 1

状況：今日は木曜日。あなたは前もって申請した旅行ビザを受け取るために大使館に来ている。あなたは，火曜日までにビザを受け取ることになっていたが，そうすることができなかった。
質問：あなたは何をすべきか。

　旅行ビザ申請者のためのアナウンスです。もし，ビザの申請でいらっしゃった方は，一階の受付デスクにある所定の用紙に必要事項を記入し，番号札をおとり下さい。申請滞在期間後少なくとも3か月間は有効なパスポートと，3枚のパスポートサイズの写真が必要です。
　ビザ受け取りの申請者の方は，3階のCデスクから番号札を取ってください。また，照会番号のあるカードとアメリカドルで50ドルをご用意ください。受け取り期間を過ぎてしまっている方は，3階のDデスクに行ってください。ただし，デスクは月曜日と水曜日のみ開いております。例外はございません。もし何かご質問がありましたら，皆様にとって流れが遅くなりますので，申請デスクには行かないでください。受付デスクの隣の問い合わせカウンターにお尋ねください。

No. 2

状況：あなたは，18歳で，外国で英語を学ぼうと計画している。7月に2週間出かけることができ，あなたのレベルは初級から中級の間（pre-intermediate）である。あなたはオーク学習ツアーの情報ラインに電話をする。
質問：あなたに最も利益をもたらすコースの内容を知るために，あなたは何番を押すべきか。

　オーク学習ツアー情報ラインにお電話いただきありがとうございます。このメッセージは毎日更新されております。料金は，今年の学習ツアーにふさわしいものとなっております。ニュージーランドのクライストチャーチでは上級英語コースを提供している施設の数が増加いたしました。これらのほとんどのコースは2週間から4週間のコースです。詳細をお知りになりたい方は，1を押してください。ウエリントンのアルダーマン校では7月に初級から中級にかけて（pre-intermediate）の生徒を対象にした2週間のコースを強くお勧めしております。2を押してください。ニュージーランドのノースアイランドでは，ジェームズカレッジが同様の2週間のコースを提供しています。しかし，20歳以下の生徒は，無料で，もう1日個人授業を受けることができ，エッセイコンテストで200ドルを勝ち取るチャン

スがあります。3を押してください。メルボルンのライダー語学学校もまた，特別な2週間コースを提供しています。このコースは，旅行業者で働いている人々のために特別に工夫されたコースです。友達を紹介した人には10パーセントの割引があります。4を押してください。

No. 3
状況：明日は金曜日で休日である。あなたは本日バンクーバーアイランドへ行こうとしている。あなたが乗ろうとしているフェリーは2時に出発する。あなたは大学生である。
質問：バンクーバーアイランドまでのフェリーの料金はいくらかかるか。

　B.C. フェリー・メインターミナルへ，ようこそ。チケット購入を円滑にするために，このアナウンスメントを注意してお聞きください。メインランド・バンクーバー島航路の料金は先週から値上がりしております。この値上がりは，繁忙期の到来を意味し，9月12日の日曜日まで続きます。

　平日料金は，大人は9.75ドル，5-14歳のお子さまは5ドルに値上がりしました。また，週末料金は，大人は10.25ドル，お子さまは5.25ドルにそれぞれ上がりました。5歳未満のお子さまはすべて，季節にかかわらず，無料です。料金は，片道料金で，税込み，カナダドルでお願いします。お支払いは現金またはクレジットカードで行えますが，デビットカードは使うことができません。

　週末料金は，金曜日が休日のときには，木曜日の正午以降に予定されているすべてのフェリーに適用されることをご了承ください。ありがとうございました。

Chapter ▶▶ 4

No. 4
状況：あなたは，ラジオで，ブラックウッド公立図書館からの次のような公共サービスのお知らせを聞く。
質問：読み書きを教えるボランティアになるためには，あなたはどんな準備が必要ですか。

　ブラックウッド公立図書館からの公共サービスのお知らせです。あなたは誰かに読書の贈り物をしたいと思いませんか。私たちは今，大人のための読み書きプログラムを助けてくれるボランティアを探しています。あなたがもし興味を持っているなら，無料の個人指導員養成コースを受けてください。このコースは，月曜日の6時から8時に開かれます。次回のコースは6月の最初の月曜日に始まります。コースの後，図書館は，1対1で個人指導を受ける人とあなたを組ませます。指導経験は問われません。読書を愛する心と他の人を助けたいというやる気で十分です。誰かが読み書きを学んでいくことを見守る楽しみを経験してください。私たちの読み書き担当コーディネーターにご連絡ください。電話番号は555-0283です。

4 Part 4 (Interview：インタビューの内容一致選択)

Part 4 の冒頭では以下のようなナレーションが放送される。どのような指示なのか前もって把握しておきたい。　　　　　　　　　　　　　　🅒 CD(1) — 9

> Finally, here are the directions for **Part 4**. In this part you will hear an interview. The interview will be followed by two questions, **No. 26** and **No. 27**. For each question, you will have 10 seconds to choose the best answer and mark your answer on your answer sheet. The interview and the questions will be given only once. Now, let's listen to the interview. This is an interview with [a travel writer].

問題の形式

　平成16年度第1回よりインタビュー形式のリスニング問題は4肢選択式に変更になった。700語前後の英語のインタビューが放送され、その後その内容に関する質問2問に答える形式である（配点は各2点）。インタビューと質問は1度ずつ放送され、解答時間は各10秒間である。

問題の傾向

インタビューの内容：「会社の仕事内容に関する最高経営責任者とのインタビュー」、「本の内容に関する作家とのインタビュー」、「新しい英会話学校を始めた経営者とのその学校に関するインタビュー」など、いろいろなジャンルにわたっている。インタビューは700語前後とかなり長いので、メモを取りながら聞いていく必要がある。また、インタビューという性質上、使われている英語表現は、小さな言い間違いや言い換えなども含まれているので注意が必要である。

質問の内容："what"を使った事実関係を問う問題と"why"、"how"を使った原因、方法、理由を問う問題がほとんどである。どのような事実関係、問題、課題が述べられているのかを聞き取るとともに、話者がなぜそのような行動をとったのか、なぜそのように思うのかといった「原因、理由」といったところにも

注意を向けておくとよい。「同じ職業を目ざす人へのアドバイスは何か」という質問もよく出題される。

　また，インタビューの対象となる分野に特有の語彙も使われる。なじみの薄い語彙や表現が出てくるとその時点で聞き取りの集中力が途切れがちになるが，1つや2つの単語が聞き取れなくても，全体のコンテクストの中で推測できるので，最後まであきらめずに聞きとおすことを心がけてほしい。

　さらに，放送の前になるべく質問の選択肢に目を通し，どの点に特に注目しなければならないのかを推測しておくことも有効な手段の1つであろう

例題

CD(1) — 10

No. 1　1 Finding enough material in English.
　　　　2 Dealing with the demands of a Japanese publisher.
　　　　3 Writing something that readers can relate to.
　　　　4 The long distances he had to travel.

No. 2　1 He is somewhat surprised by the lack of promotion the book has received.
　　　　2 He is pleased with the trust placed in him as a new writer.
　　　　3 He accepts that the company will not invest much money in new writers.
　　　　4 He is worried that sales of the book will not meet the company's expectations.

(2004-2)

Answers

No. 1 1   No. 2 3

スクリプト

CD(1) — 10

I(Interviewer): We're pleased to have with us in the studio today Mr. Paul Mariner. Paul is an author who has just had his first travel book published. First of all, could you tell us a little bit about your book?

PM(Paul Mariner): The book is based in Laos, in the north of Laos.

I: I see. And it's a love story? No, it's just travel—right?

PM: There's no love when I go traveling. It's just a pure and simple travel story about, just about what I saw or experienced when I went around northern Laos.

I: Why did you decide to write a book about your travels?

PM: I tend to do quite a lot of traveling, and while I do the traveling I keep quite an extensive notebook. And I just decided to start writing up the notes and the notes just turned into a book.

I: What were some of the difficulties involved, if any?

PM: The main problem was research. I think living in Japan, like getting hold of adequate material is quite difficult if you're writing an English book. Then it was the difficulty involved in contacting publishers over such a long distance, because the publisher I used was British-based.

I: Getting away from just your particular book—in your opinion, what makes a good travel story?

PM: I think there are two kinds of interesting travel stories. One is that a reader can relate to. Like a story that they can see that they can do. That it's not too beyond the bounds of possibility that they could actually do this.

I: I see.

PM: So that they could associate with it. But also, totally contrary to that, I think another one is just like the kind of story that they know is beyond their reach. So they can lose themselves in an adventure. Something that they know they really will never be able to do. Maybe they'd love to do it.

So, I think, totally opposites. Total opposites. But I think they're the two kinds of travel books that make for interesting reading.

I: How is your travel book different from others on the market?

PM: There are not many books that've been written about Laos. There're not many books written about the particular area that I went to in Laos. I spent a lot of time in the jungles visiting some villages that, basically, they'd never seen foreigners before. Laos is kind of, it's quite an unexplored country.

I: How do you feel your publishing company is promoting your book, is supporting the sales of your book?

PM: The publishing industry is something very difficult to get into. First-time authors are not helped that much. If you're big name they will invest a lot of money into you. If you're not such a big name you have to, you have to struggle. I don't really have great expectations from this book, but I think it's a stepping stone. The company obviously has a lot of editors . . . writers that they have to deal with. So the first-time writer, unless it is something exceptional, will be very, very bottom of the ladder. Which is where I consider myself to be, but I am on the ladder. But yeah, it's something you just have to put up with.

I: Thank you very much, Paul, for talking with us today.

PM: Thank you very much. It was my pleasure.

Questions

No. 1 What was one of the main problems Paul had when writing his book?

No. 2 How does Paul feel about the way the publisher is supporting his book?

解説

No. 1 述べられている問題点をたずねる典型的な質問である。問題点はいくつか述べられるのが通例なので、注意を向けてメモをとっておくことが重要である。ここでは、メインの問題は research（取材）であり、getting hold of adequate material is quite difficult if you are writing an English book「英語の本を書いていて日本で適切な資料を手に入れることは難しい」と述べられた箇所がカギとなる。

No. 2 事実関係に対する話者の意見を問う問題であるが、この形式もインタビューではよく問われる。どのように感じるか、なぜそう思うのかといったことには注意が必要である。The first-time writer will be very, very bottom of the ladder . . . something you just have to put up with. と述べていることから、出版社の姿勢は仕方がないと思っていることがうかがえる。

> **ポイント** "what" の答えとなるような事実関係、特に問題点とそれに関する話者の意見、また、なぜそう思うのかといった "why" の答えとなる部分に特に注意を向けて聞いておくことが重要であろう。また、あらかじめ答えの選択肢にも目を通し、推測しながら聞くことも必要である。

Chapter 4

全訳

聞き手（以下「聞」）：本日はポール・マリナーさんにスタジオお越しいただき大変光栄に思います。ポールさんは，はじめての旅行の本を出版されたばかりです。始めに，あなたの本について少しばかり話していただけますか。

ポール（以下「ポ」）：ラオスの北部を中心にした本です。

聞：そうですか。恋愛物語ですか。いや，旅行記ですね。

ポ：私が旅行に行くときには恋愛はありません。私がラオス北部に行ったときに見聞きし，体験したことについて書いた純粋な旅行記です。

聞：どうして自分の旅行について書こうと決心したのですか。

ポ：私は非常に多く旅行することがありまして，旅行中，ぼう大な量のノートをつけます。だから，私は書きためたノートをまとめることにしたのです。そしてそのノートが本になったのです。

聞：どのような困難な点がありましたか。もしあるとすればですが。

ポ：一番の問題は取材でした。英語の本を書いていて，日本に住んでいると，適切な資料を手に入れることは難しいように思われます。さらに，私が使っている出版社はイギリスを本拠地としており，そのような遠くにある出版社と連絡を取ることもまた困難でした。

聞：今お話しています本から離れて，あなたのご意見をうかがいたいのですが，よい旅行記を書くのには何が必要ですか。

ポ：興味深い旅行記には2種類あると私は思います。1つは，読者が共感を覚えるようなものです。それは，彼らが自分にもできると思えるようなお話です。つまり，実際に読者が実行可能な範囲を超え過ぎないものです。

聞：なるほど。

ポ：それで，読者は話と自分を結びつけて考えられるようになります。しかし，それとは全く対照的に，もう1つのものは，読者が実現不可能と思う種類のお話です。だから読者は冒険の中に我を忘れるのです。それは，読者が自分では決してできないと分かっている何かです。たぶん，読者はそうしたいのでしょうけれど。だから，全く反対だと思うのです。完全に対立する2つのものです。けれど，そのような2種類の旅行記が面白い読みものだと思うのです。

聞：あなたの旅行記が市場に出ている他の本とどのように違っていると思いますか。

ポ：これまでラオスについて書かれた本は多くはないと思います。ラオスの中でも私が行った特定の地域についての本はほとんどないと思います。私は多くの時間をジャングルの中で過ごし，外国人に会ったことがないような人々の住む村々を中心に訪れました。ラオス

は，ある意味で，探検されていない国であると思います。

聞：出版社が，あなたの本の販売促進をする方法についてどのように感じられますか。

ポ：出版社の中に入り込むこと（親しくなること）はとても難しいことです。はじめて本を出す著者は，それほど助けてもらえません。もしあなたが有名なら，出版社は多額の投資をするでしょう。もしあなたがそのような有名人でなければ，自分で努力しなければなりません。私はこの本に多くは望みませんが，これは次のステップへの足がかりであると思っています。明らかに，出版社には相手にしなければならない多くの編集者，作家がいます。だから，初めて本を出す作家は，例外でもない限り，はしごの一番下にいることになります。つまりそこが今私のいるところだと思います。でも，少なくとも私は，はしごには足をかけている。それは，我慢しなければならないことなのです。

聞：ポールさん，本日はお話くださいまして，どうもありがとうございました。

ポ：こちらこそ，ありがとうございました。

質問

No.1 ポールが本を書いていたときの主要な問題の1つは何であったか。

No.2 出版社が彼の本をサポートする方法についてポールはどのように感じているか。

リスニング・トレーニングの方法

　これから§2で行うリスニング・トレーニング4種類，① ディクテーション，② スラッシュ・リーディング，③ スラッシュ・リスニング，④ シャドウイングを紹介する。§2の学習内容に入る前に，各トレーニングの概要と手順を把握しておこう。

1 ディクテーション

1. ディクテーションとは

　ディクテーションとは，聞こえてきた英語をそのまま書き取る作業のことを指す。意味のまとまりである句，節，文などを，大脳の短期記憶の中に一時的に保持し，それを再生する（書き出す）作業がディクテーションである。

ディクテーションの効果
- 英語の記憶，保持，再生能力が高まる。
- 英語を意味のまとまり（句，節，文）ごとに聞いて理解できるようになる。
- 英語の音のイメージを頭の中に蓄え，スペルと音の結びつきを強くすることができる。

2. トレーニング方法

① 英文（音声とスクリプトがそろっているもの）を用意する。

> **ポイント**
> ◆ 市販の語学教材など，音声（CDまたはテープなど）とスクリプトがそろっているものを利用するとよい。
> ◆ 教材としては，一度聞いてある程度概要が分かるもの，つまり今の自分のレベルより少しやさしめのものを選ぶとよいだろう。

② 用意した英文音声を聞く。このとき，英文を句，節，または文単位で止め，聞こえたとおりに書き取る。
③ 書き取った英文とスクリプトを照合し，正しく聞き取れたかどうか確認する。

> **ポイント**
> ◆ 句単位ではなく，さらに意味の単位として，大きい節または文単位で，書き取りを行うことが望ましい。1級レベルの聞き取りに対応するためには，できるだけ長い意味の単位（節，文単位）を頭の中に保持し，再生できるようになることが必要である。
> ◆ 2～3回程度でほぼ書き取れるように努力してもらいたい。
> 1回目…節または文の主要な骨格を聞き取る。
> 2回目…聞き逃した細かいところを聞く。
> 3回目…聞き取ったものをチェックする。

❷ スラッシュ・リーディング

1. スラッシュ・リーディングとは

スラッシュ・リーディングとは，英文テキストに，意味のまとまりである句または節ごとにスラッシュ（斜線）を入れ，そのまとまりごとに意味をとり，読み進めていく方法である。英文テキストを目で追いながら，文頭から順番に（例えば，関係節などを後ろから訳したりしないように），自然な英文の流れの中で，句や節単位で意味をとっていく作業である。これを，テキストは見ないで，音声のみを聞きながら行うのが，次ページで紹介するスラッシュ・リスニングである。スラッシュ・リスニングを行う前に，準備段階としてスラッシュ・リーディングの訓練方法に慣れておくとよい。

> **スラッシュ・リーディングの効果**
> ● 英文を後ろから訳さず，意味のまとまり（句，節，文）ごとに理解できるようになる。
> ● 文頭から自然な英文の流れに沿って（＝耳で聞く順序どおりに），瞬時に意味がとれるようになる。

2. トレーニング方法

① 英文（音声とスクリプトがそろっているもの）を用意する。
② 用意したスクリプトに，意味のまとまりである句，または節ごとにスラッシュを入れていく。

> **ポイント**
>
> ◆ スラッシュの入れ方は1つとは限らないが，英検1級レベルでは，あまり短い単位の句で入れるのではなく，より大きな句，または節の単位で入れていくのがよいであろう。
>
> 以下はスラッシュの入れ方の例である。
>
> **例**
>
> With its cold, rainy climate, / life on the South American island of Chiloe is hard. // Nevertheless, / the island is home to an important part of Chile's heritage / —the remarkable seaside churches / that dot the coastlines like lighthouses, / their spires helping sailors navigate / through the blankets of fog common in the area. //
>
> (2004-1 一部抜粋)
>
> ◆ 人間が一度に記憶できる物の数は，7個前後であると言われている。英文にスラッシュを入れる場合も，意味のまとまりである句，または節の中の単語数は，できるだけ7語前後に収めるようにするのが望ましい。

③ 上記のスラッシュを入れたスクリプトを見て，スラッシュで区切られたまとまりごとに意味をとり，読み進む。その際，そのまとまりの中で，日本語に訳さず瞬時に英文の意味がとれるようになることが望ましい。

❸ スラッシュ・リスニング

1. スラッシュ・リスニングとは

スラッシュ・リスニングとは，前ページで紹介したスラッシュ・リーディングを行った英文を用い，今度はその英文の音声のみを聞きながら，句または節ごとに頭の中で区切り，意味を理解しようとする訓練方法である。

> **スラッシュ・リスニングの効果**
> ● 英文を聞いて，意味のまとまり（句，節，文）ごとに意味をとることができるようになる。
> ● 文頭から自然な流れの中で，瞬時に英文の意味が分かるようになる。

2. トレーニング方法

① 英文（音声とスクリプトがそろっているもの）を用意する。
② 用意した英文スクリプトに，意味のまとまりである句，または節ごとにスラッシュを入れていく。つまり，前述のスラッシュ・リーディングを行い，自然な英文の流れの中で，句や節単位で意味をとれるようになっておく。
③ 意味の切れ目ごと（スラッシュ箇所）にポーズの入っている音声が用意できる場合にはそれを用いて，意味のかたまりに意識を集中しながら，英文を聞く。スクリプトは見ないで行う。

> **ポイント**
> ◆ スラッシュ箇所にポーズの入った英文音声を用意し，句や節単位で意味をとり，その句や節を結びつけて全体の意味がとれるようになる練習を行う。
> 　1回目 … ポーズのところ（句や節単位）で，瞬時に意味がとれるように意識して聞くようにする。
> 　2回目 … ポーズのところで，次に来る情報は何かを予測しながら聞くようにする。

④ポーズの入っていないナチュラル・スピードの英文を聞く。スクリプトは見ないで行う。

ポイント
◆ ナチュラル・スピードの英文を聞くときには，意味の切れ目である句や節ごとに，机などを指や鉛筆などで「コツン」とたたくなどして，意味のかたまりを意識しながら，全体の意味をとるように心がける。これを，瞬時に英文の意味がとれるようになるまで繰り返し，頭の中に英語を自然な流れの中で理解する回路を形作る。

4 シャドウイング

1. シャドウイングとは

シャドウイングとは，聞こえてきた英語を，わずかに遅れて影 (shadow) のように後を追いながら，できるだけ正確にそのまま発音していくことである。この方法は，同時通訳者を育成するためのトレーニング方法の1つとして使われてきたが，現在では，学校教育でも広く用いられるようになってきた。

シャドウイングの種類
- プロソディ・シャドウイング … 発音，イントネーション，リズム，ストレスなどの音の情報（プロソディ）に意識を集中しながら行うシャドウイング。
- コンテンツ・シャドウイング … 英文の意味内容（コンテンツ）に集中しながら行うシャドウイング。

シャドウイングの効果
- 英語の音の情報を正確に聞き，それを正しく再生できるようになる。つまり，英語の発音，イントネーション，リズムなどを体得でき，スピーキング力の向上にも効果が見られる。
- 英文を意味のまとまり（句，節，文）ごとに頭の中に一時的に蓄え，それを忠実に再現できるようになる。つまり，英語の復唱能力が高まり，意味理解がスムーズにできるようになる。

2. トレーニング方法

①英文(音声とスクリプトがそろっているもの)を用意する。

> **ポイント**
> ◆用意する英文は,一度聞いて,概要が70～80％程度分かるものを使う。

②音声を聞きながら,聞こえたとおりに声に出して英語を再現する。スクリプトは見ないで行う。

> **ポイント**
> ◆シャドウイングを行う流れは以下のとおりである。
>
> 1. まず,発音,イントネーション,リズム,ストレスなど音の情報に意識を集中しながらシャドウイングを行う。この段階では,意味が完全に分からなくても,とにかく音を忠実に再現できるように心がけることが重要である(前述のプロソディ・シャドウイングを指す)。これを,2～3回程度,繰り返し行う。
> ↓
> 2. スクリプトに目を通し,意味がとれなかったところなどを確認する。また,シャドウイングしている自分の英語を録音しておき,再現できていない箇所をチェックできるようにしておく。
> ↓
> 3. 今度は,英文の意味内容に意識を集中しながらシャドウイングを行う(前述のコンテンツ・シャドウイングを指す)。意味に集中するといっても,英文の音を崩さないように心がけることも重要である。意味理解を伴いながら,英文を忠実に再現できるようになるまで,繰り返し行う。

§2 リスニング力の向上

　§2では，英検1級レベルのリスニング力をつけるための訓練を行う。1級に合格するためには，英語特有の音変化に習熟しているとともに，さまざまな分野にわたった英文を，文頭から順に自然な流れの中で理解し，その概要を把握できるリスニング力が必要とされる。ここでは，以下の3項目にわけて，それぞれトレーニングを行う。

§2 学習の内容
1. 音変化の理解
2. 内容理解を深める
3. さまざまな英文を聞く

1 音変化の理解

　日本人英語学習者にとって英語のリスニングを難しくしている要因の1つとして考えられるのが，英語特有の音変化である。音変化とは，個々の単語が結びついて句を形作る場合，辞書に示されている個々の発音とは違った音の連なりに変化することを言う。英語の音変化で代表的なものには，短縮，同化，弱化，連結，脱落と呼ばれる現象がある。1級レベルでは，この中でも聞き取りが難しいと考えられる短縮，同化，脱落に焦点を絞り，集中的にトレーニングしていくことにする。

§2-1 学習の内容
1. **短縮**　2つの単語が結びつき，発音が短縮されて，1語のように聞こえる現象
2. **同化**　2つの語が結びついて別の発音に変化する現象
3. **脱落**　2つの単語が速く発音される場合に，間に挟まれた音が発音されない現象

1 短縮

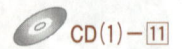

短縮には以下に示すように3種類の変化がある。

(1) 助動詞 might / should / must / would **などが** have **と結びつく**

I could've left my bag in the library.

助動詞と have が結びつく短縮現象は，意味的にも，音声的にも聞き取りが難しいと考えられる箇所であるので特に注意が必要である。

(2) be 動詞や have / has / will **などが代名詞と結びつき，発音が短縮される**

He'll tell you how to prepare for the examinations.
I've been waiting for more than one hour. I wonder when she's coming.

(3) 助動詞が not **と結びつき，発音が短縮される**

He won't go abroad this summer because his mother is in the hospital.

Training 1

ディクテーション：CDを聞き，英文を書き取ろう。その際，英文を最後まで聞いてから書き始めるように心がけよう。（ディクテーションについては p. 221 を参照）

(1)

(2)

(3)

(4)

(5)

Chapter ▶▶ 4

Answers CD(1)−12

(1) Some people think that an advanced civilization must've built the stone statues on Easter Island.

「高度な文明がイースター島の石像を作ったに違いないと考えている人もいる」

(2) The government could've avoided the war if they had been more prudent.

「政府がもっと思慮深かったら，その戦争を避けることはできていただろう」

(3) He has a very strong will, and he won't let problems get him down.

「彼はとても強い意志を持っているので，問題が起こってもくじけるようなことはない」

(4) I've known him since I was a little kid, but I'm not sure if he is a reliable person.

「小さいころから彼をずっと知っているけれど，彼が信頼できるかどうかはよく分からない」

(5) The thing is, you should've apologized immediately after making the mistake.

「要するに，そのようなミスをしたあと，あなたはすぐに謝るべきだったのです」

解説

(1) must've《マスタヴ》と発音される。
(2) could've《クダヴ》と発音される。
(3) won't《ウオウント》と発音される。want to《ウワントゥ》と似ているので注意が必要。
(4) I've《アイヴ》，I'm《アイム》と発音される。
(5) should've《シュダヴ》と発音される。

Training 2 CD(1)−13

リピーティング：CDの英文を聞いて，声に出して音変化を含んだ英文を繰り返してみよう。音変化の部分の発音ができれば，聞き取りも容易になるはずである。

2 同化

CD(1) – 14

同化現象の主なものには次のようなものがある。

(1) going to が gonna，want to が wanna **のように2つの語が結びついて別の音に変化する**

want to＝wanna　going to＝gonna　ought to＝oughta　got to＝gotta

I wanna win a gold medal in the next Olympic Games, so I'm gonna train very hard.

(2) t / d / s / z **などの子音で終わる語の後に** you **がくると音が同化する**

meet you ≪ミーチュー≫　did you ≪ディジュー≫

Nice to meet you．I am glad you could come today．

Training 1

CD(1) – 15

ディクテーション：CDを聞き，英文を書き取ろう。その際，英文を最後まで聞いてから書き始めるように心がけよう。（ディクテーションについては p. 221 を参照）

(1)

(2)

(3)

(4)

(5)

Answers

(1) I've got to (gotta) find a job, because I don't want to (wanna) be short of money all my life.
「私は仕事を見つけなければならない。一生お金が足りなくて苦労したくないからだ」

(2) I'm afraid I'm not going to (gonna) be able to finish this work by tomorrow morning.
「残念だけれど明日の朝までにこの仕事を終えることはできないだろう」

(3) You really ought to (oughta) think twice before you make such an important decision about your job.
「あなたの仕事についての大切な決断をする前にはもう一度よく考えるべきである」

(4) If you want to (wanna) win a medal in the next tournament, you've got to (gotta) practice twice as hard as your rivals do.
「次のトーナメントでメダルを取りたいなら，ライバルの2倍練習しなければならない」

(5) He's not going to (gonna) let you do what you want to (wanna) do.
「あなたがやりたいことを彼はさせてはくれないだろう」

解説

(1) got to が gotta，want to が wanna と変化している。
(2) going to が gonna と変化している。
(3) ought to が oughta と変化している。
(4) want to が wanna と，got to が gotta と変化している。
(5) not going to で≪ナッゴナ≫と発音されているので注意。聞き取りが難しい音変化の一例である。

Training 2

リピーティング：CDの英文を聞いて，声に出して音変化を含んだ英文を繰り返してみよう。特に**(5)**の not going to≪ナッゴナ≫の音変化の部分に習熟しておきたい。音変化の発音ができれば，聞き取りも容易になるはずである。

3 脱落

脱落現象の中で聞き取りが困難であると考えられる主なものには次のようなものがある。音が脱落しても、そこに一瞬の間が生じるので、意識を集中してもらいたい。

(1) 破裂音（p / t / k / b / d / g）の後に破裂音（p / t / k / b / d / g）が連続する場合、前の破裂音が脱落する

Get down ≪ゲッ□ダウン≫　won't tell ≪ウオウン□テル≫

(2) 破裂音 (p / t / k / b / d / g) の後に鼻音 (m / n) が来る場合、前の破裂音 (p, t, k, b, d, g) が脱落する

Let me know ≪レッ□ミノウ≫　loud noise ≪ラウ□ノイズ≫

Training 1

ディクテーション：CD を聞き、英文を書き取ろう。その際、英文を最後まで聞いてから書き始めるように心がけよう。（ディクテーションについては p. 221 を参照）

(1) _____

(2) _____

(3) _____

(4) _____

(5) _____

Answers

(1) You can play tennis better than me, but you can't beat me at golf.
「君は私よりテニスはうまいけど、ゴルフじゃあ、私は負けないよ」

(2) He loves surfing and goes to the beach whenever he has a day off, but he won't go snowboarding because he doesn't like cold weather.

「彼はサーフィンが好きで1日休みがあれば海へ行っているけれど，寒い気候が嫌いなのでスノーボードには行こうとしない」

(3) You shouldn't drive yourself so hard. You should take a break every now and then.

「そんなにしゃかりきに働くべきではないよ。たまには休憩を取るべきだ」

(4) I haven't tried sky-diving before, so I would like to do a jump when I go to Australia this summer.

「スカイダイビングを試したことがないから，この夏オーストラリアへ行ったらやってみたいね」

(5) I had meant to finish the report last night, but I couldn't keep my eyes open, so in the end I just gave up and went to bed.

「昨晩レポートを仕上げるつもりだったけれど，目を開けていることができず，結局あきらめて寝てしまった」

解説

(1) can と can't の違いに注意。can't の方が強めに発音され，t がほとんど脱落して聞こえないが，そこに一瞬の間ができている。
(2) t の音が脱落し won't《ウオウン□》と発音される。want《ウワントゥ》と似ているので注意が必要。
(3) shouldn't の t が脱落し，《シュドゥン□》のように聞こえる。
(4) haven't の t が脱落し，《ハヴン□》のように聞こえる。
(5) meant / couldn't / went の t がそれぞれ脱落し，《メン□》/《クドゥン□》/《ウエン□》のように聞こえる。

Training 2

CD(1) – 19

リピーティング：CD の英文を聞いて，声に出して音変化を含んだ英文を繰り返してみよう。音変化の部分の発音ができれば，聞き取りも容易になるはずである。

2 内容の理解を深める

　§2-2 では，内容の理解を深めるために重要と思われるスキルを身につけていくことを目的とする。まず，それぞれのスキルのポイントを概説し，それに基づき，それを磨くためのトレーニングを行う。その後，そのトレーニングの解説とまとめを行う。§2-2 で取り扱う内容は次のようなものである。いずれも，英検1級レベルのリスニングの内容の理解を深めるために重要なものと考えられるので注意してもらいたい。

§2-2 学習の内容

1 意味のかたまりごとに理解する
　スラッシュ・リーディング，スラッシュ・リスニング，シャドウイングを行う。

2 原因，結果を聞き取る
　つなぎの言葉に注意しながら，因果関係の流れを追う。

3 仮定法の意味を聞き取る
　仮定法の意味を取り，事実と仮定の区分けを行う。

4 概要を把握する（ノート・テイキング）
　英文の構成を把握し，ノート・テイキングのポイントを紹介する。

1 意味のかたまりごとに理解する

英検1級レベルでは，英文を一度聞き，その概要を把握するリスニング力が要求される。長い英文を聞き取るためには，自然な流れに沿って文頭からスムーズに理解していくことが必要不可欠である。そのためには，意味のまとまりを意識し，そのまとまりごとに流れに沿って理解するトレーニングを行い，自然な英文理解の回路を頭の中に構築しておかなければならない。ここでは，そのための効果的なトレーニング，スラッシュ・リーディング，スラッシュ・リスニング，シャドウイングを行う。

Training 1

スラッシュ・リーディング：スラッシュの入った以下の英文を黙読してみよう。その際には，スラッシュの入ったまとまりごとに頭の中で区切って意味をとっていくように心がけよう。（スラッシュ・リーディングについては p. 222 を参照）

スクリプト

The rising tide of Mistrust

　A recent survey has shown / that Americans are growing less trustful of each other.// Trust in institutions,/ such as government, business, and the church,/ has had its ups and downs over the years,/ but trust between individual Americans / has shown a steady decline,/ from 53 percent in 1964 to 35 percent in 2002.//

　Researchers have tried in vain / to find a simple explanation for the decline.// At one time,/ high crime rates seemed the obvious reason,/ but the crime rate has fallen over the past decade / while the level of mistrust continues to grow.// Then researchers put forth other theories,/ such as rising divorce rates,/ but evidence suggests / that children of broken families / are no less trusting than others.// It will probably be some time / before we know the true cause.//

(2004-2 一部抜粋)

全訳

　最近の調査は示している / アメリカ人はお互いにだんだん信じられなくなってきているということを。// 組織の中の信頼感は / 政府，ビジネス，教会のような / 数年の間に上ったり下がったりしてきている。// しかし個人間の信頼は / 着実に低下してきている / 1964年の53％から2002年の35％まで。//

　研究者は試みたが失敗に終わった / 信頼の低下を説明する簡単な理由を見つけることを。// あるときには / 高い犯罪率がその確実な理由のように思われた。/ しかし，過去10年間犯罪率は低下してきている。/ 一方，不信感のレベルは増加し続けている。// 研究者は他の理論を考え出した / 増え続ける離婚率のような / しかし，証拠は示している / 離婚した家族の子どもたちは / 他の子どもたちと同じくらい信頼しているということを。// 多分もう少し時間がかかるだろう / 我々が本当の原因を知るまでには。//

Training 2

　スラッシュ・リスニング：スラッシュ・リーディングで，文頭から意味のまとまりごとにスムーズに読み取れるようになったら，次に同じことをリスニングで行う。（スラッシュ・リスニングについては p.224 を参照）

　①ポーズの入ったバージョンを聞いてみよう。その際にはスクリプトは見ないで，ポーズで区切られた意味のまとまり（句や節）ごとに意味を取っていくように心がけよう。　　　　　　　　　　　　　　　　　　　　　　　CD(1)－20

　②ポーズなしのナチュラルスピードのバージョンを聞いて，同様に句や節のまとまりで意味を取っていくように心がけよう。　　　　　　　　CD(1)－21

Chapter ▶▶ 4

Training 3

シャドウイング：CD を聞き，英文をシャドウイングしてみよう。（シャドウイングについては p. 225 を参照）

① ポーズの入ったバージョンでシャドウイングを行ってみよう。　　CD(1) – 22
② ポーズなしのナチュラルスピードのバージョンでシャドウイングを行ってみよう。
　　　　　　　　　　　　　　　　　　　　　　　　　　　　　　　　CD(1) – 23

2 原因，結果を聞き取る

　英検の問題の中で事実関係を問う what を用いた質問と同様に比較的多く見受けられる質問形式に，原因，結果の因果関係を問う why を用いた質問形式がある。どのような原因，理由で，どのような結果がもたらされたのか，といった因果関係の流れに常に意識を向けて，リスニングを行うことは重要である。このような原因，結果の英文の構成には大きく分けて次のような 2 種類のパターンがある。

A：原因がまず列挙され，その結果引き起こされる事実が述べられるパターン
B：結果としての事実または問題が述べられ，その原因が列挙されるパターン

　いずれにしても，最後の部分で，原因，または結果の総括が行われ，話者の価値判断が付加されることが多い。このような英文を聞き取る際には次のようなつなぎの言葉，表現を手がかりにしていくとよい。

because of / due to / therefore / owing to / consequently / for this reason / result from / result in / have an effect on / be the result of / be the cause of

　すべての英文が上で示したようなはっきりとしたパターンを示すわけではないが，上記のつなぎの言葉や表現が因果関係の流れを示してくれるので注意が必要である。

Training

英文を聞き，設問に答えよう。

You will hear a passage. The passage will be followed by two questions. Choose the best answer from below.

No. 1

1 Because it was played in clubs and not on the radio.
2 Because British people were very powerful in the music industry at the time.
3 Because it could be made using portable equipment, and was therefore suitable for home production.
4 Because employees could be paid low wages in 80's Britain.

No. 2

1 Because it was associated with sex and drugs and therefore had a bad social image.
2 Because it was only played in clubs.
3 Because it was so exciting.
4 Because it was based in London, which is a dangerous city.

# Chapter ▶▶ 4

Answers

No. 1 **3**   No. 2 **1**

スクリプト   CD(1)−24

The UK Rave Scene

Music has always been an important part of life for young people in Britain. Through the 1960's British groups were popular worldwide and this trend continued through the seventies and eighties. The late eighties saw an increased popularity in dance music: music played in clubs and (1) often created cheaply in small spaces, owing to the availability of portable electronic equipment.

'House' is an exciting type of dance music that actually began in the USA, and first established a reputation in Chicago, which developed its own brand of dance sound called 'Techno'. Consequently these forms of electronic music found an audience in clubs in the Soho area of London, although the scene wasn't popular initially.

(2) Due to its association with drugs and sex, this kind of dance music was seen as being illicit and even dangerous. Eventually, it found an outlet in raves, big electronic music parties that were often illegal, held in warehouses and fields throughout the country. Because of a negative social image the government eventually clamped down on these illegal parties and the controversial rave scene. Nevertheless, this was not before electronic music had secured an important place in British music heritage.

Questions
No. 1 Why was dance music relatively cheap to make?
No. 2 Why was the rave scene seen as being illicit and dangerous?

解説

No. 1 スクリプト下線部 (1) owing to は「…のため」という意味で原因，理由を導く。ここでは，持ち運び可能な電子機器の利用することができるため，小さなスペースで安く作ることができたと述べられているので，答えは **3** となる。

No. 2 スクリプト下線部 (2) Due to は「…のため」という意味でこれも原因，理由を導く。ドラッグとセックスとの連想のために，ダンスミュージックは悪いイメージがあると述べられているので答えは **1** となる。

全訳　イギリスの音楽シーン

　音楽は，イギリスの若者にとって，いつも人生の重要な部分であった。1960年代を通して，イギリスのグループは世界的に人気があり，この傾向は70年代，80年代を通して続いた。80年代の終わりごろに，ダンスミュージックが人気になった。(1)その音楽はナイトクラブで演奏され，持ち運び可能な電子機器を利用できるようになったおかげで小さなスペースでしばしば安く演奏することができた。

　「ハウス」は，合衆国で始まったダンスミュージックの刺激的なタイプの1つである。そしてそれは，始めはシカゴでその評判を確立し，「テクノ」と呼ばれるそれ独自のブランドともいえる音楽を発展させた。当初は，この音楽の分野は多くの人々には受け入れられなかったけれども，結果として，これら電子ミュージックの形は，ロンドンのソーホー地区のナイトクラブの人々の心を捉えた。

　(2)ドラッグとセックスを連想させるために，このようなダンスミュージックは不法であり，危険であるとさえ見なされた。結局はダンスミュージックは，「レイブ」（しばしば違法で，倉庫や野原などで行われる電子ミュージックのパーティー）にそのはけ口を見つけることになった。最終的には，否定的な社会イメージを理由に，政府は違法なパーティーと物議をかもす「レイブ」を取り締まりを行った。しかし，その取り締まりは，電子ミュージックがイギリスの音楽の伝統の中で重要な地位を確保したあとのことであった。

3 仮定法の意味を聞き取る

　　仮定法は，現在の事実または過去の事実とは反対の仮定を行う表現であり，日本人学習者にとっては，意味理解を瞬時に行うのが難しい構文の1つである。仮定法は「もし～であるなら（本当はそうではないのだが），…であるだろう。」「もし～であったなら（本当はそうではなかったのだが），…だっただろう。」という意味を持つ。ポイントは「本当はそうではない（そうではなかった）」という仮定と事実の区別を正しく理解できるかどうかである。このような仮定法の聞き取りに慣れておかないと，意味を完全に逆に取り違えたりしてしまう場合もあるので注意が必要である。

Training

CD(1) - 25

　　インタビューを聞き，次のことが「事実」なら「○」を，「事実でない」ならば「×」を [ ] に書き入れなさい。

(1) The weather was unstable when the accident happened. [　]
(2) The airplane left in a wind that was even below this area's average velocity. [　]
(3) Mr. Valentine decided to delay the flight immediately. [　]
(4) Although the wind was not so strong, the rain was getting heavier and heavier. [　]
(5) Mr. Valentine is responsible for airline or airport safety precaution. [　]

Answers

(1) ○ (2) × (3) × (4) ○ (5) ×

スクリプト   CD(1)−25

Interviewer(I): Mr. Valentine, as a former pilot, what would you say was the cause of yesterday's accident?

Valentine(V): Well, we can't say anything for sure until the official investigation is finished, but I think (1) the accident wouldn't have happened if the weather had been better. If the plane had left an hour later than it did, it wouldn't have had to take off in that awful wind. In fact, (2) it would have left in a wind that was even below this area's average velocity.

I: You have many years of experience of flying on that very route. (3) Would you definitely have decided to cancel or delay that flight, or would you have had some difficulty making such a decision?

V: It would have taken some thinking, although I would of course have had to make a decision very quickly. (4) The wind was not as strong as to require an immediate cancellation of the flight, but the situation was unstable. In addition, the rain was getting heavier and heavier.

I: What would you say needs to be done to prevent the kind of accident that happened? (5) What would you do if you were in a position in which you were responsible for airline or airport safety precaution?

V: I would review all the regulations that govern the captain's decision as to whether to cancel his or her flight or not. In view of yesterday's accident, I would think tighter control is called for.

I: Well, thank you for that, and I appreciate your stopping by today.

V: No problem.

Chapter ▶▶ 4

解説

スクリプトの下線（1）〜（5）の部分がそれぞれ解答のカギとなっている。(1)，(2)，(3)はそれぞれ仮定法過去完了「過去の事実とは反対の仮定」，(5)は仮定法過去「現在の事実とは反対の仮定」である。

全訳

聞き手（以下聞）：バレンタインさん，元操縦士として，昨日の事故の原因は何だと思われますか？

バレンタイン（以下バ）：公式の調査が済むまでは確かなことは言えませんが，(1)天候がもっとよかったとしたら事故は起こらなかったと思います。飛行機があと1時間遅く出発していたら，あんなひどい風の中を離陸することはなかったでしょう。実際，(2)この地域の平均風速を下回る程度の風の中を出発したことでしょう。

聞：あなたは，まさにあの航空路を飛ぶ長年の経験をお持ちです。(3)あなただったら間違いなくあの便を欠航にしたり遅らせたりする決定をしたでしょう。それともそのような決定をするのが多少なりとも困難だったでしょうか。

バ：ある程度考えなくては決められなかったでしょう。もっとも，当然，非常に速く決定を下す必要はあったでしょうけれど。(4)便を直ちに欠航にしなくてはならないほど風が強かったわけではないですが，天候は不安定でした。加えて，雨がどんどん強くなっていました。

聞：今回起こったような事故を防ぐためには，どんなことがなされなくてはならないとお考えですか。(5)航空会社や空港の安全対策の責任者という立場であるとしたら，何をなさいますか。

バ：自分の便を欠航にするかどうかの機長の決定を左右する，すべての規則を検討し直すでしょう。昨日の事故にかんがみ，もっと厳しい統制が必要だと思います。

聞：ご意見をどうもありがとうございました。本日はお越しいただいてありがとうございました。

バ：どういたしまして。

4 概要を把握する（ノート・テイキング）

　英検1級レベルの比較的長めの論説を聞く際には，ただ漠然と聞くのではなく，情報のメモをとっていくこと（ノート・テイキング）が重要である。ノート・テイキングを行う際には次のようなことに注意して進めるとよい。

(1) 英文の構造をあらかじめ念頭に置く。

　あらかじめ英文の構成を頭に思い描きながら聞くことが重要である。英文の論理構成は，主に次のような2つのパターンがある。

　A：「結論」　→　「具体例（データなど）」　→　「結論」
　　（主題の提示）　　（主題の支持）　　　　　（再提示）

　B：　「具体例」　→　「具体例」の一般化→「結論」
　　（周辺情報の例示）　（例の積み重ね）　　（まとめ）

(2) 5W1Hを念頭に置きながらメモをとる。

　上記のように大きく分けて3つの部分からなる英文のそれぞれのパートで5W1Hを念頭に置きながら情報を書き取っていく。

　結論：まず，何が最も言いたいことなのか（what）に注意。
　具体例：5W1Hに注意してほしいが，特に何が（what），なぜ（why），どのように（how）なっているのか，といった因果関係に十分に注意してメモをとるとよい。

(3) 時間の流れに沿ってメモをとる

　論説ではない，物語やナレーションのような構成の英文では，時間的順序で述べられることがほとんどである。その際には，時間の流れに沿って，いつ（when），何が（what），どこで（where）で起こったのか，といったことを中心にメモをとっていくとよい。

Chapter ▶▶ 4

3 さまざまな英文を聞く

　§2-3 では，さまざまな種類の英文にあたり，いろいろなテーマや状況に対応できるリスニング力を養うことを目指す。

§2-3 学習の流れ

1. 学習のポイントを概説し，それに基づき，英文の大まかな内容をつかむトレーニングを行う。

↓

2. 内容理解のカギとなってくる部分のディクテーションを行い，細かい部分を聞き取る能力を養う。

↓

3. 内容理解ができた上で，その英文を使いシャドウイングの練習を行う。

§2-3 学習の内容

1 会話を聞く

2 ニュースを聞く

3 レクチャーを聞く

4 アナウンスを聞く

5 電話のメッセージを聞く

6 宣伝を聞く

7 インタビューを聞く

1 会話を聞く

会話を聞く際には，次のようなことに留意しておくとよい。

(1) 英語の音変化に慣れる

会話のスピードは，レクチャーやニュースなどと比較して速くなる傾向がある。速く発音されれば，§2-1で学習した音変化が顕著になるが，英検1級レベルでは，個々の音変化に惑わされることなく，意味内容の把握に集中しなければならない。音のレベルでは，全く問題がないようにしておきたい。特に気をつけなければならないものは§2-1に挙げたので参照してもらいたい。

(2) 語彙のレベル

使われる表現は，日常会話のくだけたものが多い。1級レベルでは，それに加えて，ビジネスの話題も多く取り扱われるので，ビジネス用語やビジネス会話の設定にも精通し，語彙のレベルにおいて，できるだけ聞き取りに支障がないようにしておきたい。

(3) キーワードの理解

会話では，話者の言おうとしていることが直接的に述べられず，前に述べられたことや行間から話者の意図や情報を推測しなければならない場合もある。特に1級の問題においては，そのような場合が多い。前に出てきた情報を頭に置きながら，間接的な表現を使ったキーワードを聞き落とさないように気をつけなければならない。

Training 1　　CD(1)－26

英文を聞き，内容を把握するための設問に答えなさい。

You will hear a conversation. The conversation will be followed by one question. Choose the best answer from below.

1 An electric shaver.
2 A hair-curling iron.
3 A portable recharger.
4 A razor.

Training 2

CD(1)-27

ディクテーション：英文の一部分をもう一度聞き，その箇所を書き取ってみよう。
（ディクテーションについては p.221 を参照）

Answers

Training 1: 1

Training 2: 以下のスクリプトの下線部が Training 2 の解答である。また下線部は Training 1 の設問を解くカギでもある。

スクリプト

CD(1)-26

"I'd like to return this, if possible. I've brought my receipt with me."

"Can I ask what the problem is?"

"Well, I just don't think it works very well. <u>I've been getting this company's things for years, but it takes much longer to recharge than it claims in the manual, and it's always only a couple of hours before I've got stubble again.</u> It just doesn't live up to its claims at all. Haven't any other men complained about this?"

"All right. Let me get it out of the box here and take a look at it. Hmm . . . it looks to be in returnable condition. It certainly looks very new, still. May I see your receipt please? Oh, I'm sorry, but I won't be able to accept this . . . it was purchased almost three months ago."

"But the manufacturer's warranty says that it's a lifetime one!"

"Well, I'm terribly sorry, but if you look at the receipt, you'll see that at this point you're going to need to return it directly to the Phillipson company. Again, I'm sorry. But this is our store's policy."

Question: What kind of product is being discussed here?

解説

会話の内容からどの製品について話しているのかを特定する問題であるが，話者の間では，製品について共通理解ができている設定なので，そのものを指し示す直接的な表現は使われていない。間接的な表現を使ったキーワードを聞き逃さないことが重要である。ここでは，it's always only a couple of hours before I've got stubble again. の stubble「(無精)ひげ」がポイントとなる。また，Haven't any other men complained about this? の表現から，この製品を使うのが主に男性であることも推察され，**1 electric shaver** が導き出される。

全訳

「できれば，これを返品したいのですけれど。レシートを持ってきました」
「何が問題なのかお聞かせ願えますか」
「えーと，うまく機能しないようなのです。この会社の製品を何年もの間購入してきましたが，説明書に書かれているより充電するのに長く時間がかかるのです。(そりがよくないようで)ほんの数時間するとまた無精ひげになるのがしょっちゅうなんです。説明書に書かれている通りではないのです。ほかの男性でこのことについてクレームをつけた人はいないのですか」
「箱から取り出して見せてください。うーん，どうやら返品可能な状態のようですね。確かにまだとても新しそうです。レシートを見せてもらってもいいですか。ああ，大変申し訳ありませんが，この製品を受け取ることはできません。約3か月前に購入されたものですから」
「でも，保証書には，保障期間は一生涯だと書いてありますよ」
「大変申し訳ありません。レシートを見ますと，この時点では，あなたは製造元のフィリプソン・カンパニーに直接返品する必要があります。誠に申し訳ありませんが，これが当店のポリシーでありまして」

Training 3

CD(1)-28

シャドウイング：CDを聞き，英文をシャドウイングしてみよう。(シャドウイングについてはp. 225を参照)

2 ニュースを聞く

ニュースの聞き取りでは，次のようなことを念頭に置いて練習するとよい。

(1) 5W1Hを念頭に置く

ニュースは何が起こっているかを視聴者に速やかに伝えることを一番の目的としているので，まず導入部分に話題の核心が述べられることが多い。その後，周辺的な情報などが伝えられるのが一般的である。英検1級レベルでは，この周辺的な情報の部分でさまざまな専門家のコメントや世論の賛成，反対意見などが紹介されることが多く，ニュースのトピックをつかむだけでなく，こういった周辺情報にも気を配る必要がある。最初の部分でニュースのトピックをつかみ，その後，周辺的な情報を，5W1Hを念頭に置きながら，聞き取っていくのがよい。

(2) 語彙の習熟

英検1級レベルでは，語彙で引っかかっている余裕はない。日ごろから英字新聞などで，政治，経済，社会，などの記事に目を通し，時事に関連した語彙に習熟しておく必要がある。

(3) 背景知識

ニュースの聞き取りでは，背景知識をどれくらいよく知っているかということも大切な要素である。ニュースの多くは，これまで報道されてきた「情報」の上にプラスアルファの新しい情報を付加するという形式で伝えられることが多い。日ごろから，英字新聞などをよく読んで，背景知識を増やしておくことが重要である。

Training 1

CD(1) – 29

英文を聞き，内容を把握するための設問に答えなさい。

You will hear a news report. The news will be followed by one question. Choose the best answer from below.

1 They feel his second term will be difficult.
2 They feel his experience will make his second term smoother.
3 They respect him, but feel his ties to big business are a weak point.
4 They hope to see him compared to other presidents in the past.

Training 2

CD(1) – 30

ディクテーション：英文の一部分をもう一度聞き，その箇所を書き取ってみよう。
（ディクテーションについては p.221 を参照）

Answers

Training 1: 2

Training 2: 以下のスクリプトの下線部が Training 2 の解答である。また下線部は Training 1 の設問を解くカギでもある。

スクリプト

CD(1) – 29

After an often divisive and hostile U.S. presidential campaign, President Bush was elected again and appeared ready to work more closely with Democrats to carry out changes he has been promising. <u>His supporters said that as he nears the beginning of his second term he is more seasoned to Washington.</u> Many others feel that there seems to be a great divide in perceptions of the president among many Americans; his fans almost unanimously praise him as representative of American ideals, and perceive him to be a kind of middle-class hero that will stand up to bullies and terrorists, while many loathe his ties to big business and his tendency to want to go it alone, even when the rest of the world seems to be against his actions. Bush has said that he wants to advance an agenda that will have a big impact on the country, but he will need to reach out more to voters that were disappointed by Kerry's failure to reach the White House.

Question: What can we say about Bush's supporters?

Chapter ▶▶ 4

解説

下線部分が聞き取りのカギとなってくる。be seasoned to . . . は「…に慣れている」の意味である。つまり，ブッシュはホワイトハウスの情勢に慣れ，その経験が彼の第2期目をよりスムーズなものにするであろうと支持者たちが考えていることが推察される。アメリカ国民の間には大統領の見方に分裂があるようだとも述べられているが，ここでの問いは，ブッシュの支持者たちがどのように感じているかを答える問題なので，最も適切な解答は **2** となる。このように，英検1級レベルでは，周辺情報の中にいろいろな意見が述べられることが多いが，どんな人の誰に対する意見を問われているのかをしっかり聞き取ることも必要である。

全訳

　意見の分裂した，とげとげしい雰囲気のアメリカ大統領選挙戦を経て，ブッシュ大統領は再選されました。そして，彼は約束していた変革を実行するために民主党とより密接に協力して働く準備が整っているようです。彼の支持者たちは，彼の第2期目のスタートが近づくにつれて，彼はワシントンの情勢により精通し，順応していると述べました。多くのアメリカ人の間では大統領の見方に大きな分裂があるようだとほかの多くの人々は感じています。ブッシュの支持者は，ほとんど全員が彼をアメリカの理想の代表者であると賞賛し，彼をならず者とテロに対して立ち上がる中流階級のヒーローであるとみなしています。一方，彼が大企業と結びついていること，世界の諸国が彼の行動に反対しても独りよがりに行動する傾向があること，などを嫌う人々も多くいます。ブッシュは，国に大きな影響を及ぼす政策を前に進めたいと述べましたが，ケリー候補が大統領になれずに失望した投票者にもっと手を差し伸べる必要があるでしょう。

Training 3　　　　CD(1)-31

シャドウイング：CDを聞き，英文をシャドウイングしてみよう。（シャドウイングについてはp. 225を参照）

3 レクチャーを聞く

レクチャーのパターンは，大きく分けて2つある。

A：最初に話者の最も言いたいこと（結論）を話し，それに対して具体的な例やデータを示して，詳細な説明を加えていくパターン。最後にもう一度はじめに言ったことが繰り返されることが多い。

B：まず周辺的な話題から入り，それに関連して徐々に論理を展開していきながら，最後に最も言いたいこと（結論）をまとめるパターン。

難度が高いのはBのパターンの方である。冒頭では，話者が何を最終的に述べようとしているのかは分からないため，具体例やデータなどを聞き取り，論理の道筋を追いながら，最後の結論部分に意識を集中する必要がある。英検1級レベルでは比較的難しい，このようなパターンも出題されるので注意が必要である。また，話者の含意するメッセージを推察しなければならないような問いもあり，中間部分で述べられている具体例，理由，根拠などにも注意を払う必要がある。

Training 1　CD(1)-32

英文を聞き，内容を把握するための設問に答えなさい。

You will hear a lecture. The lecture will be followed by one question. Choose the best answer from below.

1 Wealth and appearance.
2 Poverty and society.
3 Wealth and spiritual poverty.
4 Wealth and cruelty.

Training 2　CD(1)-33

ディクテーション：英文の一部分をもう一度聞き，その箇所を書き取ってみよう。
（ディクテーションについてはp. 221を参照）

Chapter ▶▶ 4

Answers

Training 1: 3

Training 2: 以下のスクリプトの下線部が Training 2 の解答である。また下線部は Training 1 の設問を解くカギでもある。

スクリプト　　　　　　　　　　　　　　　　CD(1) – 32

　　I think we can see in Charlie Chaplin, from an early age, the way in which he identified and sympathized with the common man. He tended to portray members of a lower social order way before he started in movies, back when he was performing in comedy troupes, and the fact that he used the character of a tramp, in some ways the lowest level on the pecking order, would seem to indicate a clearly defined reaction against classism. We see throughout his career his wanting to poke fun at the respectable people, particularly the pretentious upper-class behavior that he witnessed from the outside while he was growing up. Even though Charlie, as his character came to be simply known, seemed to outwardly embrace some of the affectations of wealth and took great pride in his appearance, he never tried to socially climb his way into exclusive society, and it was only a life "with nobility", not "of the nobility" that the character aspired to. <u>He also went to great lengths to show that wealth was not always all that it's cracked up to be, that it was too often corrupting</u>, and he portrayed some millionaires in his films as miserable not just in spite of but because of their riches. Who can forget how in *The Great Dictator*, the dictator surrounded himself with all the trappings of wealth and luxury while so many of his people were in rags and were starving?

Question: What two things does the speaker equate?

解説

. . . was not always all that . . . is cracked up to be で「…は評判ほどではない」という意味の定型表現である。この部分から話者が「富」と「精神的貧しさを」を同一視していることが分かる。また，この部分だけでなく，チャップリンの人生と彼の作品を通して，うぬぼれた上流階級に対する批判的精神でこの講義がなされていることを推察することもできる。

全訳

　チャーリー・チャップリンには，その人生の早い段階から，普通の人に自分を重ね，共感を示す様子を見て取ることができると私は思います。彼が，映画の仕事を始めるはるか以前に，コメディーの一座で芝居をしていたころ，社会的に低い地位にある人々の役を演じることが多くありました。ある意味では，序列関係の最も低い位置にある路上生活者というキャラクターを彼が使ったという事実は，階級主義に対する明確な反発を示しているように思われます。彼の経歴を通して，彼が社会的に地位のある人々，特に，彼が成長の過程で外側から見たもったいぶった上流階級の行動をからかいたいという欲求を持っていたことを私たちは見て取れます。彼のキャラクターで知られているように，たとえチャーリーが外見上は富のあるそぶりを見せ，彼の容姿に誇りを持っているように思われたとしても，彼は決して排他的な社会に上って行こうとはしませんでした。彼のキャラクターが熱望したものは「貴族の」生活ではなく，「心の気高さ」のある生活だけでありました。彼はまた，富がいつも評判ほどすばらしいとは限らないということ，また富がしばしば腐敗することを示すことに苦労を惜しみませんでした。そして，彼は，彼の映画の中で，富があるにもかかわらずというより，富ゆえに悲惨な人生を送る億万長者の役を演じました。『独裁者』という映画の中で，彼の国民の多くがぼろをまとい，飢えているのに，うわべだけの富とぜいたくでいかに独裁者が自分の周りを固めていたかということを誰が忘れることができましょうか。

Training 3

CD(1)－34

シャドウイング：CDを聞き，英文をシャドウイングしてみよう。（シャドウイングについてはp. 225を参照）

4 アナウンスを聞く

　英検1級レベルのアナウンスの中には，その状況に応じて，非常にさまざまな情報が含まれている。しかしながら，アナウンスに共通して言えることがある。それは，「誰が (Who)」「いつ (When)」，「どこで (Where)」，「何を (What)」，「どのように (How)」，「なぜ (Why)」するのか，といったいわゆる 5W1H の内容が含まれるということである。ゆえに，アナウンスを聞く際には常にこの 5W1H を念頭に置いて聞き取りを進めると効果的である。ただし，英検1級レベルでは，場合に応じて，しなければならない行動などが複数提示されることもあるので，どのような場合に何をしなければならないのかを明確に聞き取る必要がある。特に，「誰が (Who)」「いつ (When)」，「どこで (Where)」，「何を (What)」すべきか，といったことが問われることが多いので注意しておくとよい。

Training 1　　　CD(1) – 35

　英文を聞き，内容を把握するための設問に答えなさい。

You will hear an announcement. The announcement will be followed by one question. Choose the best answer from below.

1 It will reduce facial lines by 40%.
2 It is free to the first 30 shoppers only.
3 It is free for a limited time.
4 It will come with a 30 day trial kit.

Training 2　　　CD(1) – 36

　ディクテーション：英文の一部分をもう一度聞き，その箇所を書き取ってみよう。
（ディクテーションについては p. 221 を参照）

Answers

Training 1: 3

Training 2: 以下のスクリプトの下線部が Training 2 の解答である。また下線部は Training 1 の設問を解くカギでもある。

スクリプト　　　　　　　　　　　　　　　　　　　CD(1) – 35

　Attention, shoppers, we have a special announcement from the Naturalistics Skin Care counter. For a limited time only, <u>Naturalistics is offering a free skin analysis at the counter</u>, and the first 30 shoppers to make a purchase of over ¥3,000 will receive a complimentary 30-day trial kit. Independent research has shown that Naturalistics users show an average 40% decrease in facial lines and an average 40% increase in skin elasticity. No appointment is necessary, but for more information on their wide range of products, and to find out more about your free skin analysis, please proceed to the Naturalistics counter on the first floor.

Question: What does the announcement say about Naturalistics skin analysis?

全訳

　お客様にご連絡申し上げます。ナチュラリスティック・スキン・ケア・カウンターより特別なお知らせです。期間限定で，<u>ナチュラリスティックは，カウンターにおいて，無料でお肌のチェックをいたします</u>。3,000 円以上お買い上げのお客様で最初の 30 名さまには，30 日間ご使用いただけるお試しキットを差し上げております。第三者のリサーチによりますと，ナチュラリスティックのご利用者は，顔のしわが平均 40％減少し，肌の弾力性が平均 40％向上したということです。ご予約は必要ございません。私どもの製品とお肌の無料チェックに関してもっとお知りになりたいお客様は，1 階にございますナチュラリスティックのカウンターまでどうぞお越しください。

解説

2 と混同しがちであるが，最初の 30 人はお試しキットをもらえると述べられているだけで，その人たちだけに肌のチェックが無料になるとは言っていない。

Training 3　　CD(1)−37

シャドウイング：CD を聞き，英文をシャドウイングしてみよう。（シャドウイングについては p. 225 を参照）

5 電話のメッセージを聞く

電話のメッセージとしては，次のようなパターンがある。
　　A：友達，家族からのインフォーマルなメッセージ
　　B：同僚，上司，交渉相手からの仕事上の連絡
　　C：お店などの電話音声案内

　A, Bの場合は，予定を変更しなければならなくなったという場面設定が多い。どのような計画があり，なぜそれをどのような形に変更しなければならなくなったのか，ということを念頭に置きながらメッセージを聞くと分かりやすい。最初はあいさつなどがあり，その後に本題に入るというパターンがとられるので，あいさつなどが終わったあとに話される事柄に注意したい。

　Cの場合は，目的別に番号をプッシュするように指示されることがほとんどである。どんな情報を得るために，何番をプッシュすべきなのかを念頭に，メモをとるとよい。どのような場合に何をすることになっているのかなどを場合別に聞き取る注意深さが必要である。

Training 1

CD(1) — 38

英文を聞き，内容を把握するための設問に答えなさい。

You will hear a message left on an answering machine. The message will be followed by one question. Choose the best answer from below.

1 He just remembered to look for a flight, but it's now too late.
2 His secretary forgot to book his flight.
3 His secretary couldn't book any flight because they were all full.
4 He needs to take care of everything by himself.

Training 2

CD(1) — 39

ディクテーション：英文の一部分をもう一度聞き，その箇所を書き取ってみよう。
（ディクテーションについては p. 221 を参照）

___

___

___

Answers

Training 1: 2

Training 2: 以下のスクリプトの下線部が Training 2 の解答である。また下線部は Training 1 の設問を解くカギでもある。

スクリプト

CD(1) — 38

　　Marjorie, this is Mark, from Synthesis. Hey, I really apologize for this late notice, but I need to postpone our meeting. <u>My secretary's still trying to get used to things around here, and somehow never got around to my booking.</u> You know what they say, if you want to get something done right, do it yourself, so I've been on the phone the last hour trying to work something out, but it's just too late, I mean the flights are full. I'm wondering if, uh . . . at the same time a week from tomorrow would work instead? Please let me know, or leave a message on my voicemail. Again, my apologies, and I hope to see you next week.

Question: Why does Mark need to postpone the meeting?

解説

get around to ... は「…するまで手が回る」という意味。秘書は仕事に慣れておらず，そこまで手が回らなかったということで，答えは **2** となる。

全訳

　マージョリー，シンセシスのマークです。連絡がこんなに遅れて申し訳ないのだけれど，ミーティングを延期しなければならなくなったんだ。僕の秘書はこちらの仕事にまだ慣れようとしているところなんで，どうしたものか航空券の予約まで手が回らなかったんだ。よく言うだろう，何かを正確にやろうと思ったら，自分でやることだってね。だから，（航空券を）何とかしようと最後まで電話で粘ったんだけど，もう手遅れでね。つまり，飛行機はもう予約でいっぱいだったんだ。そこで相談なんだが，1週間後の同じ時間の都合はどうだろう？君の都合を知らせてくれないか，もしくは，留守番電話にメッセージを残してくれないか？本当に申し訳ない。来週会えることを楽しみにしているよ。

Training 3

CD(1)-40

　シャドウイング：CDを聞き，英文をシャドウイングしてみよう。（シャドウイングについてはp. 225を参照）

Chapter ▶▶ 4

6 宣伝を聞く

　ラジオコマーシャルなどの宣伝は，新商品や新店舗をアピールし，なるべく多くの消費者に購入してもらったり，お店に足を運んでもらったりすることが最大の目的である。そのため，日常表現がふんだんに使われ，言葉の繰り返しによって独特のリズムをかもし出し，消費者の購買意欲を刺激する。話される内容にはおよそ次のような要素が含まれる。

　　店舗の宣伝：営業時間，場所，取り扱い商品，価格，特別サービスの有無など
　　商品の宣伝：価格，形状，特徴，利点，用途，対象者など

　消費者の関心を引くために，直接的にその商品や店舗の説明を行うのではなく，間接的なヒントを出したり，質問を投げかけたりして，消費者の想像力を刺激しながら，宣伝していくような手法が用いられることもある。

Training 1　CD(1) - 41

　英文を聞き，内容を把握するための設問に答えなさい。
You will hear a radio commercial. The commercial will be followed by one question. Choose the best answer from below.

1 Duck related goods.
2 Designer goods.
3 Low value goods.
4 Waddling goods.

Training 2　CD(1) - 42

　ディクテーション：英文の一部分をもう一度聞き，その箇所を書き取ってみよう。
（ディクテーションについては p. 221 を参照）

Answers

Training 1: 2

Training 2: 以下のスクリプトの下線部が Training 2 の解答である。また下線部は Training 1 の設問を解くカギでもある。

スクリプト　　　　　　　　　　　　　　　　　CD(1)－41

This is it, you people who've been waiting for some value, this is the grand opening you've been waiting for. That's right. If it walks like a duck, and talks like a duck, it must be a Ducky Value! Ducky Value is here at last, and it couldn't have come at a better time, could it? Everywhere you look prices are up, unemployment's up, worries are up . . . but Ducky Value ducks the high prices. <u>Want those designer brands but don't want to pay designer prices? Ducky Value is your pond to shop. We've got the same things you'll find at those fancy places, but at a ducky of the price!</u> So what are you waiting for? Waddle down to Ducky Value today!

Question: What kinds of things does Ducky Value sell?

解説

定型表現が使われている。If it walks like a duck, and talks like a duck, it must be . . . は、「もしある条件を満たしていれば、…に違いない」という意味である。次のようにアヒルとは関係なく、いろいろなパターンで使われる。
"Where is he from? Is he a German?"
"If it walks like a duck, and talks like a duck . . . (I would guess so.)"
「彼の出身はどこだろう？ 彼はドイツ人かな？」
「もしドイツ人のように歩き、ドイツ人のように話すなら（ドイツ人の条件を満たすなら）（ドイツ人だと思うよ）」
If it walks like . . . に続く文「そうに違いない、そうだと思う」という部分は省略されることもある。

Chapter ▶▶ 4

全訳

　さあ，いよいよ来ました。価値あるものをずっと待っていたあなたにとって，これはまさに待ち望んでいたお店の開店です。そうです。もしアヒルのように歩き，アヒルのように話すとしたら，それは，まさに「ダッキー・バリュー（Ducky Value）」に違いありません。ダッキー・バリューがついにやってきました。今ほどよいタイミングで現れたことはかつてないでしょう。あなたが見渡すところどこでも，値段は上昇，失業率も上昇，不安感も上昇…しかし，ダッキー・バリューは高価格を回避します。デザイナーブランドが欲しいけれど，デザイナー価格（高い値段）を払いたくはないですよね。ダッキー・バリューはそんなあなたにとって，まさにお買い物をすべきところです。ほかのおしゃれな場所で見つかる同じものをお手軽なお値段で手に入れることができます。何を待っているのですか。ダッキー・バリューに足を運んでください。

Training 3　　CD(1)-43

　シャドウイング：CDを聞き，英文をシャドウイングしてみよう。（シャドウイングについてはp. 225を参照）

7 インタビューを聞く

(1) インタビュアーの発言に注意

　　インタビューは，原稿の用意されていない話者と聞き手の間の即興の会話であるために，文法的に不完全な文が話されたり，言い間違いの訂正，または言い直しがあったり，と非常にくだけた調子の会話となる。話すスピードも，話し手が興に乗ってくるといつもより速くなり，発音もくだけたものになる傾向がある。ニュースやレクチャーとは違い，論理の流れが一貫したものではない場合も多い。しかしながら，聞き手であるインタビュアーが，話し手の論理の飛躍を正し，話の流れを整理してくれるので，まずは，どんな質問がなされているのか，インタビュアーの発言に注意したい。

(2) メモをとる

　　前述のようにインタビュアーが話のかじ取りをしてくれるはずなので，その質問に注意し，それに対して話し手がどのように答えていくのかメモをとりながら，聞いていくことが必要である。英検1級レベルでは，700語程度の長いインタビューとなるので，すべてを頭の中に覚えておくことは困難である。§2-2で学習したようなノート・テイキングのスキルを使って，話し手の論理展開を追っていくことが重要である。その際には，いったいどんな事実関係，問題，課題が述べられているのかを聞き取るとともに，話者がなぜそのような行動をとったのか，なぜそのように思うのかといった「原因，理由」といったところに特に注意を向けておくとよい。同じ職業を目ざす人へのアドバイスがいくつか挙げられることも多いので，メモをとっておくとよい。

Training 1　　　CD(1)－44

　英文を聞き，内容を把握するための設問に答えなさい。

You will hear an interview. The interview will be followed by two questions. Choose the best answer from below.

No. 1

1 A wireless technology inventor who is curious about remote areas.
2 An innovator who cares about more than technological improvement.
3 A fiber-based technology developer who is concerned about people.
4 An innovator with a specific interest in medical services.

No. 2

1 The technology for it is too expensive.
2 The "three-way" technology necessary for it hasn't been developed.
3 This would require more equipment.
4 It's probably an oversight on the part of the creators of the technology.

Training 2

CD(1) — 45

ディクテーション：英文の一部分をもう一度聞き，その箇所を書き取ってみよう。
（ディクテーションについては p. 221 を参照）

No. 1 (1)

No. 1 (2)

No. 2

Answers

Training 1: No. 1 **2**   No. 2 **1**

Training 2: 以下のスクリプトの下線部が Training 2 の解答である。また下線部は Training 1 の設問を解くカギでもある。

スクリプト

CD(1) — 44

Interviewer: This is the second part of our talk with Sajeeve Pradar, whose company Connected continues to make headlines around the world. Sajeeve, what else would you like to add about your company?

Sajeeve: Well, <u>(1-1) as I said in the first part of our talk, what we're doing here isn't just exciting in terms of the technological innovation, but also in the way that we're able to impact upon so many lives.</u> By going wireless, we're able to help less developed communities, especially those that haven't been able to install the more traditional "wired" types of infrastructure, and we're helping them transfer text, or pictures, or video from anywhere in the world. We're talking here about the blurring of ideas on traditional concepts of space and distance, and how those distances decide what is possible and what's not . . . I mean, we're able to give hope to a lot of people that never thought they'd have access to this kind of networking.

Interviewer: Sorry, but let's back up here a little bit . . . I mean, what are some specific ways that you envision your "wi-fi" technology being used?

Sajeeve: Well, wireless technology isn't unique to our company. We already see it being used all around the world, and it's been especially beneficial to those areas that are so remote that it's not feasible to consider fiber-based installations. There's no way to give a profile of one type of person or organization that benefits, because doctors, librarians, casual users of the Internet, by which I mean people who are looking to up the entertainment value in their lives, outdoor enthusiasts . . . you name it . . . anyone in far-flung places that wants to be connected . . . these are the people that benefit. But what we're doing specifically, because that's what sets us, I think, a little bit apart, is refining how we use this technology in helping doctors communicate with patients they can't meet in person, or in the virtual classroom, how we're able to help teachers out in the vast expanse of Brazil, or . . . or in the sparsely populated northwestern parts of China . . . how we're able to help them connect with students that are not able to make it into classrooms, because these are really vast distances we're talking about here. We've piloted programs in two of the poorest counties in the U.S., and even though no one says this is going to be cheap, there's no way you can compare the costs with what it would take to lay underground cables. (1-2) Again, we're not just talking about getting connected, we're talking about changing lives, about giving chances to people that their parents never had.

Interviewer: Well, you've sold me, but can you give us an actual idea of what, for example, will happen in one of these virtual classrooms?

Sajeeve: Sure, right. The teacher is writing on the board, and the student is not just seeing what is written, but watching it being written. The difference between this and more traditional forms of distance education is you're getting the feeling that you're in the classroom, not that you're part of some kind of . . . sterile or faceless substitute for it. (2) We're working on ways so that the students can see each other, but at this point the costs are prohibitive. And we're not talking about a lot of complicated networking equipment here either. What we've developed is easy enough for anyone to set up, even . . . teachers! It's one hour of installing basic networking equipment and computers, and in the unlikely event that it's not as easy as computer geeks like me say it is, we'd like to think our track record for offering assistance and support speaks for itself.

Interviewer: Great product. We're running out of time, but one last question. What's the next step?

Sajeeve: Well, I think we're looking at an imminent, total collapse of any electrical or digital divide. We're looking at a future where we won't need wires to connect two points for any reason at all, and think of what that's going to save, both in terms of costs and labor, but also in keeping undeveloped land pristine, and this is obviously going to have a huge impact on how any city or even society develops.

Questions
No. 1 Sajeeve Pradar might best be described in which way?
No. 2 Why aren't the students able to see each other in these virtual classrooms?

解説

No. 1 ディクテーションの下線部で示したように，この人物は，技術の発展だけでなく，どのように人々の生活を豊かに変えていくことができるか，ということを2度も繰り返し，強調している。このことから，答えは **2** に絞られてくる。**1** と間違えやすいが，この人物が wireless technology inventor「ワイヤレス技術の発明者」であるとは一言も語られてはいない。このことは，wireless technology isn't unique to our company「ワイヤレス技術はわが社に特有のものではない」と語っていることからも分かる。また，**4** にも惑わされるが，この人物は特に医療だけに特化してこの技術を応用しようとしているわけではない。たまたまいくつかある応用範囲の1つが医療であったということである。

No. 2 後半の下線部にその理由が述べられている。prohibitive は「（購入できないほどに）価格が高額な」の意。つまりコストがかかりすぎるために現段階では，お互いの顔を見ることができるようなシステムの導入がまだできないでいるということ。

全訳

聞き手（以下「聞」）：サジーフ・プラダへのインタビュー第2弾をお届けします。彼の会社 Connected は，世界中の注目を集め続けています。サジーフ，あなたの会社について何か付け足して言うことはありますか。

プラダ（以下「プ」）：(1-1) 最初のインタビューで言ったように，私たちが行っていることは，技術革新の点において刺激的であるだけでなく，多くの人々の生活にいかにインパクトを与えることができるかという点でもエキサイティングなのです。ワイヤレス（無線）を導入することによって，私たちはまだ発展途上の地域社会，特に，「有線」でつながれた伝統

的なインフラ（生活基盤となる設備）をこれまで設置することができなかった地域社会を助けることができるのです。そして私たちは，そのような地域の人々が文書，写真，映像などを世界中のどこであろうと転送するのを助けるのです。従来の空間や距離の概念，そして，それらの距離がこれまで何が可能で，何が不可能なのかをどのように決定してきたかということがぼやけてきています。つまり，このようなネットワークにアクセスすることを考えもしなかった多くの人々に私たちは希望を与えることができるのです。

聞：ちょっとすみません，話を少し戻しましょうか。あなたの "wi-fi" technology（ワイヤレスによるコンピュータ間接続の技術）がどのように使われると想像されているか，その方法について少し具体的にお話いただけますか。

プ：そうですね，ワイヤレス技術は，私たちの会社だけで取り扱っているわけではありません。すでに世界中でその技術が使われています。そして，あまりにも遠隔地なので光ファイバー中心の設備の検討は妥当でない地域にとって特にワイヤレス技術は有益でありました。この技術の恩恵を被っている人々や組織の特徴を１つにまとめる方法はありません。なぜなら，医者，図書館司書，インターネットのちょっとした利用者，つまり生活の中で娯楽を追及する人々，アウトドア愛好者，とにかく誰でも接続されることを望む広範囲の人々が，この技術の恩恵を得ているからです。しかし，私たちが特に取り組んでいることは，そのことが私たちを際立たせていることなのですけれども，医者に直接会うことができない患者と医者がコミュニケーションをはかる手助けをするために，この技術をどのように洗練していくか，また，ブラジルの広大な土地で教えている先生を仮想教室（virtual classroom）でいかに助けることができるか，また，人口希薄な中国の北西部で，あまりに遠く離れているので教室に来られない生徒たちと先生をいかに結びつけることができるか，といったことなのです。私たちは合衆国の中で最も貧しい２つの地区で，こういったプログラムの試行を始めています。そして，たとえこれにかかる費用が安いと誰も言わなくても，この技術にかかるコストは地下にケーブルを引くコストとは比べものになりません。(1-2) <u>何度も申し上げるように，私たちは単に接続の問題だけを話しているのではありません，生活を変えること，親の世代では経験することがなかったような機会を人々に与えることについてわれわれは話をしているのです。</u>

聞：どうやらあなたは私を納得させたようですけれど，例えば，あなたの話すような仮想教室ではいったい何が起こるのか，具体的な考えを話してくれませんか。

プ：いいですとも。先生は黒板に何かを書きますが，生徒は書かれたものをただ見つめるのではなく，それが書かれていく様子を見ることになります。従来の遠隔教育との違いは，あなたは教室にいるような感じを受けるということです。面白みのない，顔の見えない代用品の一部であるというような感じを受けることはありません。(2) <u>私たちは，生徒たちがお互いを見ることができるような方法の実践に取り組んでいます。しかし現時点では，費</u>

用が非常に高くなっています。たくさんの複雑なネットワーク設備は必要ありません。私たちが開発したものは，誰でも，教員でさえ，セットアップできるほど簡単なものです。1時間でインストールできる基本的なネットワーク装置とコンピュータです。あまり起こりにくいことですが，私のようなコンピュータマニアが簡単だというほど実際には簡単ではないような場合があったら，われわれの今までのサポート実績がものを言うことになると思います。(それほどサポート体制は充実しています)

聞：すばらしい製品ですね。お時間がなくなってきたようですが，最後に1つ質問があります。次のステップでは何をしようとお考えですか。

プ：そうですね，私たちは，目前に迫っているデジタル・ディバイド（情報格差によって生じる経済格差）の完全な崩壊を予見しています。私たちは，どのような理由でも2つの場所をつなぐケーブルを決して必要としないような未来を見つめています。そして，コストと労働力の側面だけでなく，未開発の土地を手付かずに自然のままに残しておくという点においても，われわれの技術が何を節約することができるかを考えています。これは，明らかに都市や社会がどのように発展していくかということにおおきな影響を及ぼすことになるでしょう。

Training 3

CD(1)－46

　シャドウイング：CDを聞き，英文をシャドウイングしてみよう。インタビューは，非常にくだけた表現が使われることが多く，ニュースやレクチャーなどと違い，日常会話のリズムをつかむのに適している。少々難しく感じるかもしれないが，挑戦してみよう。(シャドウイングについては p. 225 を参照)

Chapter ▶▶ 5

Speaking

- §1 英検1級の面接 ——————— 272
- §2 スピーキング力の向上 ——————— 280

ここでは，二次試験の面接に必要な技能を養成する。§1では，面接試験の形式や傾向を知り，過去問題を参照しながらその攻略法を学習する。§2では，実際の面接試験に即して段階を踏んだトレーニング問題にあたり，さまざまなトピックに対応するスピーチの作成や質問に対する的確な応答がスムーズに行えるように，スピーキング能力の向上を目指す。

§1 英検1級の面接

問題の形式と傾向

　1級の面接試験は面接官2名との2対1の10分程度の面接だが，与えられた5つのトピックから1つを選ぶ2分間のスピーチと，行ったスピーチに関する面接官からの質問に答える質疑応答の2つを大きな柱とする。面接官による評価の対象は以下のとおりである。

- Section 1（SHORT SPEECH）：与えられたトピックについて主要な点とその根拠をまとめ，首尾一貫したメッセージを組み立てる能力
- Section 2（INTERACTION）：質問に対する応答と会話を継続する能力
- Section 3（GRAMMAR AND VOCABULARY）：幅広い範囲の語彙・文法を正確かつ適切に運用する能力
- Section 4（PRONUNCIATION）：正確な子母音の発音・音変化，適切なアクセント・イントネーションを運用する能力

面接の手順

面接室への入室から退室までの間に以下のような手順で面接が行われる。

1. 面接官との自由会話（1分程度）
   面接官からの質問に答える。質問内容は氏名，住んでいる場所，海外渡航経験の有無などで，後のスピーチの話題とは全く関係がない。
2. トピックカードの受け取り
   面接官から5つのトピックが書かれたカードを受け取ると，1つを選び，1分間でスピーチの準備をするようにという指示がある。
3. スピーチの準備（1分間）
4. スピーチの発表（2分間）
   どのトピックを選んだかを確認する面接官からの質問に答えてから，スピーチを始める。
5. 質疑応答（3～4分間）

解答の手順

1分間の準備の時間は短いので，以下の3点を実行するぐらいでよいだろう。

(1) 5つのトピックすべてに目を通し，即答できるトピックをピックアップ

1つは自分にとって身近なテーマがあることが多いので，そのようなトピックを探す。その際，知らない単語や表現が含まれていて，トピックの真意がつかめないようなものは絶対に選ばない。

(2) 自分の意見とそれを裏付ける理由を考える

まず，(1)で選んだトピックについて根幹となる解答を考え，なぜそう思うか理由を考える。ここでは日本語で考えてもかまわない。

(3) 裏づけを英語で表現

(2)で考えた理由について，どのような英語で表現するのかを考える。

問題の傾向

与えられるトピックは多岐にわたる。以下は，トピックカードの例である。

A. Are we doing enough to protect the environment?
B. Would you be willing to pay higher taxes for better government service?
C. Should certain books, movies, or music be censored?
D. The pros and cons of self-employment.
E. "Love conquers all"—do you agree?

(2004-1 午前用)

どの話題も近年のメディアに登場しているものである。トピックは事前に知らされないので，できるだけ多くの社会的な話題に関心を持っていなければ対処できない。高度に専門的な知識は必要とされないが，新聞や雑誌などで紹介されている具体的データはスピーチの中で自分の意見を支持する材料として有効である。普段から時事問題に関心を持ち，積極的に活用する姿勢が望まれる。

例題 1

A. What kind of scientific research should receive the most government funding?
B. The pros and cons of capitalism
C. The company versus the family in modern Japan
D. Can world hunger be alleviated?
E. Can creativity be taught?

(2003-2 午後用)

Model Speech　　　　　　　　　　　CD(2)−2

E. Can creativity be taught?

　　The question of whether or not creativity can be taught is similar to the argument of nature versus nurture. Are we born with talent and intelligence, or are they things that can be developed? Humans appear to possess creativity in different amounts. For instance, schoolteachers can identify those children in the class who demonstrate greater imagination and creativity, and those who show a lack of these traits. In my opinion, we are all born with different capacities for creativity. Some people are born with a natural talent for art, music, or invention, and others simply are not. But I also think that people develop their creativity to varying degrees. I may not be, by nature, inherently creative, but by being exposed to poetry or science fiction, I can maximize my creativity. I think that people with a natural, creative gift may have their talent stifled if they receive a narrow education. Conversely, people who are born with little creative talent can develop that creativity to its fullest, if they are taught correctly.

解説

スピーチの準備および発表の際には以下の点に留意するとよい。

(1) トピックに関連のあることのみにポイントを限定する

実際にスピーチをしていると，2分間はかなり長く感じる。時間の余裕を埋めるために，トピックと関連のないことに話が及んでしまうことがあるが，これは絶対に禁物。緊張していたり，あまり得意でない分野のトピックについて話しているときには特に起こりやすい。スピーチ前の1分間の準備でしっかり話す内容を決めることが大切。

(2) 意見を述べる場合には，必ず具体的な根拠を挙げる

根拠のない意見は説得力がない。意見を出す場合には，自分がなぜそう考えるのか，明白なつながりが分かるような根拠を挙げることを心がける。そのためには，日ごろからさまざまなトピックについて考え，その裏づけとなる資料を探すように努めるべきである。

(3) 自分自身の論理展開のパターンを確立する

面接時のスピーチは決められた構成があるわけではない。自分の話しやすい構成パターンをストックしておいて，パターンに忠実に論を展開していくこと。その場で構成を考えるより，自分の慣れている論理構成を使用すると失敗が少ない。

(4) 適度なアイコンタクトおよびジェスチャーを交える

スピーチは1人でするものではない。必ず聞き手がいることを意識する必要がある。うつむいたり，終始目をそらしたりしたままでは，相手に意志を伝えにくく，印象も良くない。適度なジェスチャーは，聞き手の理解を助けることもある。

(5) 完璧なスピーチができなくても気にしない

スピーチですべてが評価されるわけではない。スピーチで述べきれなかったことは後の質疑応答のときにもフォローできる。スピーチがうまくできなくてもあとで挽回しよう。

解 答例の訳

　創造性が教えられるか否かという問いは「氏と育ち」の議論に似ている。我々は才能や知能が備わった状態で生まれてくるのか，あるいはこの2つは発達し得るものなのか。人間はそれぞれに異なった量の創造性を持っているようである。例えば，学校の教師はクラスで，他の生徒よりも想像力や創造性の豊かな生徒や，このような特性に乏しい生徒を見分けることができる。これは私の意見だが，我々はみな異なった創造性の容量を持って生まれてくる。芸術や音楽や発明の才に生来の才能を持って生まれてくる人もいるし，ただそうでない人もいる。しかし私は，人は様々な程度に自分の創造性を発達させるとも考える。私は，生まれつきは創造性がないかもしれないが，詩やSFに触れることによって自分の創造性を最大限にすることができる。生まれつき創造力を持つ人々は，もし限られた教育を受けたとしたら，自分の才能を押さえつけられてしまうかもしれないと私は思う。逆に，創造力をほとんど持たずに生まれた人々も，最大限にその能力を発達させることができる。正しく教育されたとすればであるが。

例題 2

CD(2)-3

ここでは，p. 274 のモデルスピーチに対する質問の例が挙げられています。

No. 1 You said that one can develop his or her creativity if correctly taught. But isn't there a limit to one's capacity to be creative?

No. 2 Do you think the present educational system in Japan can nurture students' creativity?

No. 3 How do you think one can help students develop their creativity?

Model Answers

No. 1 Well, yes, to some extent there are certain limitations. I've been attempting to expose myself to poetry and science fiction as much as I can, but in spite of that I don't think I can write poems or science fiction comparable to those of professional poets and writers.

No. 2 The Japanese educational system is said to be poor in developing students' creativity because of the tradition whereby teachers simply provide them with knowledge about a subject. It is true that the system used to militate against genuine creativity. Recently, however, the curricula for primary and secondary school education have been changed and more classes have been introduced that aim to encourage children to develop their own ideas about their surroundings. I think this trend can assist in nurturing students' creativity, though teachers themselves should strive to become sufficiently creative in order to teach their own students to think creatively.

No. 3 As I said in my speech, you could enhance your own creativity by actively seeking creative stimulation. Therefore, teachers must take the initiative in introducing students to a range of creative activities that they can learn from and evaluate. The first step should be to open students' eyes to the wealth of talent and ideas around them.

解説

質疑応答は以下の点に注意して解答するとよい。

(1) Yes / No で答えられる質問は立場を明確に
スピーチ同様 Yes / No で答えられる質問は先に，Yes / No をはっきり答えてから，あとでその解答をサポートする根拠を述べると，分かりやすい解答となる。

(2) 求められなくても根拠を提示する
意見を述べた後には，面接官からその根拠の提示を求められなくても，積極的に言葉を継ぎ足して，説明を続けるようにする。

(3) 面接官の質問を真摯に受け入れること
スピーチでは考えつかなかった観点から面接官が質問をしてくることがあるが，「そのような考え方もあったな」という態度で受け止め，スピーチで言い足りなかったことを補足するつもりで答える。

(4) 的確な語が思い浮かばないときは説明する
例えば，「年金」という単語を度忘れして，頭に浮かばなかった場合，"money paid regularly by the government to someone who have retired" のように説明すればよい。とにかく，発話を持続させようとする態度を示すこと。

(5) 分からない場合ははっきりとその旨を伝える
たいていの場合，トピックについての専門家ではないので，その話題について知らないこともある。そのようなことで質問を受けた場合は，「詳しくは知らない」と述べて，次の質問に移行するようにしよう。知っているふりをして無理して答えても，良い解答になることは少ない。また，質問が理解できないときは遠慮なく聞き返すとよい。

§2 スピーキング力の向上

1 スピーチの構成

　スピーチは1分程度のごく短いものから数十分に及ぶものまでさまざまで，その長さによって構成，つまり話す順序も当然異なってくるはずである。したがって，構成について必ずこうでなければならないという厳密な規則はない。また，英検1級の面接試験でも，一次試験の英作文と異なり，スピーチの構成は規定されていない。ここでは，2分間の短いスピーチの中で可能な2つの構成パターンを見ていくことにする。トピックは「他国の選挙に参加できる制度の是非」である。

1 先に論旨を述べて，後から説明する

　このパターンはもっとも簡潔で，聞き手にもっとも自分の考えを伝えやすいパターン。「意見の提示→根拠を伴った説明」という構成である。与えられたトピックについてどう考え，なぜそのように考えるかという2段階の思考過程をたどっていくのである。展開の方法は単純でインパクトはないが，意見は確実に伝わる話し方である。自分の意見は簡潔に述べ，後から詳細な説明を加える。詳細な説明は，なぜそのような考えに到達したのかを，身近な例やメディアなどで報道されているデータなどを引き合いに出し，具体的にする目的で行う

例　場合によっては他国の選挙に参加することができると望ましい。（意見の提示）
↓
　例えばアメリカ合衆国大統領選挙のように，結果が他国の政治経済に大きな影響を与える場合がある。国によっては，誰が大統領になるかによって人々の生活が左右されるといっても過言ではない。このように影響を受ける当人は選挙に参加できることが望ましい。（根拠）

2 最初に逆の意見や例を出し，最後に結論を述べる

　　最初に持論の主旨とは逆のことを述べ，それに対する反駁によって本当に言いたいことを述べるというパターンである。クライマックスを最後に持ってくることでインパクトのあるスピーチにすることができる。しかし，面接試験のような制限時間のある場合は，前半に力を入れすぎたためにスピーチが時間内に収まらず，主旨を述べずにスピーチが終わってしまうという危険性がある。したがって，このパターンでスピーチを進める場合は，絶対に本線から外れる情報を入れないように注意する必要がある。

　例　一国の首脳をその国の国民が選挙によって選ぶことは社会的常識である。その権利を他国民に広げることにより，その国家の事情を良く知らない人々に，その国の最高責任者を選挙させるのは危険が大きい。（逆の立場の論点）

　　　　　　　　　　　　↓

　　しかし，例外もある。アメリカ合衆国大統領のように，発言・行動の多くが世界情勢を変化させる力を持つ場合は，他国の人々も選挙に参加できたほうがよい。（主旨）

　以上2つが比較的オーソドックスなスピーチのパターンである。ただし，示された例は骨格のみを記したもので，実際はある程度肉付けをする必要がある。例えば，先に論旨を述べるパターンであれば，自分の意見あるいは主旨を述べる前に，与えられたトピックの言葉を定義したり，トピックで取り上げられている社会情勢の背景を述べたりすることも十分に可能である。

　スピーチでは「与えられたトピックについて主要な点とその根拠をまとめ，首尾一貫したメッセージを組み立てる能力」が求められている。つまり，主要な意見とそれを直接サポートする十分な説明さえあれば，特に構成については自由に設定して構わないということである。ゆえに，自分の得意なパターンをいくつか会得し，それに沿ってスピーチを進めていくことをお勧めする。

Training

以下のそれぞれのトピックについて，与えられた主旨に適切なサポートとなる例を下の **1〜8** から3つずつ選び，どのような順序でスピーチに使用すればよいか考えなさい。なお，正解は1つではない。

TOPIC：The pros and cons of competition.
主旨1：競争原理を導入することによって大きな利益がある。（　　→　　→　　）
主旨2：過度な競争は利益よりも不利益を生み出す。（　　→　　→　　）

1 小学校の徒競走では順位を決めない学校もある
　本来は楽しいはずの運動会を競争という過酷な社会の現実に染めたくないという意思から，多くの学校で徒競争の順位付けを廃止したことは評価できる。

2 消費者にとっては価格競争により物価が安くなるメリットがある
　自由競争を導入すれば，市場では競争の原理により価格競争が起こる。つまり，物価がどんどん下がるため，消費する側にはとても大きなメリットである。

3 競争が動機付けになる
　競争に勝ちたいという精神は人が本能的に持っているものである。したがって，競争の原理を物事に導入すると，人は勝ちたいがために頑張り，結局は能力の向上を促すことになる。

4 競争を意識しすぎた航空会社の悲劇
　他社との価格競争に勝つために極度の低運賃を追求したある航空会社は，設備や安全保守に力を入れられなくなり，大事故を引き起こす事態に至った。

5 実社会は競争の社会
　実社会は競争の社会である。競争を嫌う人も多いが，社会の一員として機能する意思があるのであれば，競争を受け入れなければ生きられない。

6 競争に負けたものは衰退してしまう：弱者への思いやりの欠如

　競争に任せることは効率性を改善するという大きなメリットを持っているものの，公平性を悪化させるというデメリットも併せ持っている。自由競争の導入により，競争からはじき出された社会的弱者の被る不利益は相当深刻になる。

7 マルチプレーヤーは伸び悩むことが多い

　例えば，野球で外野も内野も守れる選手は，どちらかで失敗しても他方で頑張ればよいという意識を持つ傾向にあり，1つのポジションを勝ち取らなければならない選手よりも目標が定めにくい。

8 競争はストレスを生む

　過度な競争は膨大なストレスを生むことになる。実験により，競争を意識させたマウスはそうでないマウスに比べ，早く死亡する確率が高いということが分かっている。

Model Answers

> 　2, 3 は競争を善とする主張，1, 4, 6, 8 は競争を悪とするもので，サポートはこのようなものを適宜選ぶ。5, 7 はトピックに関連なくはないが，主旨をサポートしておらず，不適切な根拠である。以下に一例を示す。
>
> 主旨1：**1→2→3**（先に主旨と逆の立場を述べ，後から趣旨を支持する構成）
> 主旨2：**4→6→8**（順にデメリットを述べていく構成の例）

2 意見を述べる　　CD(2)-4

§2-1で見たとおり，スピーチの構成は定まったものがないため，持論の主旨を前半で述べるか，後半で述べるかは話し手の意思で決めることができる。したがって，必ずしも最初に主旨を述べる必要はないが，どこで主旨を述べるにせよ，選んだトピックに対して明確な意見を持つことは絶対に必要である。ここでは，トピックの形式を3つに分け，それぞれどのように意見を述べればよいかを解説する。

1 質問形式のトピック

まず，出題トピックで圧倒的な割合を占めるのが，質問形式でトピックを提示するものである。このようなトピックについては，その質問に答えるような意見を提示し，それを主旨にして議論を展開することになる。たとえば，オリンピックなどで問題にされるドーピングについての次のような出題には，例のように2つの立場が可能になる。

例　TOPIC: Can doping among athletes participating in international games be reduced?
解答例1（肯定的な答え）　I would say yes for the following two reasons ...
解答例2（否定的な答え）　I wish cases of doping in the sporting world would disappear, but I think it is highly unlikely ...

トピックによっては "Do you agree?" と，さらに直接的に話し手の意見を問うものもあるが，同様に賛成や反対の立場を示す明確な主旨を設定するのがもっともオーソドックスな方法であろう。

2 題目のみのトピック

次に，トピックに題目のみが示されている場合や，"The pros and cons of ..." という提示の型がある。このような場合は，何を主題にするかをある程度自分で設定する必要がある。上記の例と比較して，かなり自由度は高いが，トピックで意図されていることから外れないように注意する必要がある。たとえば，次の例のような場合，問題

点を論じる，市民のメリットを論じる，あるいは功罪を述べるなどのいくつかのテーマが考えられる。

例　TOPIC: Decreasing land prices in Japan.
解答例　It would seem that for those thinking of purchasing land, lower land prices are welcome, and that those who sell land are victims of deflation. I think, however, that it is not that simple. There are both advantages and disadvantages to purchasing land . . .

3 大きな問題を扱うトピック

　出題されるトピックの中には，かなり漠然とした大きな問題を取り上げているものがある。このような大きな問題は，何を話せばよいのか焦点が絞れずスピーチしにくい。しかし，逆に，話す内容の範囲を話し手が調整できるというメリットもある。トピックに関連する一部の要素だけを取り出して意見を述べることができるのである。その際，要素を限定して定義したことが分かるように，主旨を述べる前に前置きが必要になる。

例　TOPIC: Is Japan democratic?
解答例　The word "democratic" means a system where the people elect politicians because they agree with their policies and expect the politicians to make the right decisions on their behalf. <u>In this respect, the political system of Japan cannot be described as "democratic"</u> . . .

　トピックは日本の民主主義を問いに出しているが，このスピーチでは政治，特に選挙に限定した内容になっている（下線部は主旨）。

Training

それぞれのトピックについてスピーチをする場合，主旨となる意見を述べなさい。

(1) How should the problem of medical errors be solved?

(2) Fortune-telling in modern society

(3) In Japan should the age of criminal liability be lowered?

(4) Gender equality

(5) "Charity begins at home" — Do you agree?

Model Answers CD(2)-5

(1) We should attempt to establish a system whereby every error is reported and analyzed in order to avoid repeating the same errors.

> **ポイント** 医療ミスへの具体的な解決法を述べている解答例。「すべてのミスを報告し，それがなぜ起こったのかを分析し再発を防ぐ」という方法を提案している。具体的に問いを発しているトピックには具体的に解答すると最も簡潔にまとめることができる。

(2) I think that fortune telling is beneficial for the following three reasons, all of which play an important role in developing our understanding of ourselves.

> **ポイント** このような話題を提示するだけのトピックは，どのように答えてもよいが，ポイントを絞り込む必要がある。取り留めのないスピーチにならないように，話題が多岐にわたらないように注意しよう。この場合は，「占いの利点」について述べるスピーチになっている。

(3) I agree with the idea of lowering the age of criminal liability. Juvenile criminals need to recognize that they've committed a serious crime.

> **ポイント** Yes / No で答えられるような的の絞られたトピックについては，初めに Yes か No か自分の立場を明確に示すと，ストレートなスピーチになり，聞き手にも分かりやすい。"Yes. I think so for the following reasons [because of the following facts] . . ." という型である。

(4) I believe that men and women should have equal opportunities.

> **ポイント** (2) と同様，テーマを自分で絞り込まないと，問題が大きすぎるために 2 分間のスピーチでは話しきれない。ここでは，「男女の機会均等」というテーマに絞った意見となっている。

(5) I totally agree with this opinion. People should always keep this proverb in mind.

> **ポイント** このことわざは「愛は身近なところから」という意味で，家族や友人が大切であることを諭している。もっとも身近な話題であれば，家族を大切にしない仕事人間の父親の話題を述べられるし，政治問題に発展させるのであれば，国内問題よりも外交を優先する首脳に対する批判などを述べることもできるので，自分の得意分野を話せばよく，応用の効くトピックである。意見は「賛成・反対」を明確にしておく必要がある。

3 意見をサポートする

CD(2)-6

　トピックに関して意見を提示したら，次にしなければならないことは意見に対する根拠を述べることである。自分の意見を述べるのがスピーチの目的ではあるが，常に客観的な根拠がなければ，その意見は独りよがりのおざなりなものになる。したがって，根拠は客観的な情報（事実や事例）が主体になっていなければならない。

1 具体的に例を挙げる

　提示する根拠は，なぜ主旨に述べられているような意見にたどり着いたのかを，身近な例，新聞やテレビなどのメディアから得た情報などを引用して，できるだけ具体的に説明されている必要がある。説明は面接官が知っていると思われることでも遠慮なく詳細を話せばよい。面接官は自分の出した事例についてはまったく知識がないという前提に立って話をする態度が大切である。ていねいに説明をするという態度で臨むのである。

例　TOPIC: "Honesty is always the best policy"— Do you agree?
主旨　I do not agree with this statement. Although we should strive to be honest as often as possible, the harsh world we live in does not necessarily reward honesty in practice.
（賛成しない。厳しい現代社会でうまくやっていくには最良のポリシーではない）

根拠1（身近な例）　In this age, where people are divided into winners and losers, an honest person is likely to be labeled a "greenhorn" or a "sucker"—easy prey for others less truthful than himself / herself.

根拠2（メディアの活用）　As Billy Joel sang, "honesty is a lonely word" and potentially isolating too, as the honest individual struggles to contend with the dishonest world around him / her.
（歌手のビリー・ジョエルが歌っているように，正直さが，狡猾な人々の多い社会から

の孤立を引き起こすこともある）

　2分間という短い時間を考慮すれば，根拠は2つ挙げられれば十分だが，1つの根拠が短い場合は3つ用意するとよいだろう。

2 メディアを利用する

　具体的で客観的な根拠を提示できるようになるためには，普段からさまざまなことに疑問を持って接し，読書やメディアを活用してその疑問への答えを見つけていくという習慣を身につける必要がある。常に疑問を持ち，それを解決しようとする態度を持っていれば，自分1人では考え付かないような情報を得ることもできる。以下の例は「地価の下落」というトピックに対するスピーチの一部だが，その主旨は「土地を買う側には有利だという単純な結論は出せない」である。根拠1は，細かなデータは別として，常識的に思いつくものだが，次のページの根拠2はメディアの情報を得ていなければなかなか思いつかないのではないだろうか。

例　TOPIC: Decreasing land prices
主旨　There are both advantages and disadvantages for the buyer.

根拠1（買い手のメリット）　One advantage is that a fall in land prices enables people to buy land with less money. It is said that though a house can be purchased with the down payment of the equivalent of three to four times one's monthly salary in western developed countries, one has to pay five to six times one's monthly salary in Japan. The possibility of owning one's own home becomes more realistic when prices fall.
（日本の地価は他国と比較しても高い。地価が下がればそれだけマイホームを手に入れられる機会が増える）

根拠2（買い手側のデメリット）　Now, for some of the disadvantages of falling land prices. First, the number of people going bankrupt because they cannot pay back their housing loans is increasing. Japanese people tend to want their own homes. Some people buy houses with loans even though they are not sure whether they can repay them, and subsequently fall into arrears and have to declare bankruptcy. The attraction of less expensive houses can encourage such people to buy houses, and can lead to greater debt.
（地価の安さにつられて購入するが，ローン返済ができずに破産してしまうケースが増加している）

　くれぐれも気をつけなければならないのは，主旨の主張と直接関連のない情報を根拠として使用してはいけないということである。以下の例は具体的でパラグラフとしては優れているが，買い手側のメリットとデメリットでなく，売り手側のメリットを論じている。このような文章は趣旨をサポートしておらず，有効な情報とは言えない。

例　A further advantage is that lower prices attract foreign investors interested in land purchases in Japan. The price of land in Japan has been much higher when compared with other countries, particularly China, where land values are one tenth of Japan's, on average. In terms of competitiveness in the international market, Japan's high land prices and high labor costs are obstacles for further development, but the price decline will alleviate at least one obstacle.
（他国と比較しても相当高い地価が下がることで，外国企業が日本の土地に投資するので，日本の競争力が上がる）

Chapter ▶▶ 5

Training

それぞれのトピックについて，与えられた主旨をサポートするパラグラフを作成しなさい。

(1) TOPIC: How should the problem of medical errors be solved?

主旨：We should attempt to establish a system whereby every error is reported and analyzed in order to avoid repeating the same errors.

(2) TOPIC: Fortune-telling in modern society

主旨：I think that fortune telling is beneficial for the following three reasons, all of which play an important role in developing our understanding of ourselves.

Model Answers

(1)

The problem of medical errors arises primarily from system failures. Information about specific incidents and the circumstances surrounding errors should be readily available and the reasons why the errors occurred should always be made transparent.

It is essential to overcome the barriers to full reporting of medical errors. For both researchers and health care providers, precise knowledge of how and why mistakes are made is the first step towards devising ways to prevent any recurrence of the same errors. They must have access to detailed and comprehensive information on errors that have been made, and full information can be obtained only if there is full disclosure of errors.

> **ポイント** 主旨は「ミスの原因を探り，同じミスを繰り返さないようにする体制の確立が必要」というものなので，そのためにはどのような体制が必要なのかをサポートとして挙げているのが解答例。主旨の意見に対する理由というよりは，さらに発展させて，医療に携わる人々の精神面のことにも触れている。「医療ミスの防止を個々の職員に任せるのは非現実的である」という前置きの段落を挿入し，それに対する反論の形で主旨と上記のサポートを持ってくることでスピーチを完成させることができる。

(2)

Firstly, relying on fate can help us battle depression by making it easier for us to stop dwelling on serious matters. If you have been unsuccessful at something, you might be able to find out why you failed by analyzing what you did wrong, but the analysis itself may lead to depression. However, if you can attribute your failure to your fortune, you need not blame yourself. Secondly, a lot of people maintain that they only believe in good or favorable predictions. This enables them to respond selectively to what the fortune teller tells them. Finally, a fortune teller can fill the role of a trusted, third party. It is quite common nowadays to seek advice from someone outside the family and one's immediate circle of friends. Fortune tellers, who are often elderly, wise and perceptive in their analysis of character, are regarded as ideal people in which to confide.

In the end, no matter how scientific life may have become, fortune-telling fills a need that cannot be met by science alone.

> **ポイント** 主旨の「占いは必要であり，自己実現のために重要な役割を果たす」という意見に対し3つの理由を述べ，最後に結論として主旨をもう一度異なった言葉でまとめている。3つの理由は，「深刻な問題や悩みに対処する際に，深く悩まないように意識をうまくそらしてくれる」「よいことだけを信じるというように，選択して利用することができる」「占い師という第3者が人生のアドバイスをしてくれる」となっている。このように，「占い」というかなり範囲の広い話題でも，「いくら科学が発展しても，廃れることはない」という1つの方向に限定することが可能である。

4 議論展開の方法

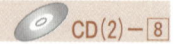

1 トピックの形式

　面接試験で出題されるトピックは概ね以下のような形式になっている。この形式によって，議論展開の方向を定めることができる。

① Yes / No で答えられる疑問文
　例　Should teachers be evaluated by students?
② 格言風の文に対して賛成反対を問う形式
　例　"There's no place like home." — Do you agree?
③ Wh-question の形式
　例　What should we do to protect the environment?
④ ある事象について賛否両論を論じよという形式
　例　The pros and cons of the lifelong employment system
⑤ キーワードが提示されている形式
　例　Freedom for high school students
⑥ 二者択一の形式
　例　Which should the government encourage, saving or spending?

2 議論展開の確立

　§2-2 では，トピックの形式を3つに分けて意見の述べ方を解説したが，ここではさらに，それぞれの形式の議論展開を見ていく。「意見→根拠」という論理展開を原則としながら，それぞれに議論展開をあらかじめ考えておくとよい。

(1) どちらの立場をとるかはっきりさせてから根拠を述べる（上記の①②⑥）
TOPIC: "Honesty is always the best policy"— Do you agree?

　I do not agree with this statement. Although we should strive to be honest as often as possible, the harsh world we live in does not necessarily reward honesty in practice. To begin with, in our age, where people are divided into winners and losers, an honest person is likely to be labeled a "greenhorn" or a "sucker". Next, as Billy Joel sang, "honesty is a lonely word" and potentially isolating, too, as the honest individual struggles to contend with the dishonest world around him / her.

このように，賛成か反対のどちらかをはっきりと示すことが，明快なスピーチを生む。

(2) 2つの方向から事象を把握し，それぞれの立場について意見を述べる（前のページの④）

TOPIC: The pros and cons of gender equality

I believe that men and women should have equal opportunities. There seems to be no real reason why women couldn't replace men in almost every sphere of activity. The reverse is also true, of course. Moreover, it leads to a loss of excellent talent in a society if certain positions are not open to women who may have the same or better qualifications than male applicants.

「賛否両論」「利点と欠点」などのトピックの場合，両論を論じることが求められている。最終的にどちらか一方の立場を採るのは構わないが，利点と欠点を両方論じなければ，なぜ一方の立場が有利なのかがうまく論じられない。

(3) さらに自分でトピックを絞り込み，絞った内容のみに集中する（前のページの③⑤）

TOPIC: How should the problem of medical errors be solved?

We should attempt to establish a system whereby every error is reported and analyzed in order to avoid repeating the same errors. The problem of medical errors arises primarily from system failures. Information about specific incidents and the circumstances surrounding errors should be readily available and the reasons why the errors occurred should always be made transparent.

大きなテーマを扱ったトピックは，詳しい事項に内容を限定することで具体的な根拠が出やすくなる。ここでは「システム」に話題を絞っている。

Training

それぞれの主旨について，サポートとなる根拠を簡潔に述べなさい。

(1) TOPIC: In Japan should the age of criminal liability be lowered?

主旨：I agree with the idea of lowering the age of criminal liability.

(2) TOPIC: Prejudice against people with serious diseases such as HIV, leprosy [Hansen's disease], etc.

主旨：To do away with prejudice, proper information about these kinds of diseases should be provided. Prejudice results from a lack of information.

(3) TOPIC: "Charity begins at home" — do you agree?

主旨：I totally agree with this statement. People should always keep this proverb in mind.

Model Answers

(1) I believe that we need strict laws to punish people who have committed serious crimes such as murder, even if they seem too young to be judged by the same laws that apply to adults. They need to recognize that they've committed a serious crime.

> **ポイント**　「少年といえども凶悪犯罪などの深刻なものについては，罪の意識を感じさせるためには厳罰が必要である」という根拠。このあとに具体的な例を挙げると説得力が増すので，もし知識を持っているのであればどんどん利用しよう。

(2) A lack of knowledge and misinformation sometimes leads to the serious maltreatment of people suffering from these serious diseases.

> **ポイント**　主旨は「病気について知識がないことが偏見につながる」としているので，「知識不足は患者に対する間違った対応を生む」と続け，病気についてよく知らないことから起こる弊害を挙げる。

(3) Too many people, especially those in business, focus so much of their attention on doing good works for other people that they neglect their own families. As a result, they are ignorant of how hard it is to take care of a home and raise children properly.

> **ポイント**　「家庭よりも仕事を優先する人が多く，家庭を軽視するあまり，どれほど家事や育児が大変なのかを見失っている」という根拠。家事や育児を軽視した人が後に受ける不利益などに触れると，さらに家庭を大切にすることの重要性が強調できる。

5 質疑応答

英検1級の面接での質疑応答は，2分間で発表したスピーチの内容についての質問がいくつかなされる。関連はしているがスピーチでは触れなかった内容について質問されたり，論理の展開上矛盾する点などについて質問されたりと，質問の内容は多種多様である。

1 自分の意見を述べる

質問に対しては誠実に自分の意見を述べ，スピーチで話したことと矛盾しないように注意しよう。とっさにその場を取りつくろおうとして矛盾したことを話した場合，一貫性がないと判断されてしまうので注意。

次の例は，"Can doping among athletes participating in international games be reduced?" というトピックに対して，ドーピングは選手の心がけで防ぐことができるという主旨のスピーチをしたあとの質疑応答の例である。

例　Question: You mentioned that doping could be done without the athlete's knowledge.　In this case, the athlete is innocent of any wrongdoing. What do you think athletes can do to protect themselves?
（薬物を知らないうちに摂取してしまうということに触れていましたが，この場合，選手に非はありません。選手は薬物からの自己防衛としてどのようなことができますか）

Answer: Usually prohibited substances come in the form of medicine, so athletes should not take any form of medicine, including vitamin tablets or even herbal medicine.　I think they also should learn about drugs and ask their coaches and team-doctors whether what they take is really safe.
（薬物は一般に薬の形で摂取されるので，ビタミン剤や薬草を含め薬は一切飲まないようにし，薬物について学び，チームの専属医などに体に採り入れるものが本当に安全かどうかを聞くことが必要だと思います）

2 理論的に述べる

　スピーチ同様，質疑応答も根拠に基づいた，筋の通った論理が要求される。さらに自分の意見について興味深い具体例が新たに添えられれば申し分ない。しかし，特別な専門知識などは必要ではない。新聞やほかのメディアで収集できる知識で，質問に的確に答えることに留意すること。「的を外さない」というのは重要な要素であり，いくらすばらしいコメントをしても，面接官の尋ねたい内容について全く的外れな答えを出した場合には大きな減点になる。

　面接官の質問に対しては，話が発展するように心がけ，無理に面接官を論破しようとする態度では臨むべきではない。確かに時にはスピーチの内容に深入りするような質問をされる場合がある。スピーチの内容が重要なポイントからそれてしまい，そこを突かれるような質問をされることもある。そのような場合には，無理に取りつくろおうとせずに，「ああ，それには気がつきませんでした」というような言葉を付け足しながら，スピーチで言い足りなかったことを付け加えればよい。面接官の質問は，受験者をやり込めるものではなく，気づかなかった点を指摘し，「助け舟」を出してくれているというぐらいの態度で臨んだ方が気楽にもなれる。そして，どうしても分からないことには "Well, I don't know further about this issue." などと答え，見栄を張ったいい加減な発言はしないようにしよう。人間同士のコミュニケーションは話を続けることが大切であることを忘れてはならない。以下の例は，"How should the problem of medical errors be solved?" というトピックについて，「犯してしまった医療ミスに関わるすべての情報を公表し，同様のミスを繰り返さないように原因を詳しく究明するシステムが必要」という主旨のスピーチをしたあとの質疑応答の例である。

例　Question: Some doctors or other experts may not be willing to report their errors in detail. What do you think we should do in these cases?

Answer: Well, it is an ethical issue. Doctors have a moral responsibility to put improvements in medicine before their own interests. Only when doctors and other health care professionals move towards greater transparency in medicine can their approach to the reporting of errors begin to improve.

Training

🔘 CD(2)-11

次のトピックについてのスピーチをすでに終えたものとして，CDに収録されている質問に答えなさい。

(1) TOPIC: Fortune-telling in modern society

(2) TOPIC: "Charity begins at home" — do you agree?

(3) TOPIC: "Honesty is always the best policy" — do you agree?
このトピックに対し，「常に正直がよいとは限らない」というスピーチを行ったものとします。

Model Answers

🔘 CD(2)-11

(1) ［読み上げられる質問］Mr / Ms. . . , do you believe in fortune-telling?

Yes, I do. I often look at my horoscope in magazines or on the Net. Sometimes there are predictions that I totally disagree with, but keeping a good prediction in mind gives me hope during bad days.

> **ポイント** スピーチ同様，Yes / No で答えられる質問には，早々に立場を明確にして解答し，あとから具体的なサポートを付け足すのがオーソドックスな方法であり，もっとも簡潔に解答できる。

(2) ［読み上げられる質問］Do you think of yourself as being family-oriented?

To be honest, I don't. I often work late and even go to work on weekends. I have little time to spend with my family. I hope, however, that the company I work for will allow me to spend more time with my own family in the future. I grew up in a household where my father always made time for his family. He spent as much time as he could with us and I had, as a result, a very happy childhood.

> **ポイント** 模範的な意見を述べようとするあまり，自分の考えと反対の立場で解答をすると後で困ることになる。素直に自分の考えを表現しよう。あくまでも，採点は意見の一貫性や表現の仕方を見るのであって，内容の善悪を評価するものではない。

(3) [読み上げられる質問] Don't you teach your own child that honesty is important?

As a parent, I tell my son to be honest but I think that he, like all children, will learn by experience when and where not to be honest. In the real world dishonesty often appears to be the more pragmatic policy. My responsibility is to remind him of the ideal world where honesty always pays.

> **ポイント** やや意地の悪い質問ではあるが，臆せず，スピーチで述べた意見に矛盾しないような解答をしなければならない。一貫性は特に重要視しなければならない要素である。

6 さまざまなトピックに対応する

1 情報の収集

　実際の面接試験では、自分の得意なトピックを選べばよいため、あらゆる分野に精通している必要はない。しかし、スピーチにせよ質疑応答にせよ、根拠に基づいた意見を述べるためには、1つのトピックについて具体的な情報を2つぐらいは持っている必要がある。

　出題されやすいと考えられるトピックは以下のとおりである。

- 科学技術（インターネット、遺伝子工学、宇宙開発）
- 健康管理（運動、食生活）
- 環境問題（環境保護、大自然の存続）
- 家庭問題（家族、仕事と家族、医療費、税金、出生率、子どもの権利）
- 経済（自営の利点、資本主義、世界経済）
- 国際関係（世界のリーダー、世界平和、発展途上国援助、日本外交の将来、核問題、飢餓）
- 犯罪（防犯、刑罰）
- 教育（創造性の教育、日本の教育基準、教師の質、古典の必要性）
- 思想（人生哲学、愛国心、自己評価、宗教対立、死刑廃止、文化遺産保存、検閲、民主主義）

　出題されやすいトピックは、受験するときに話題になっている社会問題であることも多い。したがって、自分が得意だと思われる複数の分野について、日ごろから情報を取り入れるようにしよう。

　大部分のトピックは日本が関連していることが多い。したがって、海外で出版されている雑誌だけでなく、日本で出版された新聞や雑誌、そして日本での報道からも情報を得る方が効率がよいだろう。日ごろから日本語・英語を問わず、このような情報に触れている必要があるが、特に *Japan Times* や *Daily Yomiuiri* などの日本で出版される英字新聞、*Time* や *Newsweek* のアジア版、そして2か国語のニュース報道などを

活用するのがよい。*ASAHI WEEKLY*や『週間ST』などの日本語の解説のついた新聞でもよいだろう。これは，話題になっている社会問題について具体的情報を得ることに加え，英語ではどのように表現するのか，語彙知識を仕入れるためのソースとして利用するためである。

　情報を得たら，自分なりに似たような分野の情報をまとめるなどの工夫も必要である。そして，情報管理ができたら，実際にさまざまな分野のテーマを選んでスピーチを作成すること。スピーチを作成する練習を重ねておくと，さまざまな話題に応用が効くはずである。

2 トピックの選択方法

　本番の面接試験では，5つのトピックから1つを選び，トピックについてのスピーチの構成を考えるまでを1分間で行わなければならない。できるだけ，実際のスピーチの構成を考える方に時間をまわしたい。したがって，トピックの選択は素早く済ませる必要がある。詳しく知っている分野があれば迷わずそのトピックを選べばよいが，そうでない場合は以下を念頭に置きトピックを選択するとよいだろう。

(1) 意味をよく知らない語が含まれているトピックは避ける

　知らない単語や表現の含まれるトピックは，誤解した解釈をしてしまっている可能性があるため，的外れなスピーチをする危険がある。

(2) 質問形式のトピックは，比較的意見を述べやすい

　賛否両論を求めているトピックや，自分で疑問点を考えて答えなければならないようなトピックは根拠を示すのが大変なため，詳しく知らない内容の場合は避けた方がよい。

Practice

次のトピックについて，2分間のスピーチを作成しなさい。

TOPIC: The pros and cons of introducing English as an official second language of Japan

Model Speech

CD(2)-12

It is often said that English language teaching in Japanese schools is not effective because despite learning English for several years, students are seldom able to articulate more than the most basic greetings. In order to solve this problem, some educators have suggested making English an official second language in Japan. However, would such a language policy provide a solution to the problem or create new difficulties?

On one hand, if the English language were to become the official second language of Japan, people would have more opportunities to use English. This would both increase the number of Japanese people who are proficient in English and strengthen Japan's position in the international arena.

On the other hand, if English were to become the official second language, it would be necessary to make English language copies of all official documents, which would require great time and labor. In addition, all government officials, at national, prefectural and municipal levels would need to have a good command of English. Those with insufficient competence in the English language would be dismissed.

In the past, the imposition of a language on people who neither use it on a daily basis nor recognize it as a lingua franca has resulted in tragedy. Japanese colonization of Korea is a good example of the tragic consequence of language imposition.

In fact, the overwhelming majority of people in Japan do not regard English as necessary for daily life. Introducing English as an official language would therefore create a great deal of confusion.

> **ポイント** 日本で英語を第二公用語にするという考えに対する意見が求められている。政策がうまくいった場合の利点は一応述べられているが、スピーチは反対意見を述べることが目的。主旨に対しては2つの根拠を示しながら議論が展開されている。このような、賛否両論を述べる対比形式のトピックは、ただ主張を述べて根拠を挙げるだけでなく、2つの異なった考えを示し、それぞれについて論じなければならない点が難しい。

解 答例の要約

　日本の英語教育は長期間行っているにもかかわらず，成功していないという批判がある。そこで，英語を第二公用語にして英語を使用せざるを得ない状況を作り，国民の英語運用能力を高めようという考えが出されたが，果たして英語の公用語化は利益をもたらすのだろうか。

　確かに，英語を使用しなければならないという状況は英語を運用できる国民の増加を促し，国力の増強にもつながる。

　しかし，第二公用語にするということは官庁のすべての書類を英語でも作成しなければならないことになり，大変な労力が必要となるであろう。

　また，普段から使用しているという下地のない地域に強制的に新たな言語使用を強いることは，歴史が語っているように，悲劇を生む。

　大部分の日本人は日常の英語使用の必要性を感じてはいない。したがって，英語の第二公用語化は大きな混乱を招く恐れがある。

7 コミュニケーションの留意点 CD(2)-13

　面接の際には，もちろんスピーチや質疑応答の内容と組み立て方に大いに気を使う必要があるが，それ以外にも以下の4点に注意しなければならない。以下を参照し，常に意識しておくようにしたい。

1 言葉遣い・態度

　面接という場にふさわしい言葉遣いや態度を心がけたい。面接は知的な話題を話し合う機会である。あまりにもぶっきらぼうな表現方法や態度を示すことは適当ではない。以下の2点に留意し，社会的に失礼な態度にならないようにしよう。

(1) 断定的な表現を避ける

　質疑応答の際，面接官の提示した質問について "I don't think so." とストレートに述べるよりも，"That' true, but . . ." などと相手の意見を尊重したり，"That's impossible." ではなく，"I would say it's not possible" と，やや語調を弱めるなどの工夫が必要であろう。断定的な表現の使いすぎは，ぶっきらぼうな印象を与えてしまう。

(2) 知らないことを隠さない

　いわゆる「知ったかぶり」をしないということである。二次面接は知識の量を測るための口頭試問ではない。スピーチの内容によっては質疑応答でやや専門的な内容について質問されることもある。もちろん，その内容に精通していれば明確な解答を出せるが，よく分からない場合は素直に知らないことを "I don't know much about that (point)." などと面接官に告げるとよい。ただ，黙って苦笑したり，"I'm sorry." を連発したり，いい加減に答えたりすることは積極的な態度とは言えず，相手に好印象を与えない。

2 文法

　あまり細かい誤りを気にしてコミュニケーションに支障をきたすようではいけない

が，文法の誤りで意思が伝わらない場合もあるので注意したい。例えば，三人称単数現在形の s を付け忘れてしまった程度ではそれほどの混乱は起こらないかもしれないが，時制について過去形と現在形を混在させて話してしまうと，それが主張なのか，経験に基づいた根拠なのかがあいまいになってしまうこともある。

3 発音，アクセント

　過度に意識するあまり，スピーチや質疑応答がぎこちなくなってしまうのは問題だが，発音は重要な要素である。例えば，個々の語の発音があいまいで，スピーチ中のキーワードが相手に伝わらず，内容の理解にも支障をきたすようなことは大きな問題である。はっきりと発音することは必須条件だが，ほかにも，全体が英語の音らしく聞こえるような発話を心がけたい。個々の発音を短期間で矯正することは難しいと思われるが，発話全体を英語の音らしく聞こえるようにするとずいぶんと印象が変わるものである。特に，以下の 2 点には留意したい。リスニング練習の際に，ネイティブの発音をよく聞き，モデルとするのが効果的である。

(1) 音のつながりをつける（特に，子音＋母音のつながり）
　例　in advance, within an hour など

(2) 文中の重要語にアクセント（ストレス）をつける
　例　That's more likely to happen.
　　　We should strive to be honest as much as possible

4 アイコンタクト

　スピーチや会話を進める際に相手の目を適度に見ながら話すことは大切な要素である。そうすることで，相手の反応を感じ取ったり，話し手の意思の細かなニュアンスを伝えたりすることができる。常にうつむいて話をしていたのでは，聞き手が自分を理解しているのかを確かめられないだけでなく，相手に自信がないということをアピールしていることにつながってしまう。始終，相手の目を見続ける必要はないが，文やフレーズの切れ目など，適度な頃合いに聞き手の目を見ることが大切である。

Chapter ▶▶ 5

Practice

次のトピックについて，2分間のスピーチを作成しなさい。

TOPIC: Why do people work? — Purposes of working

Model Speech　　　　　　　　　　　　CD(2)−14

　　We need to work to get money.　Unless we are lucky enough to have independent means the best answer to the question "Why do people work?" seems to be "In order to live."

　　However, there are some people who work even though they have enough money to live on.　For example, some people pursue money because they want to live a life of luxury, which consumes an infinite amount of money.　Others work to contribute to society in some way while others feel they need to keep up the appearance of being socially active and dynamic.　There are also those for whom work lends meaning to their lives and there are some who regard work as nothing more than a convenient way of killing time.　Whatever the reason, people tend to work more than they really need to.

　　The Japanese government has conducted a number of surveys into the way its citizens live.　In a 2004 opinion poll, the majority of those interviewed responded to the question "Why do you work?" with the answer "To make money."　This clearly shows how important money is considered to be and it is not an unreasonable answer when one takes into account the long economic depression of the last few years.

　　However, back in 1999 most people, when asked why they worked, said that it was "to make life worth living".　Before the recession deepened, people believed that they could live well without having to make a huge effort. Work amounted to something more important than simply making money even though the meaning of a "life worth living" differed from person to person.

In conclusion, earning money is the main purpose of work but once a basic standard of living has been achieved, it should be possible for people to approach work from a different perspective.

> **ポイント** 例のように，主旨を後半で述べてもよいが，前半で「お金を稼ぐこと以外にさまざまな理由がある」という結論を述べ，いくつかの例を出して，それぞれの理由を説明するという議論展開も可能である。最後の結論は時間に余裕があるときには付け足せればよいが，根拠を述べるところで時間切れになってしまった場合は，質疑応答のときに補って述べることもできるので，気にしすぎないように。

解 答例の要約

　生きるためにはお金が必要だから「お金を稼ぐために働く」というのが，この問いへの答えに違いない。
　しかし，理由はさまざまだが，生きるお金が確保できていても人は働きたいと思う。
　日本政府が国民を対象に行っているアンケート調査に，「なぜ働くのですか」という項目があり，2004年実施の際には，「お金を稼ぐため」という回答が第1位だった。
　しかし，1999年の調査では「生きがいのある生活を送るため」という理由が第1位であった。景気後退が今ほど深刻でなく，生活が保障されているという意識が高かったときには，働くことの意義がお金を稼ぐこと以外に向いていたことを示す。
　結局，お金を稼ぐことが働くことの重要な要素であることは確かだが，基本的な生活が保障されれば，働くことへの異なった取り組み方の可能性も大いに考えられるのである。

実用英語技能審査基準（全文）

　全国的に実用英語の知識・技能の程度を審査し証明する事業（以下「実用英語技能審査」という）を実施することを目的とする民法第34条の規定による法人の当該実用英語技能審査について指導助言するためにこの基準を定めるものとする。
　実用英語の知識・技能の等級を，5級，4級，3級，準2級，2級，準1級および1級に区分するものとし，その程度，領域および内容は別表のとおりとする。

1級

First Grade　大学卒業程度（約10,000語～15,000語レベル）

程　度	領　域	内　容
広く社会生活に必要な英語を十分に理解し，自分の意思を表現できる。 Ability to understand English in the broad range of daily life, and to express one's views with fluency.	聞　く 話　す	● 相手の言うことを理解し，自分の意見を口頭で表現できる。 　演説，討議，通訳，電話折衝などができ，放送などの英語を十分に理解し，その大意を伝達できる。
	読　む	● 高度の文章を読むことができる。 　新聞，雑誌，一般文献などを読むことができる。
	書　く	● 高度な内容を持つ達意の文章を書くことができる。 　会議などの要旨が記録でき，自分の意思を十分に書き表すことができる。